经济体制改革与国家治理现代化研究前沿论丛

U0507224

税收遵从行为的经济与心理研究

◎赵磊 著

Research on the Economic and
Psychology of Tax Compliance
Behavior

中国财经出版传媒集团

经济科学出版社
Economic Science Press

图书在版编目（CIP）数据

税收遵从行为的经济与心理研究/赵磊著．—北京：
经济科学出版社，2018.11
（经济体制改革与国家治理现代化研究前沿论丛）
ISBN 978 - 7 - 5141 - 9814 - 0

Ⅰ．①税… Ⅱ．①赵… Ⅲ．①税收管理 - 经济
心理学 - 研究 Ⅳ．①F810.423

中国版本图书馆 CIP 数据核字（2018）第 234168 号

责任编辑：周胜婷 卢元孝
责任校对：王肖楠
责任印制：邱 天

税收遵从行为的经济与心理研究

赵 磊 著

经济科学出版社出版、发行 新华书店经销
社址：北京市海淀区阜成路甲 28 号 邮编：100142
总编部电话：010 - 88191217 发行部电话：010 - 88191522

网址：www.esp.com.cn

电子邮件：esp@ esp.com.cn

天猫网店：经济科学出版社旗舰店

网址：http://jjkxcbs.tmall.com

固安华明印业有限公司印装

710 × 1000 16 开 18.75 印张 310000 字
2018 年 12 月第 1 版 2018 年 12 月第 1 次印刷
ISBN 978 - 7 - 5141 - 9814 - 0 定价：72.00 元
（图书出现印装问题，本社负责调换。电话：010 - 88191510）
（版权所有 侵权必究 打击盗版 举报热线：010 - 88191661
QQ：2242791300 营销中心电话：010 - 88191537
电子邮箱：dbts@ esp.com.cn）

总　序

中国，因经济体制改革的激发而腾飞与崛起，以其特有的家国天下情怀而开启了国家治理体系现代化征程。伴随经济体量的增长、"一带一路"倡议等重大决策的推进，中国正在以更加开放的姿态融入全球现代化的进程，并再次发挥其久远历史中孕育的内在影响力。这些变化，对于 20 世纪晚期和 21 世纪上半叶的世界而言，无疑可以算作最为重要也最值得记载的宏大叙事之一。对于当代研究者而言，这一值得浓墨重彩的时代，确实是一种值得后代研究者钦羡的难得机缘。

这套丛书是"天津市高等学校创新团队培养计划"的总括性研究成果。丛书聚焦于经济体制改革与国家治理现代化的宏阔研究命题，其目的在于，将中国的经济体制改革与国家治理现代化的建设，置于中国经济社会发展的长程尺度上来加以考察，既关注其变革与演进的深层机理，又解读具体制度变迁和设计的脉络与轨迹，更期望能够探求中国未来经济改革和现代国家建设的发展轴线与关键节点。正如恩格斯所指出的那样，"如果您划出曲线的中轴线，您就会发觉，研究的时间愈长，研究的范围愈广，这个轴线就愈接近经济发展的轴线，就愈是跟着后者平行而进。"（《马克思恩格斯选集》，第四卷，第 507 页，北京：人民出版社，1972）从这个意义上讲，我们也希望这套丛书的出版，能够成为一个开放性和长期性的事业。

经济学的基本精神是合作比不合作要好，从人类历史的发展来看，这似乎也是一个帕累托改进的路径。在两千多年前"枢轴时代"的世界，几个主要文明的先贤圣哲，分别促成了东西方文明各自的伟大突破。今天，我们恰逢人类文明史的第三个千年开启之际，中国之命运与世界之前途，同样又处于伟大突破的前夜。

我们期待这套丛书不仅能够解码这一伟大时代变迁的关键节点与演变规律，也能够发挥面向未来世界的探索性功能，这是值得我们共同为之努力的事业！

是为序。

黄凤羽

前　言

　　我国的税收管理一般强调税收具有无偿性和强制性，对税收规避行为侧重于以其违法性进行确认和追责。关于税收不遵从行为的原因分析，最常见的观点是认为税收不遵从主要是基于经济利益角度的理性考量，利益驱动是纳税人不依法纳税的根本原因，这也是对纳税人决策行为进行传统经济学研究的理论起点，符合新古典经济学的研究范式。实际上，从某种程度上说，税收是对纳税人财产所有权的一种强制性剥夺和转移，而且税务机关并不会给予直接显现可匹配的对价给付，纳税人作为私法主体，纳税是一种完全负担。按照传统经济学理论，逐利是经济理性人的天性，受利益最大化和税收痛感规避思维的影响，同时作为纳税非直接回报即公共产品本身具有的非竞争和非排他属性，搭便车思想自始就是经济理性人假设下的难解之困惑。因此，各类市场主体或其他税收相关主体必然追求税收负担尽可能小即自身经营收益最大化，缴税越少越符合纳税人的利益诉求，追逐税后收益越大越符合纳税人的理性特点。这是传统经济学研究框架下税收遵从分析的一般逻辑，按照此范式进行税收遵从经济学分析成为早期研究的传统模式，即理性人税收决策理论。

　　20世纪70年代末，以丹尼尔·卡尼曼（Daniel Kahneman）和阿默斯·特沃斯基（Amos Tversky）的《前景理论：对风险条件下的决策分析》等文章的发表为标志和起点，行为经济学成为经济学研究的新领域并迅速蓬勃发展，此后数十年中多位行为经济学家获得诺贝尔经济学奖。行为经济学研究对传统经济学研究产生了深远的冲击和影响，对其研究的基本假设提出了挑战。具体到税收遵从决策研究，虽然起步时间较晚，但一直以来就有两种不同的研究模式。其中，传统经济学研究以经济理性人假设为基本前提，以期望效用理论为研究体系，多是以阿林汉姆（Allingham）和桑德姆（Sandmo）的 A-S 分析模型为基础，考虑更多因素进行修改完善，运用预期效用理论分析纳税人遵从行为经济决策，短短 40 多年历史结出丰硕成果。从行为经济学角度看，经济学模型分析纳税遵从行为存在无法解释的异象，主要是实际税收遵从程度远远超过模型计算的结果，对于预缴制度和框架效应，用传统经济学理论也无法给予合理解释。本书研究还发现，模型推导亦能发现其不合理之处。

对不合理现象的解释将研究引向新的领域。税收遵从行为不能仅仅从理性人的经济选择角度分析。事实上，人的心理因素对遵从决策的影响在某种程度上更为重要。除自我服务偏见、直觉式思维等心理因素外，社会规范、道德伦理、税收制度和价值观念等也有十分重要的影响，因此有必要进行社会调查和分析，这是进行此类研究的必然选择。国外经济学家、社会心理学家已经开始对这个领域进行研究，很多理论成果涉及税收知识、主观构造等内容，通过对个体层面的动机状态和群体层面的税收道德的讨论来直接关注税收行为。目前，我国一些学者也开始从行为经济学视角研究税收遵从行为，取得了一定的成果，但主要还是处于理论引进阶段，创新性、与国情的结合还不够，非常有必要进行延伸性研究。本书正是基于期望解决作者本人对税收遵从问题产生的诸多困惑，结合我国的税收基本制度及税收遵从实际情况而努力研究的成果。

如前文所述，传统的税收遵从理论主要是基于标准经济学模型研究税收不遵从问题，一般假设纳税人是理性的，以期望效用最大化原则来指导行动，纳税人重点是考虑税率和稽查率等经济因素来决定是否遵从，权衡不遵从的收益和可能的损失后，作出风险条件下的决策。这种研究模式将经济利益考量与税收决策行为紧密结合，符合经济学分析的一般逻辑。该研究模式认为，个体并不将别人或者公共利益纳入决策效用，而是只按照对自己有利的原则进行选择。这种研究方式的结论是本书的重要内容，专门设立一章作为破题章节，通过建立分析模型进行税收遵从传统经济学分析，同时结合税务实践提出遵从异象，为后续篇章的研究打下基础。

人们决定税收遵从或不遵从除经济利益的考虑外，本书还提出，许多证据显示人们对税收的态度、社会其他人对税收的态度、税法体系的公平与复杂性等，都对遵从决策具有很大影响。因此，了解社会公众对税收、缴税和逃税的态度是至关重要的。本书通过问卷调查的形式对税收的社会认知水平进行了解评价，主要阐述国家和税收在公民心中的形象是怎样的。基本的调查方向是税法认知、社会遵从认知、公平认知、税收遵从决策等维度，调查结果显示税收并不具有道德层面的绝对优势，税收遵从作为社会规范的严肃性也有很大问题。本书从描述性统计和分析性统计两个层面，对社会调查结果进行了分析和验证。

从现有研究成果看，已有理论对税收遵从异象的解释主要是从行为经济学角度进行分析，得出的结论是税收管理的方式、税务稽查的形式和效果、预缴和退税等税收实践措施，给纳税人决策心理带来影响，就纳税人现实选择与理论冲突给出了解释。在前人研究的基础上，本书应用行为经济学理论对相关问题进行深层次分析，特别是更深入地将行为经济学理论与税收遵从决策紧密关联起来，重点是将前景理论和心理账户的相关理论应用于纳税人的决策分析，同时将行为经济学最新研究成果应用于税收遵从分析，得出了一些结论。

行为经济学就是心理经济学，基础是社会心理学。传统行为经济学对税收遵从行为的研究一般不深究心理学基础，对于税收遵从异象的研究一般限于结果性的原因分析，就税收实践来说启发性和借鉴意义还需进一步深入研究和扩展，应用范围尚比较窄。

本书通过对税收的社会心理和纳税人个体心理进行分析，以期发现影响税收遵从水平的人性层面原因，并提出有针对性的解决措施。其中，社会思维、社会影响、社会关系，这些社会心理学的基本研究范畴可以为税收遵从分析提供理论框架，很多角度非常具有启发性。本书提出了税收遵从心理学研究框架，并在这个框架内取得了一些研究成果。

本书的研究是在学习借鉴前人研究成果的基础上进行的，也是基于对人类天性自私观点的怀疑而展开的。本人基于对税收的感知和理解，认为利他合作支撑了社会的发展，同样也应该在税收关系的构建中起到价值准则的作用。当前关于税收的争议不少，感性认知和理性分析不绝于耳，但分歧的关键在于社会财富的分配公平上，如果更多以合作的理念对待这一问题，也许税收管理的效果会更好一些。从利他主义和社会偏好视角考虑税收遵从，比如成立专门化的税收情绪管理部门，构建以服务为导向的税收管理体制，不失一种可以探索尝试的选择。

"战斗犹如假定，如非必要绝不可增加。"（托马斯·享利·赫胥黎：《写给埃德温·雷·兰开斯特的信》，1888 年 12 月 6 日）以这句话作为前言的结束，也作为本书的开篇，我想是颇为妥当的。

赵 磊
2018 年 11 月

目　　录

第一章 绪 论

第一节 问题提出及研究意义

一、选题背景

古今中外对税收皆有不同之定义，总结起来可以归纳为手段论、收入论、活动论和关系论等四种。[①] 随着法治意识和法治思维的不断提升，在法治框架内将公权属性私权化的研究倾向愈发明显，因此当前将税收关系债权债务化的声音亦不绝于耳，并逐渐形成主流意见之一，国外研究成果相当丰富，国内学者也有不俗表现。这也是税收的法学视角研究的基本观点。

关于税收的本质，我国的理论界、实务界都有主流意见[②]，即税收是一种特殊的分配关系，其特殊性主要体现为无偿性、强制性和固定性三大属性。虽然不少学者从提供公共产品的角度对无偿性进行过质疑，但如果将税收定性为一般性的有偿行为，那就应当符合一般有偿交易的基本特点，即符合等价性、及时性、确定性等要求，税收显然不具备这些基本特点。税收的三大属性是学者长期争论的问题，税收使用去向、税收公平正义、税收负担合理性等相关联的问题甚至是社会性焦点。可以说，税收自古以来就是一个颇有争议的领域。当下，关于税收的讨论和争论依然非常热烈。

---

① 董庆铮等. 税收理论研究 [M]. 北京：中国财政经济出版社，2001：3 - 7.
② 有不少学者从税收正义的角度对税收的三大属性进行分析并提出不同观点。

税收是一个属于历史性范畴的概念，至今已有数千年历史。正是由于上述原因，特别是强调税收的无偿性，使得逃税和税收始终如影随形，人们对税收的抵制和抗争甚至成为朝代更迭的直接原因，大幅度减免税也成为盛世之典型特征。[①] 封建社会中秉承老子非税、轻税思想成为明君之选择，作为一种主流思想和文化影响赋税收缴，人们普遍认为"圣人不积"[②]。从国外税收思想史看，亦无特别之不同。威廉·配第（William Petty，1662）350多年前就指出，公共经费收入减少是有根源的，首要原因是国民不情愿纳税，他们的心态是通过拖延、抵触甚至完全逃避纳税，因为他们怀疑政府课税过重，所征税款被挪用、挥霍或者课税不公。[③] 税收公平也是威廉·配第的讨论重点，他指出纳税人感到最为不满的是对他们课征赋税金额超过对邻居课征税额。这就涉及税收横向公平。这些问题，即使不寻找理论支撑也是可以理解并被人们普遍认为具有合理性的。当然本书的重点是寻找理论合理性并提出解决对策。

传统观点对税收不遵从行为的解释角度很多，大致可以从征管因素、纳税人因素、社会环境因素和国家因素等方面寻找。有的观点将税收遵从分为习惯性、忠诚性、制度性、社会性、防卫性、代理性、自我服务性、懒惰性等类型遵从，税收不遵从自然可以从这些方面寻找原因，如表1-1所示。

表1-1 纳税遵从影响因素汇总

	一级指标	二级指标
纳税遵从影响因素分析	征管因素	稽查概率与惩罚力度
		征税成本的高低
		征管模式与手段
		税制的复杂程度
		税率的高低
		征管人员的素质与服务意识

---

① 比如，张宏杰在其所著的《饥饿的盛世：乾隆时代的得与失》（重庆出版集团2016年版）一书中，将以民为本作为乾隆盛世出现的根本原因。书中记载，乾隆继位后所作的第一个重大决定，就是在全国范围内免除百姓雍正年间拖欠多年的农业税。这种做法在历代盛世都是一个非常重要、深受好评的社会治理方式。

② 《老子》第八十一章。

③ 鉴于必要性和重要性，在此把本应后文论述的内容先作一说明：这种怀疑在心理学上有其理论依据，个体非常看重自己的自由感和自我效能感。所以，当税收给个体的社会压力非常明显，以致威胁到个体的自由感时，他们常常会反抗，这种反抗往往是情绪性、感知性表达。当然，文化、人们对权威的态度等也影响此种怀疑。

续表

一级指标	二级指标
纳税人因素	纳税遵从成本
	法人纳税人的决策者特征及决策机制
	法人企业的规模与社会影响力
	自然人纳税个体特征
	对政府的满意程度
	税收知识的丰富与匮乏
	从众心理
	纳税者税负的轻重
社会环境因素	社会舆论压力
	信息不对称程度
	社会公平感
	税收文化（主要包括纳税观念和意识）
	社会心理成本
	道德观念
	社会信用制度
国家因素	税收立法
	税收支出的透明程度
	政府公信力
	公共产品与服务的质量
	税法的威慑力度

（纳税遵从影响因素分析）

资料来源：根据王娜（2007）、童疆明（2010）、李坤（2004）等学者观点整理。

常见的观点认为税收不遵从很好解释，主要是基于经济利益角度的理解。这是很容易产生的联想，征税和缴税涉及经济利益的转移，偷逃税可以理解为人的天性使然。吴晗《朱元璋传》（陕西师范大学出版社 2008 年版）记载，明朝之前的 600 年，土地簿籍和实际情形大相径庭，50% 以上的土地并不在册，百姓逃避政府租税。如此大面积的逃避税收最直接的因素自然是税收管理制度不完善，从而导致人们对经济利益的追逐。此类观点大致同样认为，税收不遵从究其根源，利益驱动是纳税人不依法纳税的根本原因，这也是对纳税人行为进行传统经济学研究的理论起点。

如前言所述，税收是对纳税人财产所有权的一种强制性转移，而且无直接显现的对价给付，是私法主体的一种纯负担。受到税痛感与利益最大化驱使，加上公共产品的非竞争和非排他属性，存在"搭便车"思想本来就是经济理性人的应有之义，各类市场主体或其他相关主体都希望税负尽可能低，缴税尽可能少，从而使其税后收益尽可能高。

理性人税收决策理论认为，追逐税收利益最大化并不根本受非经济因素影响，即使这种理论在对现实进行解释时出现了这样那样的偏差，但是该理论仍然认为这些异象并不重要并且可以用能够理解的原因进行解释，本书后文将着重论及。比如，发达国家的税收管理水平和公共服务水平非常高，但是税收遵从情况仍然不容乐观，有的研究者提出，这种现象只能依靠经济决策纯理性的理论来解释。比如表1-2中所体现的，税收不遵从与罚款率、检查率以及公共产品提供情况紧密相关，而这些方面均是经济理性人税收遵从决策影响因素的重要内容。

表1-2　　　罚款、税收、检查、提供公共产品的不确定情况下的平均遵从率

试验对象	平均纳税遵从率	
	不提供公共产品	提供公共产品
基本情况	0.262	0.557
罚款的不确定性	0.374	0.501
税收的不确定性	0.370	0.398
检查的不确定性	0.481	0.519

资料来源：Alm，Jackson and Mckee（1992a）.

20世纪90年代美国纳税人遵从测度项目（TCMP）[①] 数据显示，美国企业与个人偷漏税情况非常严重，1992年税款流失估算超过1 000亿元，而当年的财政预算赤字也不到3 000亿元。2003年美国公司税收占国内税收比例降至20年来最低水平，这其中重要原因就是逃税。

日本国税厅2012年对13万户企业进行涉税调查时发现，一个财政年度偷漏税总额高达1兆1 800亿日元，其中跨国企业在对外贸易中的漏税占了1/4。

据欧盟委员会统计，欧盟国家因逃税每年损失高达1万亿欧元。意大利近年来逃税现象尽管出现整体下降趋势，但是增值税（IVA）逃税率仍居高不下，2012年高达36%，居欧洲各国前列，但仍略低于西班牙的39%。意

---

① TCMP 为 Tax Compliance Measurement Program 的缩写，是美国国税局建立的始于1965年的税收遵从衡量项目，使用的资料来源于美国征税机关随机稽查的统计数据。

大利开始关注合法文化建设和传播的必要性，肯定并鼓励加强建立政府监控以及保护公共财政。据统计，大约有18%的意大利国内生产总值来自地下经济。①

在我国，税制不满意与税收不遵从行为已经成为很普遍的现象，近年来税务机关也认识到问题的严重性并着手纳税信用体系建设。在笔者对企业纳税人、受雇人员、高校教师等群体进行的正式调查和非正式随机访谈中，多数人表示税率过高、税负太重，七成的企业纳税人表示会考虑避税。本书的社会调查结果也反映出此方面问题较为严重。

数据显示，2012年东部某省税务部门稽查企业17 398户，87.5%的纳税人存在偷税漏税行为。② 从全国情况看，2014年税务机关查处涉及违反刑事法律行为的税收不遵从行为，补缴税款1 722亿元，同比增长21.4%。③ 本书对近10年来全国税务稽查部门查补税款情况进行了统计，税务稽查有问题企业比例基本保持在90%以上，稽查收入占全部税收收入的比例保持在1%以上，如表1-3所示。实际上，受统计口径、稽查水平等因素影响，税务机关公开的数据很可能难以反映出更真实更严峻的问题。

表1-3　　　　　　　　2009~2017年全国税务稽查收入情况

年度	全国稽查收入（亿元）	稽查户数（万户）	有问题户数占比（%）	全国税收收入（亿元）	稽查收入/税收收入（%）
2016	1 892.20	36.35	96.80	140 499.04	1.35
2015	1 916.00	39.80	98.10	136 021.48	1.41
2014	1 855.77	15.39	97.53	129 541.12	1.43
2013	1 284.00	17.68	—	119 959.91	1.07
2012	1 250.00	19.10	—	110 764.04	1.13
2011	957.72	21.21	95.35	95 729.46	1.00
2010	1 160.45	23.52	93.75	77 394.44	1.50

① 资料来源：world. huanqiu. com/hot/2015-09/7467233. html，2016年7月21日访问。"地下经济"（underground economy）一般是指逃避政府的管制、税收和监察，未向政府申报和纳税，其产值和收入未纳入国民生产总值的所有经济活动。"地下经济"活动涉及生产、流通、分配、消费等各个经济环节，可谓无所不能，无处不在，是当前世界范围内的一种普遍现象，被国际社会公认为"经济黑洞"。

② 此处偷漏税占比较高还有一种可能性解释因素就是，税务机关选案准确度的提高以及税务稽查手段的丰富和能力的增强，后文同。

③ 资料来源：国家税务总局官方网站。

年度	全国稽查收入（亿元）	稽查户数（万户）	有问题户数占比（％）	全国税收收入（亿元）	稽查收入/税收收入（％）
2009	1 192.60	31.30	90.90	63 103.60	1.89
2008	513.60	40.50	56.54	57 861.80	0.89
2007	430.15	53.71	—	49 451.80	0.87

资料来源：根据《中国税务年鉴》2007~2016 年数据编制，其中 2007 年、2012 年、2013 年数据未载明当年稽查发现的有问题户数。

客观的税收不遵从行为度量集中体现在对税收流失（税收缺口①）规模的测算上。CNKI 中国知网数据库资料显示，从 1994 年分税制财政体制改革以来，国内学者关于因税收不遵从造成的税收流失和流失规模测算研究逐渐成为重要课题。特别是 1999~2008 年，平均每年发表该类别学术文章 34 篇，而分税制改革以前最多的仅为 1993 年的 3 篇。②

从理论研究视角测算出来的偷税规模普遍远大于实际征管口径。有的研究表明，根据对地下经济和公开经济中税收流失规模的估测，1997~2006 年，我国每年流失的税收规模占 GDP 的比重为 10% 左右，占当年实际入库税款总额的 70%~80%，如表 1-4 所示。③ 在一项关于现行个人税法公平性的调查中，超过 60% 的人认为税法不公平，因此选择少缴税款。④ 福布斯 2009 年底公布全球税负痛苦指数中，中国内地位居全球第二，仅次于法国。

表 1-4　　　　　2006 年我国公开经济中主要税种税收流失额测算　　　　单位：亿元,%

税种	估测应征税收收入总额	实际入库税收收入总额	税收流失额	流失率
增值税	31 937.65	17 799.62	14 138.02	44.3
关税	4 843.79	1 141.78	3 702.01	76.4
个人所得税	3 954.94	2 452.32	1 502.62	38.0
合计	40 736.38	21 393.73	19 342.65	47.5

资料来源：伍云峰. 我国税收流失规模测算 [J]. 当代财经, 2008 (5)：28-42.

---

① 即：纳税人应当缴纳的税款和实际缴纳税款的差额。

② 数据通过查询 CNKI 中国知网数据库获得，以"税收流失"为关键词进行检索，检索时间为 2018 年 3 月。

③ 伍云峰. 我国税收流失规模测算 [J]. 当代财经, 2008 (5)：28-42.

④ 资料来源：https：//wenku. baidu. com/view/5fde1a6d561252d380eb6e3a. html, 2018 年 3 月 26 日访问。

税收不遵从的因素是多元的，既有客观原因，也有主观动机。从客观原因看，如前文所述，涉及内容较多。比如，纳税人对税收及税收管理的不满意态度是重要原因之一。另外，近几年的税收满意度调查结果也显示，纳税人认为自己对税收服务的需求仍然没有得到有效回应。[①]

客观原因还包括税收制度，有学者就认为，必须充分借鉴税收法治国际经验，以提高纳税人纳税的积极性和主动性。[②] 其实从作用路径上讲，影响税收遵从的客观原因必然通过作用于纳税人的心理而产生效果。因此，从纳税人主观心理角度分析税收遵从是非常必要而有效的。

需要注意的是，税收遵从与财政制度密切相关，财税体制改革必须将推动遵从、促进遵从、便于遵从作为改革目标。有研究表明，当公民被问起如何看待税收制度时，公平往往是最频繁被提及的话题。[③] 为适应市场经济发展需要，我国1998年明确提出建立公共财政的目标任务。公共财政制度下，财政运行机制发生了重要变化，财政的职能定位由分配绝大部分社会资源，收缩到满足社会公共需要、弥补市场失灵的范围。

同时，财政运行的立足点由主要着眼于满足国有部门需要，逐步扩展到通过组织财政收入、合理安排财政支出，为全社会及公众提供私人部门难以提供的公共产品与公共性服务，从而满足社会机器运转的公共需要和个人生产生活需要。在这一背景下，公平问题在我国税收缴纳与财政分配中受到更多的评议，也不足为怪。这些因素都有可能成为影响税收遵从的重要原因。

如前言所述，从研究方法看，税收遵从有经济学和心理学两个分析途径。经济学研究从20世纪70年代才开始，以经济理性人假设为前提，多是以阿林汉姆（Allingham）和桑德姆（Sandmo）的A-S分析模型为基础，考虑更多因素进行修改完善，运用预期效用理论分析纳税人遵从行为经济决策，短短40多年历史结出丰硕成果。从行为经济学角度看，标准经济学模型分析纳税遵从行为存在无法解释的异象，主要是实际税收遵从程度远远超过模型

---

① 国家税务总局针对纳税人的满意度调查结果显示，近年来纳税人不满意的服务项目主要集中在直接纳税服务不便捷、信息化系统滞后、税务干部服务效率不高、12366纳税服务热线服务质量不高、税收政策落实不到位等问题。国家税务总局有关文件指出，这些问题是当前税收管理存在的五大不足。

② 魏雪梅. 实现税收法治的国际经验借鉴 [J]. 税务研究，2017 (2)：63 - 66.

③ Kirchler E., Maciejovsky B., Schneider F. Everyday representations of tax avoidance, tax evasion, and tax flight: Do legal differences matter? [J]. Journal of Economic Psychology, 2003, 24 (4): 535 - 553.

计算的结果，预缴制度和框架效应用传统经济学理论也无法给予合理解释。

美国的塞缪尔·鲍尔斯等人的著作《合作的物种》（张弘译，浙江大学出版社 2015 年版）说道："人们之所以合作，并不仅仅是出于自利的原因，也是出于对他人福利的真正关心、试图维护社会规范的愿望，以及结合于伦理的行为本身以正面的价值。"如果仅从经济角度去考量纳税人的选择，甚至将其作为准则去指导税收征管，这无异于治标之策。笔者出于对人性的信赖，希望能够通过这本书唤起国家对人性光辉的关注，并在国家治理现代化的征程中。赋予人更多的责任与荣耀。具体到税收工作中，通过对个体层面的动机状态和集体层面的税收道德的讨论来直接关注税收行为，可能是一段漫长而困难的路程，但终究是一个好的开始。

二、选题目的

税收对国家发展的重要意义与影响国家治理的方式在不断提升和优化，税收理论和全社会对税收的认知进步也非常大，但是逃避缴纳税款问题仍然未有大的改观。在法治背景下，税收规避成为现代税收面临的法律难题。传统理论与实践对税收遵从的研究和应对多基于经济理性人假设，对纳税人行为与心理的研究较少。本书从经济和心理及行为经济学维度研究税收不遵从行为，期望能够挖掘税收不遵从的深层次原因，并为下一步税收征管改革提供政策建议。[①] 具体的研究目标如下。

（一）调查分析税收遵从的社会表征

当前对偷税漏税的关注与治理多体现在个案层面，实务部门对税收遵从的调查也大部分体现在评价税收管理质量，对于税收的社会整体认知程度并不清晰。社会表征是指事物在社会整体层面呈现的认知状态，是个体认知通过社会化建构形成的具有普遍意义的全社会共同认知，它的意义在于为人们

---

① 2017 年 10 月，在本书形成初稿之际，理查德·塞勒（Richard Thaler）因在行为经济学方面的突出贡献获得 2017 年诺贝尔经济学奖，这是行为经济学研究的又一里程碑式成就，对笔者完成本书写作带来极大鼓励。瑞典皇家科学院这样评价塞勒的研究：将心理上的现实假设与经济决策分析相结合。通过对有限理性的探索，以及对社会偏好与缺乏自我控制的后果的研究，理查德·塞勒展示了人格特质如何系统地对个人决策以及市场成果带来影响。塞勒开发了心理会计理论，提出人们通过在自己的头脑中创建不同的账户来简化财务决策，特别关注每个决策的狭隘影响，而非整体效应。他还表明，厌恶损失可以解释为什么人们在拥有它时比其他人更重视同一项目。

的交流建立规则一致的社会环境，也指导人的行为。本书通过问卷调查的方式，了解税收在社会公众心中的形象，以及人们对税收遵从或不遵从的基本态度，并就可能的因素进行深入调查。调查内容主要是对税收的主观知识、心理概念、税收态度、税收规范、行为控制、税收公平、心理动机等进行考察，同时对当前的税收管理措施进行调查评价。

（二）对税收遵从进行行为经济学分析

税收遵从传统经济学理论认为纳税人是理性的，以期望效用最大化来指导行动。当事人的效用由纯粹的利己态度决定，当事人不考虑其他人或者公共效用。本书将分析现实存在的该理论难以自圆其说的异象，并以此为切入点展开行为经济学分析，主要研究的是前景理论和心理账户。税收体制是个多人社会博弈难题，也存在"公地悲剧"现象，审计概率、罚金、税率和所得对纳税意愿有很大的无形影响，应该引起重视。在这一问题的分析中，本书还将结合税收实践，对当前税务部门通常采取的应对措施进行理论剖析，找出可能存在的问题和误区，并提出进一步改进的方向和政策建议。

（三）剖析税收不遵从行为的心理因素

社会心理学是研究人类周围客观情境和主观建构的科学，税收遵从是典型的经济与心理融合效应明显的领域，非常有必要对税收不遵从的社会心理根源进行分析。本书主要从税收主体的社会思维、税收遵从的社会影响、税收的社会关系三个角度进行论述。社会思维重点论述税收偏见、税收知识影响以及税收态度与税收行为的关系；社会影响主要研究从众心理、税收公平以及税收规范与道德；社会关系则主要讨论税务机关与纳税人的关系问题，并重点就公共品提供对税收遵从的影响作出分析。关于心理学分析的内容根据本书结构安排在不同的篇章中。

三、选题意义

（一）理论意义

1. 丰富我国财税理论体系

本书从纳税人的有限理性出发，遵循行为经济学分析逻辑，对纳税人行为选择过程及影响因素进行分析，有助于对现实问题进行深层次思考。行为经济学理论引入我国学界时间较晚，研究成果在数量和创新性上与世界先进水平相比，都还有差距，整体来说还处于理论探索的起步阶段。同样，在税收领域的应用更为少见，中国财税理论体系对此论述也不多、不系统。本书将税收遵从与行为经济学，以及行为经济学的心理学基础，包括心理学的个体、群体和动机等理论紧密联系，结合调查研究情况进行论述，可以为丰富财税理论体系做力所能及的贡献。

2. 尝试多学科交叉融合研究

每个学科都承认有必要关注其他学科的成果，却很少有研究成功地将各个学科不同的成果融合在相互关联的整体框架内。本书对此进行了探索和尝试，基于行为经济学视角，用一种符合逻辑的方式介绍行为经济学原理与方法对税收遵从的研究意义，尝试将传统意义上被分割开来的法学、经济学和社会心理学各学科理论综合在一起，具有一定的理论研究意义。

（二）实践意义

1. 体现对纳税人权利的尊重和维护

关于纳税人权利的探讨，从人权、法律、管理等不同的视角看有不同的观点，既包括社会人所共同拥有的普遍性权利，也包括具有税务特点的个性化权利。同时，近年来关于国际化的纳税人权利探讨也很多。经济学视角税收交换关系说和法学视角债权债务关系说、权利义务关系说，以及社会心理学的社会思维、社会关系，都可以找到尊重和保护纳税人权利的依据。现实生活中，由于偷税、漏税、骗税和抗税等税收规避现象在一定程度上比较普遍，纳税意识被提升到十分重要的高度，权利保护反倒显得不那么重要。本书认为，从税收征管的角度看，税务机关为了完成税收任务，强调纳税意识无可厚非，但是对纳税人权利的忽视，会造成纳税人税收不遵从，而且从深层次影响税收治理的水平和能力。正确认识纳税人税收权利主体地位，赋予并保护纳税人应有的权利，树立体现为纳税人服务的新型税收征管理念，是提高税收遵从度的必然要求。

2. 为我国当前税制改革提供新的视角

为了适应社会主义市场经济发展，1994 年我国进行了分税制财政体制改革。随着国内外经济形势发生变化，现有税制已经很难适应经济社会发展的要求。我国已经开始深化财税体制改革，目标是建立可持续的现代财政制度。税收制度影响税收遵从水平，税制复杂性、公平性以及税种构成、税率高低等都被证明是影响税收遵从的重要因素。因此，本书为深化税收制度改革，优化税制结构、完善税收功能，提供新的改革视角。从现实情况看，短期内很难将本书的研究成果应用到税收管理实践中，因为我国当前税收管理的主要任务是如何更好地依法组织税收收入。但从长远来讲，税收管理必须走向专业化、精细化方向，从人性角度思考政府管理是根本性解决方案，在税收管理水平较高的国家，这种经验是非常鲜明可见的，因此研究结果具有一定的指导意义和实践意义。

3. 作为提高税收遵从度的新切入点

税收流失是世界性问题，如何有效提高纳税人税收意识并以此为基础提高税收征收率，成为困扰税务部门多年的难题。现有理论成果已经表明，税务机关与纳税人之间的互动非常重要，纳税服务水平、财政支出合理性、征收管理方式、税务人员素质等因素，对税收遵从水平有直接的影响。因此，税务机关应当通过恰当善意的运筹，引导纳税人依法纳税，增强自觉纳税的意识，由被动纳税转为主动纳税，由税收遵从上升到合作遵从，从而起到事半功倍的效果。

第二节 文献综述

一、国外理论成果

(一) 税收遵从行为经济威慑理论

实际上，对税收遵从行为的传统经济学研究均属于在威慑理论框架内进行的研究。就是说，纳税人选择依法报税或者选择不缴税或少缴税时，需要对税务机关可能的稽查以及被发现后可能受到的经济处罚进行综合预判。[①]

---

① 需要特别说明的是，无论国内国外对税收不遵从行为的研究都较少考虑税收违法者的刑事责任，实际上对于某些较为严重的涉税违法行为，刑责方面的威慑作用更加有效。比如《中华人民共和国刑法》（以下简称《刑法》）明确的涉税犯罪有：逃税罪（《刑法》第二百零一条），抗税罪（《刑法》第二百零二条），逃避追缴欠税罪（《刑法》第二百零三条），骗取出口退税罪（《刑法》第二百零四条第一款），虚开增值税专用发票、用于骗取出口退税、抵扣税款发票罪（《刑法》第二百零五条），虚开发票罪（《刑法》第二百零五条第四款）。本书虽未对此亦未涉及，但不可否认，尽管刑罚的威慑力也是有限的，但刑罚是所有法律制裁中威慑力量最大的措施。

一般来讲，威慑理论（deterrence theory）属于法学研究范畴，是指通过强制性的法律制裁对行为人进行威慑，从而影响行为人不敢或停止某种违法、侵权或者犯罪行为。违法必制裁是这一理论的精髓。

威慑理论实际应用非常广泛，在刑事法律、民事法律、行政法领域中，该理论均是支撑学科研究的基础性内容。军事研究中，威慑理论亦是重要支撑性理论，但与本书所指威慑理论的含义有所不同。经济学家将该理论引入研究，主要是对侵权行为领域威慑理论的借用，侵犯的权益既可能是公共性的也可以是个体性的。[①]

最初关于税收遵从问题的研究主要是基于犯罪公平学[②]，认为正是政府的威慑政策使纳税人不得不纳税，将税收不遵从行为界定为违法的逃税行为。之所以将传统经济学分析方法纳入税收威慑理论，或者说用经济威慑理论对税收遵从行为进行分析，基本原因就是该理论的假设前提是经济理性人，二者的分析逻辑是基本一致的，认为如果人们面临制裁的概率大，付出的成本多于收益，那么这种行为就不会被实施。本书认为，当前我国的税收治理仍然属于以威慑理论为主要指导的管理模式。

最经典的税收遵从模型就是阿林汉姆和桑德姆（Allingham and Sandmo）[③] 基于威慑理论，以经济学期望效用理论为支撑，将逃税行为视为基于风险和不确定性的纯经济决策，而形成的一个被称为 A-S 模型的分析架构。A-S 模型被后来无数的研究者引用、修正和完善。这一模型将逃税的程度与逃税者被审计的概率和法律惩罚的力度紧密关联，形成它们之间存在负相关关系的函数。后来，斯里尼瓦桑（Srinivasan, 1973）又提出了预期所得最大模型，与 A-S 模型构成偷逃税经济学研究分析的经典基础理论框架。因为期望效用理论将概率与结果结合成单一量值以给出简单的模型，所以单调性原理是偷逃税模型的基本原则。

关于审计概率，维克·汉纳曼（Weck-hannemann, 1989）所作的一项研究，对瑞士 20 世纪 70 年代两个年份的数据进行了模拟分析，结果显示税务机关检查的概率对税收遵从有一定的威慑效果，但是数据显示该效果并不

① https：//baike. baidu. com/item/% E5% A8% 81% E6% 85% 91/9348562？ fr = aladdin，2017 年 11 月 18 日访问。

② 刘华，阳尧，刘芳. 税收遵从理论研究评述 ［J］. 经济学动态，2009（8）：116 – 120.

③ Allingham M. G.，Sandmo A.. Income tax evasion：A theoretical analysis ［J］. Journal of Public Economics，1972，1（3）：323 – 338.

明显。该学者 1996 年的研究成果进一步验证，惩罚率与税收遵从亦无关联。莱姆罗德、布卢门撒尔和克里斯蒂安（Slemrod，Blumenthal and Christian，2001）则通过实地调查进行了相关研究，他们找到了能够证明审计概率与税收遵从水平正相关的证据，但是与一般理解明显不同的是，该研究发现审计概率的提高会让高收入群体选择较低水平的税收遵从。胡安等（Juan P. Mendoza，et al.，2017）则印证了该观点，他同样认为税务审计在某种情况下会造成税收遵从水平的下降。

有些学者和税务机关充分相信罚金的威慑作用，因为审计概率需要税务机关的主观努力作保证，而罚金比例则一般需要事先明示。朴苍均和玄镇权（Park and Jin，2003）的研究发现，稽查率和税收罚金提高都会带来更高的税收遵从水平，而且罚金的作用要大于审计概率。而阿尔姆（Alm）等人 1996 年的研究结果已经得到了与朴苍均和玄镇权研究成果相一致的结论，如表 1-5 所示，较高的罚款率和较高的审计概率都会显著提高税收遵从水平。但是弗里德兰（Friedland，1982）的研究结果却得出了相反的结论，如表 1-6 所示，在两个不同标准的税率水平下，审计概率的提高都降低了税收遵从水平，这样的结论就会让税务执法进退维谷。

表 1-5　　　　　　　罚款率和审计概率反映出的平均遵从率

审计概率	罚款率		
	1	2	4
0.05	9.0（4.0）	6.9（3.2）	12.2（4.2）
0.30	10.9（6.0）	21.4（4.4）	39.8（7.4）
0.60	9.8（8.0）	54.8（10.6）	70.3（7.5）

资料来源：Alm J. . What is an "optimal" tax system？[J]. National Tax Journa，1996.

表 1-6　　　审计概率、处罚率和税率反映出的申报所得的平均百分比

审计概率	处罚率	税　率	
		25%	50%
0.067%	逃税额的 15 倍	87.4%	66.4%
0.333%	逃税额的 3 倍	79.6%	56.5%

资料来源：Friedland N. , Maital S. , Rutenberg A. . A simulation study of income tax evasion [J]. Journal of Public Economics，1978，10（1）.

从上述研究综述来看，对税收遵从行为进行传统经济学分析，研究结果本身就有各种矛盾和冲突，这也从一个层面证明，完全应用理性人假设对税收遵从行为进行研究必然有诸多未考虑到的因素，众多纳税人内心对税收遵从的信念和遵从决策，与税务管理遵从认知存在很大的差别，这种差别造成很大的信息对称，也正是本书想有所发现的问题之一。总之，人们需要用更多的方式去丈量现实和真实之间的距离。

（二）纳税人对税收的感知

按照社会心理学观点，态度影响行为。人们对税收的预先判断和期待效应会影响其对信息的直觉和解释，进而影响税收遵从决策。人们如何认识税收、纳税人心中的税收到底是什么样的，税收是否具有正义性，这是笔者所要努力去研究发现的，也是国外学者所做的重要研究内容，同前文一样，研究结果同样很难取得一致。

比如，关于税收的主观知识，弗恩海姆（Furnham，2005）研究发现，对税收这一经济领域，年轻人由于并不过多直接参与其中，因此相关认识是很少的。莫克查尔（Mckerchar，2001）的研究表明，即使是经常履行纳税义务的成年人，实际税收知识之于需要也是远远不够的。布卢门撒尔和克里斯蒂安（Blumenthal and Christian，2001）的研究成果显示，使用代理人的比例一定程度上能够反映纳税人的税收知识状况。一般认为，在纳税人可以自行完成纳税申报的情况下，税收代理业务不会大幅度增长，而从1990年至2000年，美国个人所得税报税代理人增长26%，工作量增加14%，充分体现出纳税人的主观知识水平状况。

许多研究探究了纳税人的税收知识有限的客观和主观原因。莫克查尔（Mckerchar，2001）指出，人们之所以对税收知识失去学习的兴趣，主要是因为税法比较复杂，影响税收制度发挥其应有的作用。在税收要素上，一系列研究成果显示，在单一税率和累进税率这种最基本的问题上纳税人往往也是缺乏认识的。比如瑞典埃德隆德（Edlund，2002）发现，人们都愿意选择累进税率，并不考虑哪种税率对自身情况更为有利。

对税收公平的讨论最为集中和富有争议，现实中人们往往会因为对税收公平的质疑而选择逃避缴税。研究结果也发现，对税收公平问题的认知对税收遵从水平的影响较大，当然这种结论也并不是完全一致的。斯莫尔德斯（Schmölders，1960）对公平的研究较为深入，他认为纳税人对税收公平的感知（主要是与他人比较得来）以及社会公共产品的提供能否让纳税人感到较为合理的收益，是构成纳税人税收道德的重要部分，从而影响其纳税决策。他认为，人们能够接受的最高税率不超过 50%。詹姆斯（James Alm，2017）则深入分析了纳税人观察到的税收横向公平是如何影响其税收遵从决策以及纳税信息如何进行传递并对其他人产生内在影响的。

态度预测行为。奥韦斯卡和哈德森（Orviska and Hudson，2003）的研究证明，少缴税款作为一种不正当利益的获取，明显被与其他不正当利益获取的行为区分开来，而没有受到同等的批评。人们并不像与对其他违法行为一样对税收违法给予过低评价。诸多研究结果表明，普通纳税人对避税行为特别是跨国避税，不会与一般违法行为等同，即使对待逃税的态度也不严苛，税收规避行为是易于被人们宽容的。

科奇勒（Kirchler，2003）要求调查对象对税收违法进行联想，结果显示，人们对避税和国际避税给予了较为正面的联想，对逃税的评价则较为负面，但是对国际逃税行为的态度相对宽容一些。刘易斯（Lewis）则认为，人们对税收的态度主要取决于收入水平。

（三）税收心理学分析

如前文所述，关于税收遵从的研究不可避免会进入心理学研究范畴，税收心理学至今并未成为一个成熟的学科体系，但是对此进行规范的努力从未停止。税收道德的形成与人的性格有关，而人的心理因素是社会心理学研究的重要领域。除此之外，前文所述的税收横向公平涉及与他人的关系，更是社会心理学基本的研究对象。

韦伯利、科尔和艾德贾尔（Webley，Cole and Eidjar，2001）在一项对自我主义（测定为马基雅维利主义）和背离规则态度的调查研究发现，逃税者比非逃税者具有更低的道德标准。波卡诺（Porcano，1998）则发现诚信与纳税人的态度和前期少申报行为显著相关，并用社会心理学的自我验证理论对其进行解释。逃税实验研究证明，社会群体规范与税收遵从水平相关，而社会群体规范是社会心理学的重大研究课题。罗斯（Lohse，2016）认为，纳税人对税收的道德标准对其税收遵从的影响是十分显著的。黛博拉（Debora Di Gioacchino，2017）考察了社会整体准则对税收遵从的影响。

沃勒尼德和瓦勒德（Warneryd and Walerud，1982）认为，黑色经济支付与不遵从相关。瓦隆德（Wahlund，1992）通过构建模型进行研究发现，人们如果认为逃税成为社会共同认知，那么选择逃税的可能性就比较大，逃税机会只需要依据其感知作出，并且对逃税决策是具有决定性意义的，实际机会比感知机会的影响要大一点，但是实际机会与感知机会相比，适用性要小一些，因为纳税人很难准确掌握逃税的机会。

关于遵从动机和税收道德关系的研究也取得了丰富的成果。有的研究提出，税务机关可以凭借行政权力和实施法律来强迫纳税人履行纳税义务，但是这不能保证在纳税人的心理上形成合法性；心理上的合法性主要基于其专业地位，使纳税人愿意合作，因为他们确信税务机关的行为是可以接受的。斯莫尔德斯（SchmÖlders，1960）将遵从动机定义为，纳税人在一定程度上，或完全地履行，或忽视了他们的纳税义务，这取决于公民的税收心理和公民意识，使他们接受纳税义务和承认国家规则。上述研究成果显示自愿遵从源自纳税人强烈的公民义务感。但是，也有研究发现，态度可以在一定程度上解释逃税行为，如表 1 - 7 所示。穆沙拉夫（Musharraf R. Cyan，2017）通过实验提出，税收道德可以通过媒体的传播而对税收的社会整体遵从水平带来影响。

表 1 - 7　　　　　　逃税与心理刺激、心理约束数据的相关性

心理学变量		逃税数据与行为结果数据		
		2 年自我申报	记录的情况	记录的逃税数量
个体对不满意的心理刺激	对税务当局的不满	0.05	0.21 **	0.22 **
	对规则和信息的理解	0.10	0.20 **	0.28 ***
人格取向	竞争	0.05	0.17 *	0.20 **
	疏远	0.10	0.22 **	0.29 ***
	对异常行为的容忍	− 0.01	0.18 *	0.22 **
个体心理约束受处罚可能性	感知的确定性	− 0.27 ***	− 0.03	− 0.01
	感知的严重性	− 0.07	0.09	0.13
	感知的风险指数	− 0.30 ***	0.02	− 0.03
社会控制	感知的发生率	0.22 **	0.00	0.00
	感知的社会支持	0.22 **	− 0.01	0.07
个体控制	对低纳税申报的态度	− 0.25 ***	0.04	0.07
	对虚假税收扣除的态度	− 0.19 **	0.10	0.12

注：＊表示 p < 0.05；＊＊表示 p < 0.01；＊＊＊表示 p < 0.001。

资料来源：Elffers H. , Weigel R. H. , Hessing D. J. . The consequences of different strategiesfor measuring tax evasion behavior [J]. Journal of Economic Psychology, 1987, 8 (3) .

（四）基于前景理论的研究

这一理论的提出是在否认理性经济人假设的前提下作出的，但是仍遵从传统经济学分析的基本逻辑。一方面，人很难对全部信息进行全面掌握，特别是在面对风险的时候。另一方面，人们也并不完全会在基于对信息进行精密处理的情况下作出决策，这种理想的决策模式是很难做到的。由于理性人假设并不符合人们实际的行为，因此在税收遵从领域出现了异象。

税收遵从困惑是能直接观察到的遵从异象。根据 A-S 模型以及更多经过完善模型的测算，将审计概率、税收违法处罚率、所得收入甚至社会心理学中的情绪等因素考虑其中，计算出来的遵从结果仍然低得难以置信，此类数据与税收征管效率也无法等同起来。[①] 弗里吉特斯（Frijters，2000）的研究发现，很少的证据能够证明纳税人会追求最大化的生活享受。平格尔（Pingle，1997）发现，人们更会按照税务机关的指示进行决策，而较少按照效用最大化原则做选择。

框架效应在税收领域也有所反映，这是行为经济学研究的传统范式。框架效应是指在对一个问题给予不同方式但实质内容一致的表达的情况下，同样的被试往往作出相反的决策。海特和布拉德利（Hite and Bradley，1987）发现，在累进税率和单一税率的选择上，以金额形式和以概率为标准，纳税人作出的选择是截然相反的。勒温（Lewin，2007）区分了三种类型的描述框架，风险式、属性式和目标式框架。框架效应得到了更加广泛的经验研究支持。

无论从国际经验还是我国的税收实践来看，在所得税征管中预缴是较为广泛而有效的存在，这也是构成纳税遵从异象的一个重要方面。国外学者从收益和损失的角度对这一制度进行了探索，并将心理账户概念引入研究。雅尼夫（Yaniv，1999）的计量经济模型证明，纳税人在预缴环节如果缴纳更多税款，在退税环节则更有可能选择诚实纳税，不会采用欺骗的手段要求退回更多的税款。因此，税务机关已经注意到要更好地应用预缴制度，以提高缴税率。

如何解释纳税人的选择，前景理论中的参考点概念显得尤为重要。结果

---

① 许评. 基于有限理性的个人纳税人遵从决策研究 [D]. 武汉：华中科技大学，2007：99 –103.

的确定是与参考点相关的，参考点是价值尺度的零点。张、尼克尔斯和舒尔茨（Chang, Nichols and Schultz, 1987）指出，当前资产和预期资产是税收申报时的两个参考点。预缴现象的存在是因为人们在汇算清缴时是以当时收益与损失为参考点，已经预缴的税款在预缴环节就作为损失予以考量。谢潘斯基和凯尔西（Schepanski and Kelsey, 1995）的研究发现，未预料到的补缴比未预料到的退税会导致更大的风险偏好。詹姆斯（James Alm, 2012）则分析了企业纳税人对前景的期望，并以此为基础讨论了税收道德对税收遵从水平的影响。

（五）税务机关与纳税人的相互作用研究

基于税务机关与纳税人关系的经济心理学研究也取得了很多成果。一方面，税务机关是征税部门，是具有强制力的权力机关。纳税人是让渡私权利益的一方，税务机关对税收征管的态度以及努力程度，与纳税人的税收遵从水平紧密相关；另外一方面，税务机关所代表的国家是公共管理者，为纳税人提供安全、福利等社会公共服务，纳税人是这些公共利益的承受者。因此，双方的互动关系非常重要，税务机关与纳税人之间的相互作用，取决于一方对另一方的目标和策略的基本假设。

关于税务机关与纳税人的关系目前存在平等主体化倾向，认为应当将纳税人作为客户看待或者作为公共服务购买者，而不能仅仅当作被约束对象来进行管理。福尔德和弗雷（Feld and Frey, 2002）、弗雷（Frey, 2003）认为，传统的税收管理模式将征纳双方看成"警察"与"小偷"关系，这也是传统经济学分析方法的基本前提和研究结果。

但"追捕与控制"的方法，成本非常高、效果亦不确定，而且对于税务机关控制的有效性而言，是一个重要课题，如税务机关如何约束自身行为。平等征纳关系则使人们认识到，自愿遵从是新型征纳关系的目标和未来，这就要求必须以客户为本，注重纳税人权利保护，提倡征纳双方关系平等理念，以提高纳税人的税收道德水平。佩吉（Peggy Jimenez, 2016）提出，对税务机关的信任程度影响税收遵从水平，必须着眼于建立一种更加公平的税企关系。莱梅莎·巴耶萨尔·古贝纳（Lemessa Bayissa Gobena, 2017）等也提出了类似观点。

伊扎基和瓦克宁（Yitzhaki and Vakneen, 1989）对美国税务机关的税收管理成本进行了计算，他们认为该成本占税收收入的比例大致为 5%～10%

之间。税收稽查成本也是高昂的，除此之外税务机关往往还需要为相关中介服务付出代价。瓦辛纳（Vasina，2003）研究表明，给成功破获逃税的税务人员以经济刺激的做法，减少了税务人员接受贿赂的刺激，因而提高了征收率，并且对税务检查人员尽职尽责的工作产生了激励作用。

二、国内研究现状

本书通过 CNKI 中国知网对税收遵从的相关文献进行查询。[①] 数据显示，CNKI 收录税收遵从相关文献 700 多篇，其中近 500 篇因理论性或创新性不足而没有纳入本书的综述范围，对其余 218 篇进行的梳理、归纳和提炼结果显示，我国税收遵从的经济心理学（行为经济学）的相关研究从 20 世纪 90 年代初开始出现，沿着行为经济学发展脉络前行，前期主要是对国外理论的引进介绍，后来结合中国实践进行理论架构研究，并相继对前景理论、心理账户、心理学研究、行为财政学、新制度经济学、规制经济学等相关内容进行引进介绍和拓展。近年来，根据社会心理学理论，对中国实际税收遵从水平以及相关影响因素进行了测度。

关于税收遵从的早期研究多是基于理性人假说、以期望效用最大化指导行动的传统经济学研究，在这一领域专家学者们作了很多有益探索。罗春梅（2006）提出，纳税主体是贝叶斯概率执行者，以期望效用最大化指导行动，通过对成本和收益的权衡进行选择，必须根据纳税人的逐利行为有针对性地采取应对措施。罗光、萧艳汾（2007），薛菁（2011）等学者，基于A-S 经典模型对税收遵从成本特别是税务机关的震慑行为与逃税之间关系进行了分析。冯绍伍（2008），陈平路（2007），宋丽颖、李倩倩（2014），金鹏（2014）则根据经典逃税模型，结合中国数据进行个人所得税或电子商务税收数理建模以发现遵从水平。

更多学者从经济心理学角度研究税收遵从行为，学术论文数量也远多于传统经济学研究。但是不得不承认，国内研究还主要处于引进吸收西方理论与方法阶段，研究的深度和广度与国外研究相比还有不小的差距。下面，按照学者们研究的不同角度对这些学术观点进行述评。

---

① 2016 年 9 月 14 日，先以篇名"遵从"为条件检索，再以全文含"税收"进行筛选，共有724 篇符合条件的文献资料。

（一） 基础理论引进与构建研究

很多学者对引进国外税收遵从行为经济心理学研究成果作出了很大贡献。梁芬（2006）、韩晓琴（2012）对国外税收遵从行为经济学理论进行了全面介绍，并就在我国的适用问题进行了探讨。吴旭东（2011）指出，国外行为经济学的基本观点可以归纳为损失规避效应、确定性效应、心理账户效应、框架效应和羊群效应。

张文春、魏金剑（2014）的研究扩展至税收征管博弈理论，将税务当局、纳税人心理、社会文化、经济政治等因素纳入影响因子里。童疆明（2009），吴建、孙莉（2012）认为，前景理论在解释纳税人有限理性行为方面表现优异，新公共管理主义要求征税机关高度重视程序公平，强调政府管理技术的提升可以增加纳税的自愿遵从水平。

税收遵从行为经济心理学研究的相关理论最近几年也被许多国内学者所关注。刘东洲（2008）[①] 将新制度经济学引入纳税遵从研究，主要借鉴制度体系与市场交易成本互相影响的理论，通过对税法体系建设与纳税人遵从的关系研究，得出二者存在正相关关系的结论，进而提出税制搭建、税率设计等税收立法必须关注对遵从效果的影响。

刘蓉、黄洪（2010）将2006年正式确立[②]的行为财政学概念系统地引入中国，指出该学科是借助行为经济学的基本理论和分析方法对传统财政学进行修正、补充和完善，以使财政学研究体系更加扩展。肖兴志、赵文霞（2011）对规制遵从行为进行述评，从企业规制遵从动机开始，对参与者的目标、规制遵从行为的模型及其近期拓展研究进行了梳理。

阮家富（2005），宋良荣、吴圣静（2009），安体富、王海勇（2009）等在对国外研究理论进行吸收借鉴的同时，根据我国国情与遵从特点，将西方研究理论与我国税收实践相结合，从不同的角度提出国内税收遵从研究的基本框架和模型。

周琦深等（2014）从实验方法、实验对象、实验条件以及实验步骤四

---

① 刘东洲. 从新制度经济学角度看税收遵从问题 [J]. 税务研究, 2008 (7): 75–77.
② 2004年南加州大学法学院院长麦卡弗里（McCaffery）与密歇根大学税收政策研究中心主任莱姆罗德（Slemrod）首次提出行为财政学这一概念。此后，他们多次召集国际上顶尖的财税专家讨论行为财政学问题。会议论文集《行为财政学》于2006年出版，标志着行为财政学的正式确立。

个方面分别对国外学者在各学科研究中普遍采用的实验方法进行了综述，将实验方法细化并归纳总结相应特征和适用的情形与条件，并对其主要优势进行归纳与总结，为我国税收遵从研究引进新方法进行了探索。

（二）税收社会表征研究

关于税收公平的测度，赵永辉（2014）借助调查数据，运用有序 Probit 模型对影响税收遵从的公平因素进行实证检验，显示税收征纳各个环节遵从水平都受公平认知影响。童疆明（2008）的实验结果支持并且验证了这样一种现象：如果纳税人在税务机关的不公平行为中受到了伤害，那么他选择税收不遵从的可能性就变大。如果因为税务机关行为而获得额外利益，则有可能促使他缴纳更多的税。欧斌（2008）认为税收公平原则与税收最小征收费用原则之间存在尖锐矛盾。

税收道德方面，邓保生（2008）、阮家福（2011）、谷成（2012）认为，税收道德概念的引入，能够解释经济学分析税收遵从时出现的异象，应当借鉴西方学者对税收道德的度量，来探讨税收道德与税收遵从之间的关系。实证研究方面，邓保生（2008）、杨得前（2009）用不同的检验方法，证明税收道德与税收遵从度之间存在显著正相关关系。

在对税收遵从问题进行研究时，必须考虑社会文化和税收文化的影响。贾曼莹等（2009）认为我国在税收文化建设方面存在薄弱环节，主要原因有：一是基于社会发展特点没有形成的现代社会契约性利益分配关系；二是税收文化建设长期缺失；三是当前税收环境并不符合基本税收原则。吕静宜（2010）建议通过加强分层税收文化建设，形成涉税主体税收文化观来促进税收遵从行为的规范。

纳税人对税收权利非常重视。秦德安、王波（2010）从税收契约角度分析纳税遵从，认为我国纳税遵从度低，主要是因为税收契约忽视了纳税人的权利保护，政府履行契约度不够，造成纳税人的契约精神相对欠缺。

孙玉霞（2003），刘静、陈懿赟（2012）对税收的社会表征进行了综合研究，认为社会风气、价值取向、纳税人个体特征、风险偏好等，都会影响税收遵从行为。

（三）心理学理论对税收遵从行为的研究

税收不遵从的心理原因分析是我国学者进行较早的研究，理论文章数量也最多。有的研究根据纳税人不遵从的心理状态，将税收不遵从行为分为诸多种类，比如筹划性不遵从、象征性不遵从、无知性不遵从、社会性不遵从、自私性不遵从等，但理论性较弱。有的学者认为偷抗税者具有模仿性、冲动性、凶狠性和习惯性等特点。在计划经济时期，有的研究区分了国有、集体经济偷税心理和个体工商户偷税心理。这一领域的研究虽然成果多，但是理论性、实践性也都不够强，缺少理论数据和调查结果的印证。

有些学者在理论性研究方面取得了很大的进步。苏中月、向景（2007）将心理学的自我控制理论、公平理论引入纳税人遵从分析。黄桦（2004）认为，社会心理差异是不容忽视的要素，特定历史与文化背景影响巨大。郑树旺（2013）将纳税行为动机视为纳税遵从与否的关键因素。实践性方面，王鲁宁（2014）采用问卷调查的方法，对纳税遵从影响因素及纳税心理进行了实证分析。

安体富、王海勇（2004）对心理学的激励体系进行了阐述，有的学者分析了老行为主义激励论、新行为主义激励论，更多的学者从公平理论与税收不遵从关系等角度进行分析。王海勇（2008）提出了税收心理学的概念，并就理论框架搭建进行了初步分析，这是截至目前较为完整的税收遵从心理学分析理论探索。赵磊（2016）则从社会思维、社会影响、社会关系等角度，提出税收遵从行为社会心理学分析的整体框架和理论视角。

关于遵从意识的研究成果数量也很多，而且多采用问卷调查的方式进行。梁俊娇（2008）、张贵（2008）从社会学、心理学的角度进行分析，提出影响纳税人遵从意识的因素有纳税人的动机、态度、社会心理及税收环境等。

黄桦（2004）、杨艳英（2005）研究结论是，法治环境对纳税意识影响很大，税法权利意识和义务意识越强，纳税遵从度越高。陈金保、陆坤（2010）根据北京市企业的相关数据，对纳税人整体的遵从意识和情况进行了测算，并通过实证分析的方法梳理了影响纳税人税收遵从的主要影响因素，主要包括税收负担、纳税成本、税收服务、征管措施、社会影响等。

（四）行为经济学研究情况

这一领域的研究是一段时期以来的主流研究内容。黄凤羽（2015）对自雇创业者纳税心理与行为特征进行了分析，并提出需要重视新纳税人的纳税人格构建、强化税收心理账户，并通过加强信息沟通帮助其建立准确的纳税参照体系。何红渠、肖瑛（2005），王娜（2007）将期望理论引入纳税决策范畴，验证了税率与纳税遵从水平负相关。程国琴（2006）认为应当基于启发式认知偏差和期望理论设计稽查约谈制度。王韬（2007）是国内较早对税收遵从行为进行实验分析的学者，主要的实验目的是检验预缴现象的存在。通过实验证明了预缴方式比一般缴税模式更能促进纳税人遵从。

黄寒燕（2009）在对个人所得税遵从进行理论分析的基础上，探讨前景理论对我国个人所得税遵从的政策启示。刘华等（2011）对于行为经济学中的框架效应理论在税收遵从领域的适用性进行了检验，结果表明纳税人在税收正面表述时的遵从水平要高于负面信息表述时的数据。

段义德（2012）基于前景理论的两个基本函数：价值函数、决策权重函数，对税收遵从进行了研究。罗婧（2013）从国内外研究纳税遵从的理论入手，对影响纳税遵从的各项因素进行了总结，主要是依据预期效用理论、新制度经济学、行为经济学理论、社会公平原则、社会品供给原则等领域的研究结论进行了梳理。

洪连埔（2014）以预期效用理论为基础，采用因子分析法进行信度检验并得出纳税遵从风险偏好指数值，结果表明纳税遵从风险偏好与性别、年龄、收入等人口经济特征存在显著相关性，因此提出要针对不同的群体实行不同的征管措施。

三、现有研究存在的不足之处

当前关于税收遵从问题的研究，一个突山特点就是研究角度多、方法多、交叉多，但是主流研究模式仍然是传统经济学分析，利用数理方式进行规范化研究的比例较高。另一个突出特点是，对社会现实的关注比较多，采用社会调查方式进行研究的情况比较常见，整体来说研究框架较为完整，研究成果也较为丰富。但是也存在几点不足：

（1）从假设纳税人是完全理性人扩展到考虑社会因素影响，应该说研究视野有了很大进展。但主要问题是：涉及社会因素和人的心理问题时，进行标准量化的难度本身就非常大，作为经济学研究又必须符合规范化研究的特点，因此对纳税人心理、文化影响、从众行为的成本和影响量化难度很大。另外，关于政府和纳税人的关系，既涉及经济利益交换，又受政治环境、民生感知等多方面因素影响，很难进行框架清晰的系统化分析，整体来说这方面的研究还比较分散。

（2）通过对我国学者的研究成果进行梳理分析发现，国内运用行为经济学理论和社会心理学理论研究税收遵从问题起步较晚，研究结论还不够丰富。另外，对于我国税收遵从的基本状况深入调查不够充分，国外理论引进与国内现状的结合度不够，使得部分研究成果的实践意义不明显。

第三节　研究内容与研究方法

一、研究内容和篇章逻辑

本书总体按六章安排：第一章绪论部分主要介绍研究目的、范围和意义等内容，并对国内外研究现状进行全面述评。第六章提出政策建议，结合本书的主要论证和观点，提出税务机关和纳税人应当建立互惠性征纳关系，并以此为理论出发点提出意见建议，力求所提对策贴近实际。其余四章是本书的主体部分，各章节安排及主要写作内容简述如下。

（一）税收遵从行为的传统经济学分析

传统的税收遵从理论主要基于标准经济学模型研究税收不遵从问题，一般假设纳税人是理性的，以期望效用最大化来指导行动，重点是考虑税率和稽查率等可能影响纳税人经济利益的因素来决定是否遵从。该研究模式认为，个体并不将别人或者公共利益纳入决策效用，而是只按照对自己有利的原则进行选择。该部分内容是本书的破题章节，通过根据现有理论建立分析模型进行税收遵从传统经济学分析，同时结合税务实践提出遵从异象，为后续篇章的研究打下基础。在本章内容中，利用数学分析方法对 A-S 模型进行推导，考察模型本身可能存在的逻辑错误和缺陷。同时，为了给后文研究提供基本的概念明确和研究范围限定，考虑到篇章结构安排需要，在本章先对税收遵从与不遵从的基本概念和有关理论作一个简单介绍，以期对后文所述内容作基础铺垫。在此部分，还通过个案的形式对相关概念进行厘清。

（二）税收的社会表征

本章提供本书整体的主要论据，通过问卷调查的形式对税收的社会认知进行评价。调查问卷由两部分组成，首先是按照社会调查的研究特点对受访人的基本情况进行了解，也为后文的具体细化研究提供维度。这一部分主要是从不同维度调查受访者面对不同税收因素时的态度。此次问卷调查设计的24道相关因素对税收遵从影响的调查问题包含税收知识掌握、税负公平感受、税收道德衡量、税收使用程度、纳税环境感知和纳税遵从意愿评估，主要考察税收在公民心中的形象是怎样的。调查结果显示，决定人们税收遵从或不遵从的，除经济利益以外，人们对税收的态度、社会其他人对税收的态度、税法体系的公平与复杂性等，都对遵从决策具有很大影响，因此了解社会公众对税收、缴税和逃税的态度是至关重要的。

（三）税收遵从的行为经济学分析

这是本书的核心章节。已有理论成果对税收遵从异象的解释，主要是从行为经济学角度进行分析，得出的结论是税收管理的方式、税务稽查的形式和效果、预缴和退税等税收实践措施，给纳税人决策心理带来影响，对纳税人现实选择与理论冲突给出了解释。在此基础上，本书应用更广泛、更深入的行为经济学理论，对相关问题进行深层次分析，重点是前景理论和心理账户。本章还对预缴现象进行了实证分析，基本结论是预缴制度对税收遵从行为具有较大影响，较高的预缴税额以及严厉的纳税不遵从处罚可提升纳税遵从度，较低的税率可维持较高的纳税遵从度。

（四）税收遵从的社会心理学分析

本书研究方法上最显著的特点是采用心理学实验的方式进行研究。实验研究方法可以很好解决期望效用理论研究的缺陷，以纳税个体的实验表现获取相关数据，使分析结果更加贴近实际情况。[①] 行为经济学就是心理经济学，基础是社会心理学。[②] 传统行为经济学对税收遵从行为的研究一般不深究心理学基础，对于税收遵从异象的研究一般限于结果性的原因分析，对于税收实践来说借鉴意义并不大，应用范围比较窄。通过对税收的社会心理进行分析，可能发现影响税收遵从水平的深层次原因，并能够提出有针对性的

---

① 周琦深等. 个人纳税遵从实验研究方法述评 [J]. 税收经济研究，2014 (5)：62－67.
② 社会心理学是研究社会相互作用背景下人的社会行为及其心理依据的科学。社会心理学的目标是科学描述、解释、预测和控制人的社会行为。个人的社会心理与行为、人际相互作用和社会影响是社会心理学的三个主要构成部分。

解决措施。其中，社会思维、社会影响、社会关系，这些社会心理学的基本研究范畴可以为税收遵从分析提供理论框架，很多角度很有启发性，本章重点论述纳税人的从众心理、税收情绪和税收道德等。

基于上述研究内容，本书篇章结构安排及逻辑关系如图 1-1 所示。

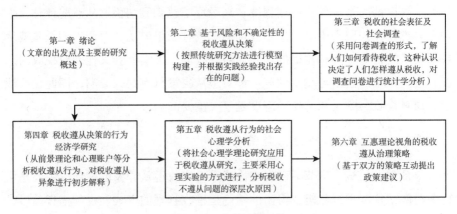

图 1-1　本书逻辑结构

二、研究思路和方法

（一）主要研究思路

在对现有研究成果进行综合分析的基础上，主要依据社会调查和心理学实验结果，结合行为经济学和社会心理学相关理论，对税收遵从领域的相关问题进行分析，进而提出政策建议。①提出问题并限定研究范围，进行理论综述分析；②按照传统的研究方法进行模型构建，并根据实践经验找出存在的问题；③采用问卷调查的形式，了解人们如何看待税收，这种认识决定了人们怎样遵从税收，对调查问卷进行多角度统计学分析；④从前景理论和心理账户等分析税收遵从行为，对税收遵从异象进行初步解释；⑤将社会心理学理论应用于税收遵从研究，主要采用心理实验的方式进行，分析税收不遵从问题的深层次原因；⑥提出促进税收遵从水平提高的实现路径。

（二）研究方法

1. 观察法

社会群体对税收的态度、税制的熟悉程度，易于观察。税收道德水平、纳税服务水平也是社会讨论热点，很容易从人们的行为中得出结论。作者长期从事税收实践工作，为采用观察法得出结论提供了实践经验。

2. 心理测验法

一是针对税收态度、税收文化、税收道德、税制设计、税收决策等内容，设计标准问卷，进行社会调查。二是直接利用税务机关正式调查结论，主要是纳税服务方面的调查结果，查找税务部门服务存在的问题及影响。

3. 实验法

这是社会心理学研究最常用、最基本和最重要的方法，同时也是产生研究道德争议比较多的方法。许多重要的心理学基础理论都是通过心理学实验得来的。本书是基于社会心理学开展对税收遵从的研究，有必要采取一定的实验方法才能使得研究结果更加具有说服力。本书主要采用模拟实验法，在纳税人正常学习和工作的情景中进行模拟实验。

4. 个案法

笔者工作中接触到大量的税务部门稽查案件、复议诉讼案件，有些案件办理过程和询问笔录等能够清楚显示纳税人避税心理等本书研究的内容，为支持笔者的某些观点提供个案支持。对于这类案件，通过对其进行深入而详尽的分析，可以从更深层次发现纳税遵从中的心理状态。对于个案法需要注意的是，该研究方式是对某一件事的研究，而无法考察其特殊性和代表性，因此一般是在论证较为成熟的观点时使用，而将其研究结论一般化时必须持有较为谨慎的态度。

第二章　基于风险和不确定性的
税收遵从决策

第一节　税收不遵从行为的性质与类型

一、社会学和心理学视野中的遵从

（一）规范——遵从的对象

遵从的对象是规范。每个社会或组织都有自己的行为准则，即人们需要遵循的准则和不宜出现的非适当行为。① 规范存在之所以有意义，基本要求是规范必须为群体中绝大多数人接受，对于违反基本规则的越轨行为必须给予相应处罚。② 社会学家按照规范的表现形式将其分为正式规范和非正式规范。③其他详细分类如表 2 - 1 所示。

正式规范通常具有文字记载，并且对越轨行为有明确的处罚措施。比如我国刑法的规定，就是正式规范，法律是国家强制社会规范。非正式规范则是没有明文规定，但是存在于人们的内心确认。从某种意义上说，非正式规范比正式规范具有更强大的内心约束力。比如，人们一般都会穿着得体的衣

①③　理查德·谢弗（Richard Schaefer）. 社会学与生活 [M]. 赵旭东译. 北京：世界图书出版公司，2014：88 - 95.

②　这对于本书的研究主题来讲，其启发和借鉴意义在于：对税收不遵从行为，要研究清楚税收规则是否被纳税人群体普遍接受，讨论税收管理和处罚的有效性才有意义。

服，虽然对衣着不合宜的行为一般并没有处罚规定，但即使是道德水平不高的人，也会选择在合适的场合穿着合适的服装。因此，正式规范内化于心并形成自愿遵从至关重要。

表 2 – 1　　　　　　　　　　　社会规范的分类

分类标准	具体类别	实际例证
马奇分法	优先价值规范、理想规范、现实规范	—
科莫利达和米勒分法	社会成员共享报酬与代价规范、防止成员间冲突规范、调节与外部联系规范、表达一个群体中心价值观规范	—
施瓦茨和伯克维茨分法	社会责任规范、回报规范、社会公平规范	—
规范内容	思想规范、政治规范、法律规范、道德规范、生活规范、工作规范和学习规范	—
适用范围	大群体规范、小群体规范	大群体规范如国际法、民族风俗、国家法律；小群体规范如学校校纪校规、家庭生活规范
推行方式	强制性推行规范、非强制性推行规范	强制性推行规范如法律规范；非强制性推行规范如道德规范
明确性	成文规范、不成文规范	成文规范如法律条文、政策条文；不成文规范如风俗习惯
重要性	民德、民俗	民德如反对谋杀；民俗如电梯运行规则

资料来源：根据下列文献进行梳理归纳：1. 理查德·谢弗（Richard Schaefer）. 社会学与生活［M］. 北京：世界图书出版公司，2014. 2. 王朝晖，李心丹. 从众行为与"波动性之谜"［J］. 宏观经济研究，2015（4）. 3. 赵春黎. 社会从众的生物学基础［J］. 心理科学进展，2015（11）.

（二）遵从与不遵从——规范的接受与不接受

规范得到遵守就形成遵从。但是无论是何种规范，都不可能得到完全遵守，更不会得到无条件遵守。对于某些约束力不强的规范，人们往往会规避遵守，甚至是强制性推行规范，也会因为多种因素综合影响而遵从状况堪忧。比如，对于本书讨论的税收规范，人们内心对此的确认程度以及税收执法严格性程度十分影响遵守水平。对于规范的越轨行为，就成为不遵从行为。

在某些情况下，对规范的违背本身又构成另一种群体规范。比如，美国有些青少年同辈群体会要求成员喝酒，以符合该群体的标准。① 就本书讨论的税收遵从来讲，十分需要对不遵从行为的范围、影响以及纳税人的内心确认进行充分了解，税收不遵从行为是否形成具有一定影响力的群体规范，对于提出应对措施尤为关键。社会群体规范被纳税人的认可程度影响纳税人的税收道德评价和税收遵从水平。如图 2 - 1 所示。

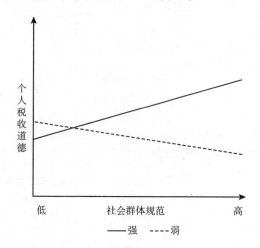

图 2 - 1　社会群体认同度促进社会群体规范对个人税收道德影响示意

（三）遵从的分类

我们讨论了遵从的对象——规范以及对规范的遵守与不遵守选择，那么人们为什么会遵守规范，规范如何转化为人们的具体行动，需要对这一问题作一些必要的了解。一般认为，税收遵从的"遵从"一词最初可以用社会学中的从众概念予以解释。②

在社会学以及社会心理学研究中，社会影响的威力是核心探讨问题，人们会将那些无形中推动着人们行动的力量作为研究的重点。从众亦称羊群行为，是社会学和社会心理学研究的基本范畴，在金融学中有较多交叉学科研究。③

---

① 理查德·谢弗（Richard Schaefer）. 社会学与生活［M］. 赵旭东译. 北京：世界图书出版公司，2014：88 - 95.

② 戴维·迈尔斯（David Meyers）. 社会心理学［M］. 张智勇等译. 北京：人民邮电出版社，2006：78 - 89.

③ 王朝晖，李心丹. 从众行为与"波动性之谜"［J］. 宏观经济研究，2015（4）：80 - 89.

这一理论来源于社会学的社会控制（social control）理论，是指在任何社会里预防人为越轨行为的技巧和策略。在社会控制的作用下，大部分的人尊重并接受基本的社会规范。[①] 与平时理解不一致的是，理论研究中的从众概念不含消极的价值判断，不仅是指与其他人一样地行动，同时也包括个人受他人行动的影响，是根据他人而做出的行为或信念的改变。比较常见的是把个体之间因相互影响而表现为行为一致性解释为从众，其与信息追随的关系可以用图 2-2 表示。

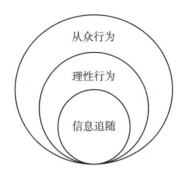

图 2-2　从众行为与信息追随的层次关系

关于从众的分类，心理学教授戴维·迈尔斯（David Myers，2006）认为，从众有多种表现形式，基本分类包括接纳和顺从两种。接纳是发自内心的从众行为，真诚的心里接纳一般表现为顺从，就是人们会遵从一种期望或要求，但这可能并不是自己相信或喜欢做的事情。[②] 社会学理论认为，人们之所以遵从，主要是为了得到奖励或者避免惩罚。如果个体的遵从行为是由明确的命令引起的，那么就称它为服从。

（四）社会心理学经典实验的启发

对于税收遵从行为的传统经济学研究，其隐含的前提假设就是纳税人遵从都是被动的。按照理性人假设，人们天生是追逐利益的。对于税收来说，不缴或少缴税款是符合其个体效用的。同时，从社会品供给角度来讲，税收又是维持社会正常运转不可或缺的。因此，政府必须通过强制力量要求纳税人缴纳税收。

---

① 赵春黎. 社会从众的生物学基础 [J]. 心理科学进展，2015（11）：1956-1965.
② 此处"顺从"的英文翻译就是"compliance"，与税收遵从中的遵从习惯译法一致. 戴维·迈尔斯（David Meyers）. 社会心理学 [M]. 张智勇等译. 北京：人民邮电出版社，2006：78-89.

多数研究将税收遵从与否仅视为有意识的内在态度，而忽视了遵从有时往往是一种无意识的自发行为，也就是从众心理在税收遵从领域具有普遍性的引导作用。社会心理学中的谢里夫（Sheriff，1948）的规范形成研究、阿施（Asch，1951）的群体压力研究、米尔格拉姆（Milgram，1963）的服从研究是最为经典的三组从众实验。笔者发现，每一组实验都提供了从众的研究方法和惊人的发现，这些内容对税收遵从的无意识研究具有相当丰富的借鉴意义。简要介绍如下：

（1）道德与从众。米尔格拉姆（Milgram，1963）的实验最著名也最有争议，实验发现四个因素会影响服从，即受害者的情感距离、权威的接近性与合法性、权威的机构性和不服从的同伴参与者影响。除第一个因素基于实验产生，其他三个与税收遵从也具有某些方面的契合性。

（2）遵从的释放效应。人在群体中倾向于服务群体整体态度，因为这种做法会让个体感觉更安全，除非有其他可以获得更大效用的原因，否则一般会与大多数人保持一致。税收遵从的释放效应非常明显，相当比例的纳税人表示，税收不遵从是因为看到太多的人这样做。

（3）权威的接近性和合法性。税收遵从受纳税人与税务机关关系互动影响。税收不遵从行为受"追捕与控制"思维模式的影响，纳税人可能因为认为税务机关的行为存在"道德错误"而逃税，而人们对公共财政满意程度较高则会提高税收遵从度。

二、税收遵从概念与分类

税收遵从起源于美国 20 世纪 70 年代对地下经济造成税款流失的研究，最初主要是基于税收效率角度的研究。[①] 我国学者引入税收遵从概念后主要从广义和狭义两个角度定义税收遵从。[②] 广义的税收遵从认为税收征纳是税务机关与纳税人双方互动，应当包括征税遵从和纳税遵从。征税遵从与税收执法概念相关，是法律适用的一种形式，是指税务机关依照法定职权和程序，贯彻执行税法规定的活动。纳税遵从是指纳税人按照国家税法规定，服

---

① 谭韵. 税收遵从、纳税服务与我国税收征管效率优化 [J]. 中南财经政法大学学报，2012 (6)：43 – 47.

② 张仲芳，李春根，舒成. 税收公平与税收遵从 [J]. 税务研究，2015（12）：120 – 121.

从税务机关的税收管理，按照期限和数额依法申报并缴纳税款。

本书研究范围主要是狭义概念的税收遵从，但在双方互动中涉及征税遵从。正如本书开始就提出的，关于税收遵从的定义是具有多样性的，多样性的定义最终形成了对税收的集合性理解。这种理解，既可以从法律角度将其定义为人们对法律的顺从，也可以理解为纳税人与税务机关的合作状态。在这里需要特别强调的是，税务机关与纳税人对税收遵从常有不同的理解，主要原因是对税法的理解存在不一致，特别是在法律规定模糊的灰色地带，这一问题尤为突出。

在我国，税收遵从的分类有很多种，但是基本都是基于纳税人意愿的主动性程度进行划分。麦克巴奈特（McBarnet，2001）从纳税人的主观意愿程度将税收遵从分为承诺型遵从、屈从型遵从和谋划型遵从。承诺遵从是指纳税人按照社会契约论的原理，与税务机关形成内心默契，主动缴纳税收而没有负面情绪。屈从遵从则是纳税人迫于法律强制力的威慑，只能选择顺应政策规定而纳税。谋划遵从则是在不得不遵从的前提下，在税法规定的框架内，利用相关税收优惠政策，通过降低应申报收入或扩大税前扣除来降低税款缴纳。

我国学者马国强则从纳税人认知、情绪和动机角度出发，将税收不遵从分为三类：自私性不遵从，是指纳税人将个人利益放在公众利益之前，只考虑自己效用，符合经济理性人假设。无知性不遵从，是指纳税人受教育程度、知识结构等影响，主观上没有偷逃税款的意图，但是客观上造成了少缴税款。情感性不遵从，是指对政府公共服务不满意的一种报复性不遵从。更多的学者在此基础上，按照不同的标准作出了不同形式的分类。

在我国，税收遵从的客体是税收义务，依法纳税是宪法规定的一项基本义务。按照我国税法规定，纳税人的遵从义务主要包括以下内容，如表2-2所示。但本书的研究范围是纳税人少缴税款的行为，对于管理性服从义务并未纳入本书的研究视野。

表2-2　　　　　　　　　　　　　纳税人义务

义　　务	具体内容
一、依法进行税务登记的义务	纳税人应当自领取营业执照之日起30日内，持有关证件，向税务机关申报办理税务登记。税务登记主要包括领取营业执照后的设立登记、税务登记内容发生变化后的变更登记、依法申请停业、复业登记、依法终止纳税义务的注销登记等

续表

义　　务	具体内容
二、依法设置账簿、保管账簿和有关资料以及依法开具、使用、取得和保管发票的义务	纳税人应当按照有关法律、行政法规和国务院财政、税务主管部门的规定设置账簿，根据合法、有效凭证记账，进行核算；从事生产、经营的，必须按照国务院财政、税务主管部门规定的保管期限保管账簿、记账凭证、完税凭证及其他有关资料
三、财务会计制度和会计核算软件备案的义务	纳税人的财务、会计制度或者财务、会计处理办法和会计核算软件，应当报送税务机关备案。财务、会计制度或者财务、会计处理办法与国务院或者国务院财政、税务主管部门有关税收的规定抵触的，应依照有关税收的规定计算应纳税款、代扣代缴和代收代缴税款
四、按照规定安装、使用税控装置的义务	国家根据税收征收管理的需要，积极推广使用税控装置。纳税人应当按照规定安装、使用税控装置，不得损毁或者擅自改动税控装置。如未按规定安装、使用税控装置，或者损毁或者擅自改动税控装置的，税务机关将责令限期改正，并可根据情节轻重处以规定数额内的罚款
五、按时、如实申报的义务	纳税人必须依照法律、行政法规规定或者税务机关依照法律、行政法规的规定确定的申报期限、申报内容如实办理纳税申报，报送纳税申报表、财务会计报表以及税务机关根据实际需要要求报送的其他纳税资料
六、按时缴纳税款的义务	纳税人应当按照法律、行政法规规定或者税务机关依照法律、行政法规的规定确定的期限，缴纳或者解缴税款。未按照规定期限缴纳税款或者未按照规定期限解缴税款的，税务机关除责令限期缴纳外，从滞纳税款之日起，按日加收滞纳税款万分之五的滞纳金
七、代扣、代收税款的义务	如法人和公民按照法律、行政法规规定负有代扣代缴、代收代缴税款义务，必须依照法律、行政法规的规定履行代扣、代收税款的义务。依法履行代扣、代收税款义务时，纳税人不得拒绝。纳税人拒绝的，应当及时报告税务机关处理
八、接受依法检查的义务	纳税人有接受税务机关依法进行税务检查的义务，应主动配合税务机关按法定程序进行的税务检查，如实地向税务机关反映自己的生产经营情况和执行财务制度的情况，并按有关规定提供报表和资料，不得隐瞒和弄虚作假，不能阻挠、刁难检查和监督
九、及时提供信息的义务	纳税人除通过税务登记和纳税申报向税务机关提供与纳税有关的信息外，还应及时提供其他信息。如有歇业、经营情况变化、遭受各种灾害等特殊情况的，应及时向税务机关说明，以便税务机关依法妥善处理
十、报告其他涉税信息的义务	为了保障国家税收能够及时、足额征收入库，税收法律还规定了纳税人有义务向税务机关报告有关涉税信息

资料来源：根据国家税务总局《关于纳税人权利与义务的公告》（公告 2009 年第 1 号）编制。

从表 2 - 2 也可以看出，我国对纳税义务的规定侧重于实际执行层面的规定，对不遵从纳税义务的行为也多是以经济利益形式予以惩戒或威慑。

税收遵从的影响因素可以从税收征管、纳税主体和社会环境三个维度进行分析。征管维度包括审计概率、罚金、边际税率、重复审计等。纳税主体维度包括主观知识、自我认知、直觉判断、行为和态度、社会影响、社会关系等。社会环境维度包括公平、税收道德、社会认同等。在科齐勒（Kirchler，1998）的研究中，在进行税收遵从与否的决策时，企业家考虑的是：处罚和工作的不利因素、公共约束、税法和税款的使用缺乏透明，以及复杂的官僚制度等。

上述这些内容是本书的研究重点，将在后文通过调查和实验的方式进行详细论述。另外，有些研究将公司治理结构和委托代理关系也纳入税收遵从的研究视野，为理论研究和政策制定提供了新视野。[①]

定义税收遵从和不遵从行为必然涉及纳税人的心理动机。长久以来，大多数的税收遵从研究特别是经济理性人的传统经济学研究，隐含的一个前提判定就是，税收不遵从行为是主观故意的。但是实际上，许多税收不遵从行为是无知性不遵从，即：纳税人由于缺少税收知识或者疏忽大意而造成少缴税款，甚至不遵从的结果还可能是多缴税款。很显然，对于本书意图研究纳税人行为及其心理学基础的研究目标来说，并不会过多涉及无知性不遵从，因而不会频繁地介入纳税人逃税动机的判断。

三、税收不遵从行为辨析

税收不遵从行为可以用社会学的越轨行为理论进行分析。在社会学研究中，越轨行为代表对规范的违背，但并不表示堕落或者邪恶[②]，而是对社会期望的背离。就该定义而言，每个人都可能是潜在越轨者，实际上人也都在经常越轨。纳税人很容易在特定情境中，打破税收法律法规设定的税收规范。越轨行为实际上是具有特定社会个性特点的概念，同一行为在不同社会阶段可能具有不同的判断标准，即越轨行为换一个情境也许并不越轨。正

---

① 袁红兵. 企业税收遵从行为影响因素研究：公司治理的视角 [J]. 特区经济，2012 (10)：246 - 247.

② 理查德·谢弗（Richard Schaefer）. 社会学与生活 [M]. 赵旭东译. 北京：世界图书出版公司，2014：88 - 95.

如前文提到的，即使处于同一社会阶段，不同群体对同一行为的越轨性判断也是不同的。

"污名化"① 也是研究税收遵从行为需要特别注意的社会学概念。一个人在不同的情境中成为越轨者，但其越轨行为并不代表被多数人所厌恶，这就涉及人们对规范的评价。就税收不遵从行为来讲，不遵从行为被社会公众的理解程度、批判层次对税收管理来讲是至关重要的。如果一种形式的越轨行为并不会造成税收规避人的"污名化"，那么税收管理者就需要审视税收管理规范的性质和效用。"污名化"形成机制见图 2 - 3 所示。

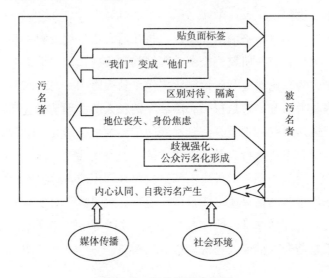

图 2 - 3 污名化形成机制

就本书而言，"税收不遵从行为"是对不履行纳税义务行为的概念总括，而不论这种不履行是否出于故意，亦不论其是否违反了税法规定。现实经济社会，经济的多元化、税收知识的复杂化、对法治原则的共识和应用等，使得税收不遵从与其他社会形态一样，呈现复杂多变、彼此差异的状态。不遵从行为的表现形式多样，因此有必要作详细区分，特别是明确逃税、避税和节税的含义，为后文的探讨厘清基本概念。

就我国的税收征管制度设计来看，税收不遵从的外延，即税收不遵从的

---

① 一个群体将人性的低劣强加在另一个群体之上并加以维持的动态过程，它是将群体的偏向负面的特征刻板印象化，并由此掩盖其他特征，成为在本质意义上与群体特征对应的指标物，在这个过程中，处于强势且不具污名的一方最常采用的一种策略，即"贴标签"。理查德·谢弗（Richard Schaefer）. 社会学与生活 [M]. 赵旭东译. 北京：世界图书出版公司，2014：242.

表现形式是比较多样的，既有具有主观故意特征且违法的偷逃骗抗税行为，也有具有主观故意特征但法律界限模糊的避税行为，同时包括具有民事领域债务性质的欠税行为。从广义的不遵从范畴来讲，有人也将税收筹划（也称为节税）列入其中。

（一）最典型的税收不遵从行为：逃税

关于逃税界定不同国家有不同做法，甚至概念运用也不尽一致，但是都强调逃税主体的主观故意意图。从我国税制变迁情况看，1950 年新中国税法使用"偷漏行为"一词，1954 年使用"逃税"概念，但在正式立法中最终选择了"偷税"概念。2009 年《中华人民共和国刑法修正案》又改回"逃税"，刑律上不再有偷税概念，但该概念在税收管理中目前依然在使用，存在刑行脱离的问题。①

现行税收征管法采用正列举形式明确偷税的方式：（1）具有将载明经营状况的相关纳税依据资料不向税务机关出示（伪造、变造、隐匿、销毁）的行为和主观故意。（2）具有在账簿上不如实载明应纳税所得额（虚报收入或多列支出）的行为和主观故意。（3）税务机关发现纳税人未申报纳税而通知其按时申报仍不遵从的。（4）向税务机关作出虚假申报行为。偷税以造成不缴或者少缴应纳税款后果为结果要件。②

修正之前的刑法同样采用列明具体手段的方式确认逃税罪，与税收征管法的表述一致。主要考虑是，从刑法角度对偷税行为进行处罚主要是对性质和后果更为严重的违法行为予以更高层级的处理，必然要与行政处理对违法行为的定性保持一致，不然会造成对纳税人行为的约束标准混乱的问题。但是，税收行政管理与司法责任追究中，对偷税的认定通常会有分歧，流行的税收理论也较少采用偷税概念，原有的列举手段存在逻辑错误。因此，2009年的《刑法修正案》对偷税罪进行了修改，放弃了偷税的称谓，改为逃税罪，并用规范叙述方式定义逃税，强调纳税人必须要采取欺骗或隐瞒的方式进行纳税申报才定性为逃税，未采用正列举的方式明确偷税形式以解决现行税法存在的理解歧义和争议。这一表述方式其实也正是逃税的基本概念和根

---

① 考虑我国的《税收征管法》正在紧锣密鼓修改，征求意见稿也采用了逃税概念，此后本书统一使用逃税概念，泛指偷税或者逃税，只有在需要特指时才分别使用偷税或逃税的称谓。

② 按照我国《税收征收管理法》规定，对纳税人偷税的，由税务机关追缴其不缴或者少缴的税款、滞纳金，并处不缴或者少缴的税款50%以上5倍以下的罚款。

本性质，即具有犯罪故意。

（二）形式税收遵从而实质不遵从的行为：避税

避税一般是税收规避行为的简称，并不是法律意义上的规范提法。广义概念包含节税行为和避税行为，狭义概念特指避税行为。[①] 税收执法力度的下降会导致企业避税和逃税行为的增加。[②] 节税行为后文即将论述，在此专就狭义避税行为进行解释。

税法上，英美法系对避税定义采取了中立价值或使用合法字眼。比如美国税务当局认为避税是纳税人通过对其事务进行有意识的安排，使得按照税法规定可以减轻其纳税负担的行为。大陆法系国家对避税内涵界定强调私法自由滥用和税法本身漏洞两个避税的核心部分。比如有的德国学者认为，对于避税行为，纳税人原本的经营事务属于税法规定的应税行为或者某种应税行为，但是纳税人通过改变事务的表现形式使其与税法的联系断裂，而这种形式是正常经营行为一般不会采用的，纳税人选择此种做法的目的就是有规避纳税的主观意图。这属于国库主义理念的体现。[③]

避税属性存在合法说、违法说和脱法说。[④] 避税合法说来源于美国著名大法官汉德（Hand，1934）的看法，认为从严格税收法定主义出发，避税行为并没有满足纳税义务成立的课税要件，只要法律没有否认某个行为的特殊规定，这种行为实际上属于合法节税行为。葛克昌教授（2009）则将避税定性为脱法行为，主要以税法宗旨和避税行为目的的冲突为依据，认为避税行为并不是符合税法精神的策略性经营，而是以形式合法掩盖其实质违法的目的，是具有违法性的脱法行为。[⑤]

本书认为，避税虽然具备形式非违法性、策划性和规范性三大特征，但是却不像节税那样是有意不从事导致纳税义务产生的行为，它利用税法客观存在的漏洞，人为事后割裂私法和税法连接点，导致应当成立的纳税义务未能成立，实质上违反了立法意图和目的，属于形式合法、实质违法的行为。

---

① 黄凤羽. 从"消极避税"到"阳光筹划" [J]. 税务研究，2006（6）：72-74.
② 范子英，田彬彬. 税收竞争、税收执法与企业避税 [J]. 经济研究，2013（9）：99-111.
③ 陈少英. 把财政决策权赋予纳税人 [J]. 检察风云，2009（4）：12-13.
④ 翁武耀. 避税概念的法律分析 [J]. 中外法学，2015（3）：785-808.
⑤ 张守文. 税收逃避及其规制 [J]. 税务研究，2002（2）：38-43.

（三）聪明的税收遵从行为：税收筹划亦称节税

传统税收筹划概念认为，税收筹划是一种制度安排，强调的是企业经营管理中的一种税收收益，突出税收筹划是一项纳税人权益。普遍的定义是，纳税人在确定经营策略时会对税法规定进行先行研究，根据税法规定的税负轻重和税收优惠力度情况选择经营方向，这种选择是实质上选择经营范围而不是只改变经营形式，是符合市场经济自由精神的，而且与税法的调控目标是相一致的，是一种能够减轻经营负担同时符合税收调控目标的合法理财行为。有的研究强调，要将税收筹划与税收法治化和公共财政完善等相结合予以考量。①

本书认为，税收筹划是纳税人自主经营权在税法领域的体现，是市场主体可以自主决定的权利性经营行为，如果税法对该种行为进行约束，会对正常经营行为造成扭曲，而且与税法目标不一致。在我国税收管理中，税收筹划主要是体现为企业行为，但是个体纳税人也在一定范围内存在节税行为。税收筹划主体可以是纳税人或其代理机构。从法律角度讲，税收筹划应当遵循不违法原则，应当在遵循法律法规前提下进行，其行为依据就是现行各项法律法规和规章。只要不违反这些相关的法律和条例规章，可以被法律所接受，相关税收筹划安排也就是可行的。

税收筹划是针对企业或个人涉税事项进行预先安排，是发生在纳税义务产生时间之前的自主行为。该行为是对经营方向和方式进行预见性的安排，是顺应税法规定的行为，目的是减少企业税收成本和纳税成本，达到利益最大化的目标，是合法的经营行为。关于税收不遵从的类型划分，具有不同的观点。与上文不同，表2-3所列分法就是将避税和节税行为统一归为税收筹划。类型划分是研究的一种策略，对研究无实质影响。

表2-3　　　　　　　　　税收不遵从行为类型的辨析

类型	行为过程	法律处理
偷逃税	通过违法手段将应税行为转变为非纳税行为，从而逃避纳税人自身的应税责任	法律除追缴税款和加处罚金外，严重的要追究刑事责任

---

① 黄凤羽. 从"消极避税"到"阳光筹划"[J]. 税务研究，2006（6）：72-74.

类型	行为过程	法律处理
避税	纳税人对已发生的"模糊行为",即介于应税行为和非应税行为之间的、依照现行税法难以作出明确判断的经济行为,进行一系列的人为安排,使之被确认为非税行为	由于其不违法,一般只是进行强制调整,要求纳税人补缴税款,政府要做的是完善税法、堵塞漏洞*
节税	通过避免应税行为的发生或事前以轻税行为来替代重税行为,达到减少纳税的目的	至今还没有国家制定反节税法或反节税条款,有些国家的税务征收当局甚至向纳税人宣传节税,认为节税是一种合理的财务行为
税收筹划	其主干内容是节税,但其在筹划过程中比较多地利用了税法缺陷,有避税的成分存在	税收筹划行为的内容涵盖了避税和节税,故其行为的法律后果也就包括避税和节税的后果

注:*关于避税行为的合法性问题,也是税收管理领域的主要辩题之一。

第二节 税收不遵从行为的一个 现实案例分析*

一、税收规避行为的实现:一种典型选择及税法对待差异

从经济学视角看,股权转让与资产①转让的差别非常明显。股权转让是《中华人民共和国公司法》(以下简称《公司法》)明确的一项股东权利,意指股东通过法定方式转让其所持出资的行为,标的物是财产权利和股权对应的非财产性股东权利。资产转让则是最为常见的经济行为,是市场主体通过买卖及其他具有交易实质的合法方式将资产所有权或用益物权转让给他人的行为,出让的是财产权利。按照正常的经营选择,股权交易较资产转让程序成本更高,因此股权转让和资产转让一般不会混同。但是

---

* 本节内容已以《股权式资产转让税收规避行为的法律评价与立法选择》为题刊于《法学杂志》2016 年第 2 期。

① 房地产直接交易与股权式房地产交易税负差异很大,市场主体经营选择中也最常见,本书此处讨论的内容主要针对房地产,包括土地和土地上永久建筑物及其所衍生的权利。考虑到我国税法对股权转让一律不征收流转税,因此本书观点对其他股权式资产转让行为也同样适用,不同之处在于是否征收土地增值税造成税法差异大小不同。

税法对两种转让行为的征税政策是完全不同的，总体来说股权转让税收优惠待遇更多，资产转让税收负担更重，这就使得有些经济理性人选择将资产转让包装成股权转让形式，以达到规避缴纳税款的目的，本书将其称为股权式资产转让。

股权式资产转让税收规避行为的实现依赖于两个条件：一是股权自由转让制度，意思自治是民商法领域的基本原则，股权转让是股东的一项基本权利，一般不得予以限制。二是公司注册登记制度的逐步放宽，成立公司进行股权式资产转让简便易行。20 世纪 90 年代以来，随着房地产市场的发展，采用这种方式进行不动产交易成为房地产企业主要的经营方式之一。2011 年笔者参与处理的一个税务案件非常具有代表性，体现了资产转让与股权转让税负差异对企业经营决策的巨大吸引力，反映出股权式资产转让行为法律形式的烦琐与迂回，这种方式也是股权式资产转让税收规避行为的一般路径。

（一）股权式资产转让的一般路径

A 公司于 2006 年成立，注册资本 1000 万元，B1 公司、B2 公司分别持股 90% 和 10%。为了将控制权转移至 C 公司，A 公司进行了两次增资。2007 年进行第 1 次增资，增加注册资本 760 万元，全部由 D 公司（该公司为 C 公司绝对控股子公司）认缴。2010 年进行第 2 次增资，注册资本增加至 5 亿元，所增注册资本都由 C 公司认缴，而在此之前 C 公司已经全部收购了 D 公司所持 A 公司 43% 股权。两次增资后 A 公司最终持股比例变更为：C 公司出资 4.9 亿元持有 98% 股权、B1 公司持有 1.8% 股权、B2 公司持有 0.2% 股权。2010 年，C 公司与 B1、B2 两家公司签订股权托管协议，约定由 C 公司享有另外两家公司的 2% 股权股东权益，至此 C 公司实现了对 A 公司的完全控制。而在第二次增资后仅仅不足 2 个月，C 公司便将 98% 股权及其他 2% 股东权益以 24 亿元价格转让给 E 公司。[①]

工商部门在进行股权变更登记纳税审查时将此问题反馈至税务部门。税务机关在调查中发现，A 公司的股权变更始终伴随着该行政区域内 R 地块土地使用权的流转，R 地块土地使用权也是 A 公司的全部资产。该地块的

---

①　A 公司提供给工商部门的股东会决议显示，A 公司股权转让的价格为平价 4.9 亿元。后经核实，该股东会决议是虚假决议，合同双方签订的转让协议书标明实际转让价格为 24 亿元，这也符合该行政区域内土地使用权的市场价格。

流转路径是：2005 年 B1 公司取得 R 地块土地使用权，然后于 2010 年将其以 8.5 亿元价格转让给 A 公司，并依法缴纳了各项税费，办理了土地使用权过户手续。而在此前 1 个月，C 公司已经通过股权收购和第二次增资完全控制 A 公司，R 地块土地使用权已经成为 C 公司绝对控股公司的资产，因此实际上 C 公司通过控制 A 公司实现了对 R 地块土地使用权的受让。在上述土地使用权转让成立的 2 个月后，C 公司签订转让协议书，名义上是将其持有的 98% 股权及 2% 股东权益转让给 E 公司，但协议书的实质内容却均是关于 R 地块土地使用权转让的约定，形式上转让的是股权，但实际通过分阶段的股权运作实现了对土地使用权的两次交易。①

（二）资产转让与股权转让的税法处理差异

通过分析大量案例可以得知，不考虑国有资产流失问题，市场主体以股权转让形式进行不动产交易一般有两个目的：（1）逃避国土房管部门对不动产交易的监管，土地管理法律法规关于土地开发、审批程序、转让用途等问题的规定由于形式上不属于不动产转让而避免审查；（2）现行税法对资产转让课征较重的税收，而对股权转让则给予较大的税收优惠，比较而言股权式资产转让使得相同经济效果的最终税收负担较低，这也是本书研究的起点。目前，关于以股权转让形式让渡土地使用权的税收负担研究中，往往只进行股权式资产转让环节的税负分析，得出股权转让税负低于资产转让的结论。从税制体系看，对于一个完整的税收规避运作过程来说，这种分析是不完整的。可以将股权式资产转让行为简化为"土地投资入股""以股权形式转让资产"两个环节，只有对这两个环节涉及的税费负担进行综合考虑，才能真正体现两种转让形式的税负差异。②

以土地使用权出资设立公司或者投资入股，因涉及评估作价升值、权属变更等事项，从而引发一系列涉税问题：（1）暂免缴纳土地增值税。根据

---

① 该案中 B1 公司为国有控股企业，C 公司为私营企业。2010 年两个环节的交易时间相距仅仅数月，价格差异却是 15.5 亿元，可能存在低价变卖国有资产问题，这也是类似转让行为中的常见目的，即国有利益向私人利益的输送。

② 关于两种转让形式的税负差异，有的观点提出对于土地增值税要从时间链条上进行考虑。的确，土地增值税税制设计采用收入扣除成本计算税款的方式，整体税负不受转让次数影响，但是考虑到资金的时间价值、税制改革可能性等因素，笔者认为该观点并不严谨。另外，契税、流转税的性质使得即使不考虑土地增值税，两种转让方式的税负差异仍然很大。另外，延迟缴纳税款本身也是税收规避行为的判定标准之一。

1995 年《财政部、国家税务总局关于土地增值税一些具体问题规定的通知》，对于以房地产进行投资、联营的，投资、联营的一方以土地（房地产）作价入股进行投资或作为联营条件，将房地产转让到所投资、联营的企业中时，暂免征收土地增值税。① （2）免交营业税。根据 2002 年《财政部、国家税务总局关于股权转让有关营业税问题的通知》，以无形资产、不动产投资入股，参与接受投资方利润分配，共同承担投资风险的行为，不征收营业税。② （3）所得税问题。该环节投资入股可能产生资产评估增值，2014 年《财政部、国家税务总局关于非货币性资产投资企业所得税政策问题的通知》规定可以在不超过 5 年期限内，分期均匀计入相应年度应纳税所得额计算缴纳企业所得税。按照 2009 年《财政部、国家税务总局关于企业重组业务企业所得税处理若干问题的通知》等文件规定，在此之前企业不需缴纳企业所得税或实际享受税收优惠。关于个人所得税，2015 年以前实际不征收，当时适用 5 年分期缴纳政策。（4）应缴纳印花税和契税。因此，在此环节实际涉及税种有所得税、印花税和契税。股权转让环节，按照现行税法规定，股权转让形式上不涉及不动产权属变更，不属于土地增值税和契税的征收范围。同时，根据 2002 年《财政部、国家税务总局关于股权转让有关营业税问题的通知》，对股权转让不征收营业税。③ 对于印花税，也可以采取股东决议方式进行税收筹划。④ 因此，股权转让实际只涉及卖方应当缴纳所得税。而对于不动产转让，买卖双方应当缴纳上述各税种。

对两个环节进行整体分析，无论是直接进行资产转让还是采取股权式资产转让方式，涉及税种是基本一致的。但是，对于股权式资产转让，多数税种是在投资入股环节征收，而实际转让环节溢价较高，造成少缴税款数额较大。黄凤羽等学者对转让环节两种方式的税负进行了测算，认为差异可达交易金额的 10% 左右。⑤ 本案属于土地增值额较高的项目，适用 50% 税率，

---

① 2006 年《财政部、国家税务总局关于土地增值税若干问题的通知》对被投资企业从事房地产开发的，不再暂免征收土地增值税。

② 我国已将不动产与无形资产也纳入增值税征收范围。考虑到仍然对股权转让不征流转税，加上土地增值税、契税政策的征税差别占比大，"营改增"后本书所讨论的问题依然存在。

③ 货物劳务税以商品和劳务服务为征税对象，在我国现行税制体系中，增值税、消费税、营业税、车辆购置税和关税都属于货物劳务税。由于股权很难归类至商品或劳务服务，因此对股权转让征收增值税或营业税理由均不充分，现行税制对股权转让经历了从征税到不征税的转变。

④ 对于股权转让如果是采用股东决议形式进行，则买卖双方均不需要缴纳印花税。

⑤ 黄凤羽，黄晶．股权式资产转让的避税与反避税行为研究 [J]．税务研究，2013（10）：42 - 46.

转让环节两种方式税负差异为 3.5 亿元，高达交易金额的 15%，如果将把 R 地块股权化过程中实缴的税费考虑进来，实际差异为 2.8 亿元，约占交易金额的 12%。

二、股权式资产转让的实质违法性分析

税收规避行为可以分为三种：一是为获取税收利益在法律许可范围内、顺应税法调控方向、进行正常商业安排的税收合法筹划；二是逃避缴纳税款、骗税、抗税等税收违法行为；三是不正当的避税行为。股权式资产转让既不属于合法的税收筹划，也不属于法律明确的税收违法类型，是典型的避税行为。关于避税行为的法律性质有合法、违法和脱法三种认识，主流观点是将避税行为定性为应当禁止的违法行为，我国税法部分规定也采纳了这种看法，另外也有人认为避税行为有不应该接受任何法律性谴责的理由。[①] 无论从税法还是其他部门法规定看，股权式资产转让均属于实质违法行为，应当进行反避税处理。

（一）股权转让与资产转让性质不同

1. 股权转让不指向具体资产

股权属于复合性份额权，是股东基于投资公司而享有的公司资产受益、剩余财产分配、参与公司事务表决等权利，以股东资格（股东地位）为基础[②]，不直接涉及公司资产，不与公司某一部分资产对应。股权转让中，单一股东也无权按照应有份额对公司拥有的资产进行处置。本案中 C 公司与 E 公司名义上签署的是股权转让协议，实质内容却均是关于公司具体资产 R 地块使用权的约定，C 公司也保证按期限要求完成 A 公司股权工商变更登记及另外 2% 股东股权托管事宜[③]，目的是确保受让方拥有对该地块 100% 无瑕疵控制权。股东权益不是转让双方关注的重点，R 地块的权益才是转让双方真正关心的转让权益。

---

① ［日］北野宏久. 税法学原论 ［M］. 陈刚，杨建广等译. 北京：中国检察出版社，2001：150.

② 胡绪语，朱京安. 论股东资格的取得和确认 ［J］. 法学杂志，2013（9）：68 – 76.

③ 为了实现 E 公司对 R 地块绝对控制，转让协议明确必须连同另外 2% 股权进行转让，这不符合股权转让的一般规律。

2. 转让价格确定依据不同

交易价格是股权转让最为核心的问题，实践中包括税收征管和司法强制均采取综合评估方式确定股权价格。股权价格的确定需要考虑诸多综合因素，不仅要评估企业资产价值以及负债情况，同时产业政策、公司前景等因素都与股权价格直接相关，股权是否具有控制权、投资人喜好、企业员工等因素也是影响价格的重要事项。股权转让对未来的关注更多，因此使得股权转让价格与企业资产价值并不等同，一般来说，股权价格要高于企业资产价值，否则企业股权就很难具有交易吸引力。资产转让价格就是该资产市场价值。本案股权转让并未对 A 公司整体价值进行评估，而是直接以 R 地块使用权市场价值为交易价格，24 亿元股权转让价格恰恰是根据 R 地块的公允价值确定。

3. 价值增值情况不同

就本案来说，价值增值情况是股权转让与资产转让最明显的差别。股权转让行为中，股东让渡的只是作为公司生产要素的权益，如无形资产、场地、设备等的权益，收益主要来源于受让方对企业未来持续经营的预期，资产价值并不是转让行为要考虑的重点事项。与股权转让不同，不动产等资产交易会发生直接价值增值，转让行为的直接目的就是赚取现实差额利润。本案中，A 公司除 R 地块使用权外没有任何其他资产，没有形成自己的主营业务，甚至没有任何经营性收入，持有 R 地块期间也未进行任何整理开发，从股权投资角度分析，A 公司并不具备良好的收益预期。然而尽管 A 公司注册资本只有 5 亿元，98% 股权的转让金额却高达 24 亿元，发生价值增值389.8%，明显是土地增加而非股权增值。

4. 股权转让具有不可替代性

《公司法》第四条规定，公司股东依法享有资产收益、参与重大决策和选择管理者等权利。股权是公司众多资产集合所占的份额，股东权利包括股东身份权、参与决策权、资产收益权、知情权等财产权利和非财产权利，无法通过某些具体资产的简单相加来衡量，转让股权更不能仅就公司某项资产进行约定，因此股权转让也无法通过具体的资产转让来实现。而在本案中，A 公司股权则具有单一性，特别是完成对其余 2% 股东权益的受托后，C 公司通过转让股权产生的实质效果就是让渡 R 地块土地使用权，股权转让却使该转让可以用对该地块拥有的权益来表示，这不符合股权转让的基本逻辑。

（二）股权式资产转让的税法分析

股权式资产转让税收规避行为产生于私法意思自治与税法形式理性的矛盾，通过滥用法律形式的可能性，采取不具商业合理性的异常迂回行为，使税法的立法初衷难以实现，违反了税法中强行性规定的意图。

首先是导致税收基本职能失效。税法是调整税收关系法律规范的总称，税法基本宗旨就是保证税收职能作用有效发挥。① 税收职能是税收所具有的满足国家需要的能力，以国家行使职能的需要为转移，是税收内在功能与国家行使职能需要的有机统一，具体包括财政收入的主要来源、调控经济运行的重要手段、调节收入分配的重要工具三大职能。股权式资产转让利用了现行税收政策的漏洞，通过异常的法律安排造成营业税及其他各税失去征收形式条件，造成国家税款流失，导致税收财政职能失效。土地增值税与契税立法的重要目的是规范不动产交易市场秩序，合理调节土地增值收益，而股权式资产转让使得性质相同的市场行为产生不同的经济效果，国家通过税收杠杆对房地产市场进行宏观调控的目标落空。

其次是违背量能课税原则。量能课税最早是一种财税思想，如今已经上升为具有普遍约束力的法律原则②，核心是税收负担必须根据纳税人的负担能力分配，负担能力相同税负相同，负担能力不同税负不同。量能课税原则不仅成为针对税收立法的指导理念、税法解释的准则，同时还是税法漏洞补充的指针和行政裁量的界限。③ 股权式不动产转让行为中，交易主体通过将土地使用权包装成股权，从形式上切断了流转税、土地增值税、契税等税收政策与市场行为的关联，造成相同经济实质课征差异很大的税收，明显违背量能课税原则。实际上，股权式资产转让行为在征管实践中争议仍然很大，由于现行税收法律法规未作明确规定难以认定为避税行为进行补税，进行反避税处理的案件均是个案。

最后是对税收法定主义的滥用。税收征管实践中对股权式资产转让性质的认识是一致的，均认为以股权形式进行不动产交易不属于正常的商业选择，但之所以很少按照资产转让进行征税的原因就在于有观点认为这符合税

---

① 如我国的《税收征收管理法》的立法目的是：加强税收征收管理，规范税收征收和缴纳行为，保障国家税收收入，保护纳税人的合法权益，促进经济和社会发展。

② 也有观点认为量能课税思想虽然与法律上的平等原则存在契合之处，但二者的范围并不能等同。

③ 葛克昌. 量能课税与所得税法改革 [J]. 中原财经法学，1995（6）：31 – 41.

收法定主义原则，对其进行纳税调整违背税收程序法。① 虽然税收法定主义是指导税收立法、执法和司法的原则，但其应用必须与实质课税主义相联系，对股权式资产转让进行纳税调整也并未超出税法的接受能力。本案中 R 地块使用权的转让是以 A 公司股权的形式进行，对股东 C 公司来说除土地增值外只有税收利益，并未产生实质经济效果，以侵蚀国家税款以及逃避土地监管为目的而成立的企业自然不能归于合法范畴。按照实质课税原则，当课税要件事实的形式与实质不一致时，只能依照其实质加以判断②，因此对其按照房地产交易进行税务处理并不违背税收法定主义。

（三）其他部门法的实践与审视

1. 刑法视角

我国刑法已经对非法转让、倒卖土地使用权做入罪处理，并专门出台了司法解释。③ 违反土地管理法、森林法、草原法等法律以及有关行政法规中关于土地管理的规定，构成本罪的前提。本罪以情节严重为必要条件，表现形式有两种：未经有关部门批准擅自将合法取得的土地使用权有偿转让给他人；非法买进卖出土地使用权并从中牟利。司法实践中也对多起股权式土地使用权转让行为追究了刑事责任。比如 2013 年浙江义乌法院曾作出过此类判决，对于取得土地使用权后迟迟不开发、以股权转让之名设法将土地倒卖获利的行为作出有罪判决。④ 该案中犯罪嫌疑人使用"股权转让"形式签订"阴阳合同"，名义上变更公司股东及法人代表，但实质内容为分割倒卖土地使用权，与本书分析案件极为相似。

2. 行政法视角

非法转让、倒卖土地使用权罪的客观要件是违反土地管理法规。为加强土地和其他房地产管理，我国制定了一系列法律法规对土地使用管理进行约束，对土地使用和转让行为进行监管。就土地使用权转让行为而言，一般要满足三个要件：一是已支付全部土地出让金；二是取得土地使用权；三是开

---

① 《税收征收管理法》第三条明确税收的开征、停征以及减征、免税等，应当依照法律法规的规定执行，任何机关、单位和个人不得作出与之相抵触的决定。

② 熊伟. 重申税收法定主义［J］. 法学杂志，2014（2）：23 – 30.

③ 《刑法》第二百八十条、最高人民法院《关于审理破坏土地资源刑事案件具体应用法律若干问题的解释》（法释〔2000〕14 号）。

④ 案例来源：http://news.163.com/13/0724/14/94IBPVMJ00014Q4P.html，2015 年 8 月 12 日访问。

发已完成一定的工作量。[①] 本案中 R 地块自出让以来从未进行过开发，按照《闲置土地处理办法》规定未动工开发满两年的应当收回国有建设用地土地使用权，但是通过股权转让形式则规避了土地管理法律法规的限制。受让方只需签订股权转让协议并按规定办理股权转让变更登记手续即可达到实际控制土地使用权的目的，避开了有关政府机关的审批，架空了法律法规的强制性规定及立法目的。

3. 民商法视角

《中华人民共和国合同法》（以下简称《合同法》）第五十二条规定，以合法形式掩盖非法目的的合同无效。本案 C 公司与 E 公司签订了股权转让协议，表面上符合《公司法》的规定，披上了合法的外衣，但 R 地块并不符合土地使用权转让条件，逃避了国家税款征收，属于以合法形式掩盖非法目的行为。民事法律规避行为的构成要件有三：其一是主观上具有规避国家禁止性和强制性法律的过错；其二是客观上实施了规避行为；其三是规避行为对其他合法利益造成损害。C 公司利用股权转让形式进行土地使用权转让，主观上具有规避法律禁止行为的过错，客观上进行了土地使用权转让，给国家造成了税款损失，属于民事法律规避行为。因此，该案以规避法律强制规定的土地使用权转让条件和税款征收为目的的股权转让合同应属无效。

综上所述，从经济学视角看，股权转让与资产转让具有本质的不同，将资产转让包装成股权转让不具有税收利益以外的经济效果。税法虽然未对股权式资产转让进行明确禁止，但从多个维度可以得出以股权转让形式达到资产转让目的的行为具有违反税法的属性。股权式资产转让的实质违法性还被刑事司法、土地行政管理、民事商事等领域法律法规予以印证，这些依据可以为对股权式资产转让予以违法评价提供充足的论据。

三、股权式资产转让现行税法规制梳理与探究[②]

（一）股权转让税收制度变迁与演进

按照现行税法规定，股权转让不征收营业税，这一政策也是股权式资产

---

① 《城市房地产管理法》第三十八条规定：以出让方式取得土地使用权的，转让房地产时应当按照出让合同约定进行投资开发，属于房屋建设工程的，完成开发投资总额的 25% 以上，属于成片开发土地的，形成工业用地或者其他建设用地条件。

② 按照案件发生时相关税收政策进行梳理。

转让及其他股权转让避税方式的策划工具。但是，股权转让税收制度变迁经历了从征税到不征税的演进过程。1993 年的《中华人民共和国营业税暂行条例》第一条明确规定："在中华人民共和国境内提供本条例规定的劳务、转让无形资产或者销售不动产的单位和个人，为营业税的纳税义务人，应当依照本条例缴纳营业税。"由于股权属性不明确，执行中对股权转让如何征税存在很大困惑，因此国家税务总局 1993 年的《国家税务总局关于印发〈营业税税目注释（试行稿）〉的通知》（国税发〔1993〕149 号）第九条对不动产股权转让问题明确："以不动产投资入股，参与接受投资方利润分配、共同承担投资风险的行为，不征营业税。但转让该项股权，应按本税目征税。"该文件对于无形资产股权转让问题作出了同样的规定。该政策将股权转让视同实体资产交易进行征税，能够应对股权式资产转让避税行为。执行中该政策除关于股权是否具有应税属性的争议外，还遇到股权价值确定问题，这也使得税收征管陷入困境。由于国税发〔1993〕149 号文件只对不动产和无形资产入股的股权转让征收营业税，因此对于以多种方式入股或者多次以不动产和无形资产入股的，应税股份如何确定没有实现路径。综合考虑各种因素，2002 年财税部门对股权转让税制进行了修订和统一，2002 年的《财政部、国家税务总局关于股权转让有关营业税问题的通知》明确对于所有形式的股权转让均不征收营业税，这就形成了目前股权转让税制的基本内容，使得实体资产可以通过无税投资转化为不需缴纳营业税的股权转让行为。此后，2003 年的《关于中国建筑工程总公司重组改制过程中转让股权不征营业税的通知》（国税函〔2003〕12 号）等文件对于股权转让税制进行了重申和强调，实践中也明确了税收处理模式并延续至今。

（二）股权式资产转让的特别规制

股权转让税收政策的演变始终伴随着股权式资产转让税收政策的争论，即使在 2002 年以前不动产股权转让征收营业税阶段也因为涉及土地税问题，税务机关就针对以股权转让形式让渡不动产行为涉税事项出台了一系列规范性文件。认为不征收营业税的文件主要有：1997 年的《关于陕西省电力建设投资开发公司转让股权征税问题的批复》在对陕西地税局作出批复时指出，对于部分股权转移，不动产所有权并未发生转移的，不存在销售不动产行为，不征收营业税和土增税；2000 年的《国家税务总局关于股权转让不征收营业税的通知》（国税函〔2000〕961 号）指出，不论是转让股权以前还是转让股权以后，企业的独立法人资格没有取消，并未发生销售不动产或转让无形资产的行为，因此按照税法规定不征收营业税。此外，国税函〔2003〕12号、2005年的《国家税务总局关于海南南山旅游发展有限公司企业重组中股权转让不征收营业税的批复》等文件先后针对中国建筑工程总公司、海南南山旅游发展有限公司股权转让行为作出答复，明确对以股权形式转让资产意图不明确的股权转让行为不征营业税。

对股权式资产转让也有一系列税务机关批复支持征收营业税及土地增值税和契税等。国家税务总局1997年曾针对深圳市地税局请示的个案作出答复，该案股权转让协议中就债权债务和人员安排作了特别约定，1997年的《国家税务总局关于深圳爱都酒店转让经营权及全部资产征税问题的批复》将其认定为不动产与动产转让征收营业税①，实际上是对以股权转让形式转让资产行为意图明显的避税行为进行了反避税处理。虽然这是一部老文件，但是该文件的思想却并不过时。国家税务总局2011年《关于纳税人资产重组有关营业税问题的公告》也强调只有相关的债权、债务和劳动力一并转让给其他单位和个人的行为才不征收营业税。② 国家税务总局也对本书所述案例作出过批复，认定该案属于利用股权转让方式让渡土地使用权，实质是房地产交易行为，应当征收土地增值税，但是对于营业税却未作出相应答复。③

总结上述政策，可以看出多数省市都对股权式资产转让的避税行为有所警惕，也就相关问题请示国家税务总局。虽然总局的批复文件对于此类行为有不同的处理方式，但是仍然可以总结出一定的规律：（1）对于股权式资产转让行为整体来说不征收营业税；（2）对只转让部分股权的股权式资产转让行为不征收营业税；（3）对于转让全部股权但债权债务以及劳动力等一并转让的股权式资产转让行为一般不征收营业税；（4）对转让全部股权

---

① 批复部分原文：从上述转让的具体协议及形式看，××酒店的经营权及全部资产的转让，其实质是酒店的不动产和动产的所有权转让，所谓经营权转让，不过是所有权转让的一种形式。因此，这种转让符合营业税现行有关销售不动产征税规定和增值税有关销售货物征税的规定。

② 同样的事项税收政策却并不一致，国税函〔2000〕961号则指出，无论债权债务如何处置，均不属于营业税的征收范围。

③ 上述税收政策涉及的文件还包括2004年的《国家税务总局关于企业股权转让有关所得问题的补充通知》、2008年的《国家税务总局关于中国石化集团销售实业有限公司转让成品油管道项目部产权营业税问题的通知》、2003年的《国家税务总局关于深圳市能源集团有限公司、深圳能源投资股份公司转让股权涉税问题的处理决定》等。

同时对债权债务、劳动力作特别约定的是否征收营业税存在不同意见，征税的只是个案处理，并不能适用到所有案件中去，实际上多数批复并未抄送全国各省市；（5）国家税务总局相关业务司局对此类问题有不同意见，同一案件的不同税种处理标准不一致。

（三）股权式资产转让反避税立法主要问题

从上述对税收政策的梳理与分析可以看出，虽然现行税制关于股权式资产转让的税收政策并不一致，但是整体来说，无论是对转让方还是对受让方都是大有裨益的，实践中不乏此类避税案件，房地产行业尤为严重。① 可以看到，税务机关也采取了一些反避税手段，出台了部分反避税文件，但是主要存在三个问题：（1）不具备普遍适用性。对于认定股权式资产转让实质为资产转让的政策全部是对具体案件的个案批复，多数文件并不抄送全国各省市税务机关②，即使抄送但是也因为政策间存在直接矛盾，很难将其视作通用税收政策进行对待，对于相同问题往往通过重复请示的方式进行处理，因此这些政策实际并不能起到普遍的反避税作用。（2）立法级次较低，都是规章以下文件，股权式资产转让行为当事人提起行政诉讼时，很难作为有效根据支撑反避税行政行为。（3）反避税立法缺乏统筹，对股权式资产转让行为的分析还不够深入，没有形成具有治本作用的反避税立法措施。

四、反避税立法思考

税收规避是现代税法面临的难题。传统法律漏洞补充理论很难发挥积极功效，放任蔓延对国家税收无疑是巨大损失，对其他纳税人也会产生极大的不公平。各国税法都强调当行为的法律形式与经济实质不一致时，应当抛开法律形式的束缚，直接针对经济实质课税。③ 我国对国际避税行为的规制立法较为全面，但对股权式资产转让等国内避税行为缺乏有效立法。④ 对于利

---

① 杨萍. 关于股权转让税收问题的探析［J］. 税务研究，2009（7）：49.
② 对于国家税务总局类似批复文件是否具有普遍约束力主要以其是否抄送全国各省区市税务机关为标准。
③ 刘剑文，熊伟. 税法基础理论［M］. 北京大学出版社，2006：147.
④ 按照避税行为发生的税境不同，避税可以分为国内避税和国际避税。凡是避税行为发生在一国境内的，为国内避税；凡是越境发生避税行为的，为国际避税。

用国家倾斜性税收政策进行合理节税的正常经营行为不能视为反避税对象，对于纯粹为了获取税收利益的避税行为必须予以违法评价并进行制约。税收法定主义对于全面推进依法治国具有重要意义，实质课税主义不宜成为税收执法和司法的基本原则。因此，对于股权式资产转让等避税行为应当从立法层面进行规制。

从当前立法现状看，国际避税已经有了比较系统且成熟的反避税手段，主要是防止通过纳税主体和客体进行国际转移以及防止利用避税地避税的一般措施，税收情报交换也成为国家之间合作进行国际反避税的主要内容。[①]关于国内避税行为，近些年税收立法进行了很多有益探索并取得了长足进展，狭义税法层面明确了一般反避税条款，并于2014年以部门规章形式确立了一般反避税管理制度，赋予税务机关对以减少、免除或者推迟缴纳税款为主要目的安排进行调整的权力。从税收立法角度考虑，在对一般反避税行为进行科学限制的前提下，用其弥补特别反避税条款不足，有利于增强税法的威慑力。《中华人民共和国企业所得税法》（以下简称《企业所得税法》）第四十七条规定，企业实施其他不具有合理商业目的的安排而减少其应纳税收入或者所得额的，税务机关有权按照合理方法调整。《中华人民共和国企业所得税法实施条例》第一百二十条对其进行解释，指出不具有合理商业目的是指以减少、免除或者推迟缴纳税款为主要目的。存在的主要问题是，现行一般反避税立法实际上只针对企业所得税，国家税务总局第32号令《一般反避税管理办法（试行）》也限定适用范围仅针对企业所得税避税。就股权式资产转让行为来说，完全符合32号令对避税行为的界定，即以获取税收利益为唯一目的或者主要目的，形式符合税法规定但与其经济实质不符的方式获取税收利益。从税法整体性和合理性考虑，对于同种性质行为因征收税收不同而在反避税问题上存在差异不符合税收立法原则。美国国内收入法典明确，股权交易完成后购买方在一定期限内对企业进行清算的可以被视为资产收购。建议借鉴国外先进做法，扩大一般反避税条款适用情形，将股权式资产转让等避税行为纳入反避税范畴。扩大一般反避税管理范围必须有健全的税收立法作支撑，确保有效抑制税务机关自利性，

---

① 税收情报交换是指签订税收协定的缔约国各方，各自均有义务将协定所涉及的有关税种与国内法律规定，包括协定生效期间内有关税法的修改或变化，向缔约国另一方或多方提供。

导向公共利益实现。①

我国金融资产交易税制非常复杂，不仅在取得股权、持有股权和转让股权环节税收政策差异较大，而且除本书此处论及的流转税外的企业所得税、个人所得税、印花税等方面也存在大量的减免税政策，从历史沿革来看投资评估增值、股本增加、股息红利等方面的税收政策变化也很大，这些不稳定因素都为税收规避行为提供了有效的避税空间。股权是投资人由于向企业法人投资而享有的权利，如前文所述，其属性明显不同于商品货物和服务，这是对股权转让不征收流转税收的考虑情形之一。随着市场经济的发展，股权成为一种常见的资产形式，股权转让成为很普通的交易行为，对股权转让的特殊税收政策不仅无法实现鼓励资本市场发展的立法初衷，反倒因为大量税收规避行为的存在影响了股权市场的健康发展，因此对股权交易税收政策进行立法规范非常必要，其中最重要的内容就是在清理规范各项税收优惠政策的同时加快股权交易税立法。主要理由是：从理论层面看，股权是与其他物权具有同等法律地位的财产权，物权法明确将股权作为与知识产权平行的权利赋予其出质的权利，物权和知识产权交易均要缴纳流转税，股权交易征收营业税或增值税不仅可以起到反避税效果，更能体现市场公平和法律公平原则。从实践层面看，我国对上市股权交易征收证券交易印花税，目前对买卖、继承、赠予所书立的 A 股、B 股股权转让书据双方当事人分别按 1‰ 税率缴纳印花税，征税范围和方式与流转税税制相似，我国多个城市也已经建立了产权交易平台，这都为单独开征股权交易税提供了便利条件。因此，出于反避税立法角度考虑，以开征股权交易税为主线的规范股权交易税制非常必要。

第三节　关于 A-S 模型的数理验证和经验检验

一、A-S 模型主要内容

（一）A-S 模型的基本假设

A-S 模型是一个非常简单的静态性模型。该模型同传统经济学模型的假

---

①　王敬波. 基于公共选择理论分析行政诉讼法的修改［J］. 法学杂志，2015（3）：34 – 41.

设类似，由于该模型假设呈现税收遵从领域的特点，此处再结合税收遵从的个性特征重申一遍，共有六个假设：（1）纳税人是完全的理性决策人，税收遵从或不遵从的一切依据就是使其个人期望效用最大化；（2）纳税人在这一决策中并不考虑是非与道德，而且是纯粹的风险厌恶者；（3）由于 A-S 模型是以风险决策理论为依据的，因此纳税人的行为选择是符合不确定条件下风险决策者的一般行为规则；（4）纳税人的效用仅以其税后收入为唯一标准，纳税人的一切选择均是为了使其税后收入最大化；（5）纳税人的边际效用是呈现严格正向的，而且具有严格递减的规律，这一假设与纳税人是风险厌恶者的特点紧密相关；（6）为了简化运算，在 A-S 模型中采用的是单一税制和单一比例税率。①

（二）经典模型的构建与分解

在进行一系列假设之后，阿林汉姆（Allingham）和桑德姆（Sandmo）提出了纳税人税收决策的目标函数：

$$EU = (1-p)U(Y-tX) + pU[Y-tX-\theta(Y-X)] \qquad (2-1)$$

公式（2-1）中：U 为纳税人效用，由其可支配收入决定；EU 为纳税人的期望效用；Y 是指纳税人在一个纳税期限内取得的全部收入，对于 Y 税务部门无法掌握；t 为税务机关向纳税人申报收入征收的固定比例税率，假定其值不变，且 $t>0$；X 代表纳税人的遵从决策，即就这部分收入向税务机关申报缴纳税款，纳税人既可以选择全额如实申报，也可以选择就其中部分收入进行申报，因此 X 是变量，但 $X \geq 0$；p 为纳税人被税务机关进行税务审计（稽查）的概率，此处假定只要税务机关对企业进行稽查，纳税人税收决策即能被如实掌握；θ 为当纳税人的不遵从行为被税务机关查获时，税务机关将就纳税人未申报收入的 θ 比例部分进行罚款，税务机关查获纳税人偷税行为，必然进行处罚，因此 $\theta>0$。

从公式（2-1）可以得出这样的结论，纳税人通过选择申报 X 数额的应纳税收入，其目的是追求个人效用最大化，而纳税人的效用完全由其最终实际收入决定。因此，只有当纳税人从其未申报收入中获得的效用大于他就

---

① Allingham M. G., Sandmo A.. Income tax evasion: A theoretical analysis [J]. Journal of Public Economics, 1972, 1 (3): 323-338; 王玉霞，纵凯. 我国逃税行为的经济学分析 [J]. 财经问题研究, 2010 (3): 79-85.

全部收入 Y 进行纳税申报时，纳税人才会选择税收不遵从，用公式表达即为：$\dfrac{\mathrm{d}EU}{\mathrm{d}x}<0$。求微分得到：

$$\frac{\mathrm{d}EU}{\mathrm{d}x} = -t(1-p)U'(Y-tX) - (t-\theta)pU'[Y-tX-\theta(Y-X)]$$

纳税人选择税收不遵从决策需要具备下列条件：

$$-t(1-p)U'(Y-tX) - (t-\theta)pU'[Y-tX-\theta(Y-X)] < 0$$

对其进行数学计算整理：

$$-t(1-p) - (t-\theta)p < 0,\text{且} p\theta < t$$

$p\theta < t$ 意味着，如果纳税人选择税收不遵从，其前提条件就是纳税人因未如实申报被税务机关发现且予以处罚的数额 $p\theta$ 必须小于按照税率计算的未申报收入部分的税款，只有这样纳税人才可能从税收不遵从中获得更大的效用。同时，按照该模型的纳税人属于完全的经济理性人假设，只要符合 $p\theta < t$ 条件，纳税人一定会选择不进行如实申报。

假定存在这样一个选择，能够使得纳税人期望效用最大化，即满足条件 $0 < X < Y$，则满足该最优解的一阶条件是：

$$\frac{\mathrm{d}EU}{\mathrm{d}x} = -t(1-p)U'(Y-tX) - (t-\theta)pU'[Y-tX-\theta(Y-X)] = 0$$

$$(2-2)$$

二阶条件：

$$\frac{\mathrm{d}^2 E(U)}{\mathrm{d}x^2} = t^2(1-p)U''(Y-tX) - (t-\theta)pU''[Y-tX-\theta(Y-X)] < 0$$

$$(2-3)$$

在前文假设了纳税人是税收风险规避者，所以公式（2-3）可以成立。

根据公式（2-2）可以计算出纳税人向税务机关申报数额 X 的最优数值 X^*，该数值是纳税人不遵从决策的均衡点，在此最优数值下，纳税人的税前收入 $Y-X^*$ 为其未申报收入，按照税率计算的 $t(Y-X^*)$ 为偷逃税款的数额。同时，根据如上模型分析，可以看出，Y、t、p、θ 的数值对纳税人的不遵从决策有直接影响。通过计算 X 对上述因素的偏微分 $\dfrac{\partial X}{\partial Y}$、$\dfrac{\partial X}{\partial t}$、

$\dfrac{\partial X}{\partial p}$、$\dfrac{\partial X}{\partial \theta}$，则可以计算出这些因素对纳税人遵从水平的影响。

二、谨慎的结论与实证经验

（一）个人所得 Y 变化对纳税人申报额影响不确定

通过对 X 求 Y 的偏微分可知，当罚款率 θ 小于 1 时，$\dfrac{\partial X}{\partial Y}$ 的符号是无法确定的，因此纳税人的收入变化对税收遵从选择的影响无法确定。根据上述条件和公式，当罚款率大于 1 时，纳税人所得的增长变化可以让申报缴纳税款的数额呈现正增长，个人所得的变化对税款缴纳具有正效应。但是不能确定的是，如果罚款率小于 1，纳税人的所得变化对税款缴纳的影响是不确定的，这种不确定性使得研究结论具有其他可能性。[①] 从实证研究成果看，个人所得变化对税收遵从的影响也没有形成统一的意见。有的随机调查证明税前收入对税收遵从是有影响的，但是影响在不同的收入群体具有不同的效应。[②] 对于中低收入者来讲，如果其税前收入有增长，那么此群体纳税人具有更大的可能性将更高的收入向税务机关申报缴纳税款，证明在中低收入阶层收入对遵从的影响是较为明显的。相反，对于高收入者阶层，收入的增加意味着税收不遵从程度的严重。但是，有的实证研究证明这种影响和区别是不明显的，很难有充分的证据表明收入水平和税收遵从程度有明显的影响关系。

（二）税率 t 对纳税人申报额影响不确定

A-S 模型显示，假设纳税人属于绝对风险规避递减，$\dfrac{\partial X}{\partial t}$ 的数值也是无法确定正负的，这也说明税率的变化对纳税人究竟会选择多大数额的 X 进行申报，其影响也是难以计算的。这与很多人的观点"税率提高会降低税收遵从水平"是不相符的。与人们正常的认识出现冲突的原因可能是，一

---

① Allingham M. G.，Sandmo A.．Income tax evasion：A theoretical analysis [J]．Journal of Public Economics，1972，1（3）：323–338.

② Blumenthal M.，Christian C.，Slemrod J.．The determinants of income tax compliance：evidence from a controlled experiment in Minnesota [J]．Ann Arbor，1998，1001：48109–51234.

般认为税率过高会影响纳税人的税收遵从水平，高税率意味着在同等收入条件下要缴纳更高税额，纳税人的税后收益会变得更小，因此纳税人选择减少申报数额是合理的。但是在实证研究方面，税率高低对税收遵从的影响结论是不一致的，有的观点认为高税率意味着更低的税收遵从，有的研究则证明税率高低与税收遵从没有显著的关联。甚至有的观点认为税率提高，遵从水平也会随之上升。[①] 这种实证研究结果在 A-S 模型中也得到了验证，由于 $\frac{\partial X}{\partial t}$ 的数值无法确定正负，因此税率的变化对纳税人申报数额的影响是不确定的。按照阿林汉姆（Allingham）和桑德姆（Sandmo）的解释，税率变化会引发收入效应和替代效应两方面的变动，这两种效应的综合作用共同决定了对税收遵从水平的影响。但是，税率的变化对这两种效应的影响大小却是难以判断的，所以税率提高并不能直接对纳税人遵从决策作出唯一的判断。

（三）对纳税人的税务稽查频率提高和对其违法行为的处罚更加严厉将提高遵从水平

这两个要素对税收遵从的影响却是肯定的。通多求解 X 对因素的偏微分 $\frac{\partial X}{\partial p}$、$\frac{\partial X}{\partial \theta}$，两个数值均大于 0，这就表明无论是 θ 还是 p 的提高，都会使纳税人减少逃税行为。但是不少学者通过实验和调查以及数据模拟发现，这两个方面的影响在实践中有不同的表现。比如，审计概率对提高税收遵从水平有一点影响，但是不太大，甚至不具备统计意义，而惩罚率则完全无关。有的实验证明预期审计概率的增加促进了纳税人的遵从，但是同一实验在高收入群体中却得到了完全相反的结果，这是很难理解的。

三、关于 A-S 模型数理验证和经验检验

（一）几点说明

正如前文所述，A-S 模型是一个较为简单的模型。本节主要是在前人研

---

① Yitzhaki S. . Income tax evasion: A theoretical analysis [J]. Journal of Public Economics, 1974, 3 (2): 201 – 202.

究的基础上，通过对模型运用数学推导的方式进行研究，探寻稽查概率、税率、罚金和所得以及其他相关因素，在经济学分析框架内对纳税人遵从水平的影响。通过对数学推导结果的经验验证来发现 A-S 模型在税收遵从研究中的优势和不足，并为后文研究奠定基础。笔者将基于数学运算结果，根据目前我国的税收实践情况，选取科学的数值，分别对相关变量进行赋值，验证传统经济学在税收遵从分析方面的有效性。在此对需要说明的五个问题进行重点解释：

1. 关于模型的适用条件和对象

在税收遵从的经济学分析中，多数研究是基于直接税的分析。从 A-S 模型的分析框架来看，通常假设按照规定税率对纳税人所得计算征收税款，这本身就符合直接税的征收特点。因此，本节内容的模型也仅适用于对直接税特别是个人所得税的纳税遵从问题进行分析。间接税由于税种性质、征收方式以及转嫁性等因素，在这一分析中笔者并未作过多考虑。对于这一问题的解释是，税收遵从的传统经济学研究本来目的也是将复杂的税收征缴关系简化，以期望在简化的数学框架内对复杂的税收问题进行分析。本书的目的也是将税收遵从行为看成税务机关与纳税人之间的关系处理，只有将复杂的税收实际简化成一个独立的个体和一个税收管理部门的关系，才有可能在分析中将最核心、最本质的内容提炼出来。这就涉及要解释的第二点。

2. 对企业纳税人进行拟人化

虽然模型建构看起来更像是对个人所得税的计算，但是从未指出该模型只针对个人所得税，实际上笔者也并不打算将研究范围限制在一个过于微观的框架内。特别是对于我国税收管理而言，占个人所得税收入较大比重的个人工资薪金所得以及劳务报酬等收入较多采取代扣代缴的方式，个体纳税人在实际决策中较少有直接与税务机关进行博弈的机会。所以，本书并不严格区分个体纳税人与企业纳税人，实际上将这一区别模糊化的本意，就是从一种抽象理论的层面对税收决策行为进行研究。虽然许多税收遵从经济分析针对的是自雇人员，因为偷逃税是具有主观故意的行为，但并不是只有个体纳税人在这一决策中才能发挥主观能动性，对效用进行分析与选择。具体而言，这种做法的主要考虑是我国个人所得税的征收方式和企业法人本身就具有拟人化的特点，逃避缴纳税款的行为都是基于法定代表人、财务人员等身份作出的选择，由于本书分析的重点并非定量分析，此种做法并未对研究的精确性造成影响，反而在更大范围内确保研究结论具有针对性和适用性。

3. 关于风险规避特征的引入

从模型假设到建构，都是按照 A-S 模型的逻辑进行安排，本节内容目的是对经典的 A-S 模型进行完全数理角度的验证，在 A-S 模型的框架内进行检验也是合理的选择。所以，笔者未过多地介入纳税人的行为和态度。此外，本节内容的一个重要创新是将风险规避特征作为重要因素引入该模型。理论意义上，从模型自身看，早期的 A-S 模型并未规范风险规避纳税人的效用函数表达式，仅以定义式的方式进行分析，无法测度风险规避程度与纳税遵从的关系，所以本书在分析中对此问题作了修正完善。

4. 以我国税法为基础

后文将按照税收实务部门的做法，选择更加贴近实际情况的稽查率、处罚率，一方面检验 A-S 模型的符实性，同时对税收管理现实进行分析。因此从现实意义上说，本书的模型中，对偷逃税款的处罚方式及相关参数赋值，并未按照经典 A-S 模型的方式构建，而是基于我国税法——因而更能突出在我国直接税改革的进程中，按照传统经济学"完全理性人"的方式对纳税遵从进行研究的局限性，借以引出行为经济学研究的比较优势所在。

5. 关于模型的前提假设

该模型的前提假设与 A-S 模型基本相同。一是纳税人是完全理性的，其风险偏好类型是风险厌恶的。[①] 纳税人对于能够使得自己实现最大预期效用的方案，确定会选择。二是纳税人的效用水平，只取决于其税后收入。为求得更高的税后收入，假定纳税人会少申报实际税前收入。三是实行单一比例税制，不考虑税前扣除、税收抵免等形式的税收优惠。这一假设也符合一般分析方法和规律，但在实证检验阶段的税率选择上，为确保数据选择接近现实，会考量税前扣除和税收优惠等因素影响。四是税务部门会按照一定概率水平进行税务稽查，只要纳税人存在偷逃税款的行为且被选中为稽查对象，便可被查实。也就是说并不考虑稽查效率和效果问题，假定稽查人员只要选定稽查对象，事实都会被查清。五是被查实偷逃税款的纳税人，需补缴所欠

[①] 风险厌恶是一个人在承受风险情况下其偏好的特征。可以用它来测量人们为降低所面临的风险而进行支付的意愿。在降低风险的成本与收益的权衡过程中，厌恶风险的人们在相同的成本下更倾向于作出低风险的选择。例如，如果通常情况下一个人情愿在一项投资上接受一个较低的预期回报率，因为这一回报率具有更高的可测性，那么他就是风险厌恶者。当对具有相同的预期回报率的投资项目进行选择时，风险厌恶者一般选择风险最低的项目。

税款，并依据该数额进行相应处罚，处罚率高于适用税率。[①]

(二) 基本框架

在理性纳税人以及"风险规避"偏好的假定下，首先要求效用水平值关于自变量单调递增，同时，效用是关于自变量的二阶导数小于零，即纳税人的效用函数是凹函数。因此，本书选择典型的纳税人效用函数形式为：

$$U = W^{\alpha}, \alpha \in (0,1)$$

其中，U 为纳税人的效用，W 为其税后收入水平。

纳税人通过降低申报收入偷逃税款，对于未被稽查的纳税人，其税后收入 Y_1 为：

$$Y_1 = Y - tX$$

其中，Y 为实际税前收入，t 为税率，X 为申报收入水平。根据前文假设条件第二条，有 $X < Y$。

当纳税人被税务部门稽查后，若存在偷逃税款行为，根据我国税收征管法，需补缴所欠税款，并根据该数额进行一定的处罚。则此时的税后收入 Y_2 为：

$$Y_2 = (1-t)Y - \theta t(Y-X)$$

其中，θ 为针对偷逃税款行为的罚金占少缴税款数额的比重，即处罚率。

根据冯·诺依曼—奥·摩根斯坦 (Von Neumann-Obama Morgan Stein) 期望效用定理，此时纳税人偷逃税款的期望效用表达式为：

$$EU = (1-p)U(Y_1) + pU(Y_2)$$

即，$\quad EU = (1-p)(Y-tX)^{\alpha} + p[(1-t)Y - \theta t(Y-X)]^{\alpha}$

其中，p 为税务部门的税务稽查概率，有 $p \in (0, 1)$。此时，理性纳税人需要确定最优申报收入 X^*，使得逃税的期望效用最大，即：

$$\max_{X^*} EU = (1-p)(Y-tX)^{\alpha} + p[(1-t)Y - \theta t(Y-X)]^{\alpha}$$

对上述期望效用形式，分别对申报收入 X 求解一阶二阶导数，有：

---

① 传统经济学分析的共同假定在此不做赘述。

$$\frac{\partial EU}{\partial X} = -\alpha t(1-p)(Y-tX)^{\alpha-1} + \theta\alpha tp[(1-t)Y-\theta t(Y-X)]^{\alpha-1}$$

$$\frac{\partial^2 EU}{\partial X^2} = \alpha(\alpha-1)t(1-p)(Y-tX)^{\alpha-2} + \theta(\alpha-1)tp[(1-t)Y-\theta t(Y-X)]^{\alpha-2}$$

（三）模型分析

由一阶导数形式可以发现，如税率、稽查率、处罚率等参数均大于零，且幂指函数的效用函数形式亦大于零。因此，一阶导数存在等于零的解。同时，由于 $\alpha, p \in (0, 1)$，则二阶导数小于零。那么，使一阶导数为零的申报收入，将使纳税人逃税的期望效用最大。求解该数额为：

$$X^* = \frac{1-K(1-t)+\theta tK}{t+\theta tK} \cdot Y, \quad \text{其中} \quad K = \left(\frac{\theta p}{1-p}\right)^{\frac{1}{\alpha-1}}$$

根据前文理性纳税人的假设条件，则有 $X^* < Y$，即 $0 < \dfrac{1-K(1-t)+\theta tK}{t+\theta tK} < 1$。显然，该不等式要求 $1-K(1-t) < t$ 以及 $1-K(1-t)+\theta tK > 0$ 同时成立。

对于 $1-K(1-t) < t$，可知 $(1-K) < t(1-K)$，若 $(1-K)$ 为正，则有 $t > 1$，即适用税率大于1，显然不符合实际，应舍去。即有 $(1-K)$ 为负，则 $K = \left(\dfrac{\theta p}{1-p}\right)^{\frac{1}{\alpha-1}} > 1$。因此处罚率与稽查概率的关系为 $p > \dfrac{1}{1+\theta}$。求解 $1-K(1-t)+\theta tK > 0$，可知 $\left(\dfrac{\theta p}{1-p}\right)^{\frac{1}{\alpha-1}} < \dfrac{1}{1-t-\theta t}$，由于 $\left(\dfrac{\theta p}{1-p}\right)^{\frac{1}{\alpha-1}} > 0$，则有 $\dfrac{1}{1-t-\theta t} > 0$，即 $t < \dfrac{1}{1+\theta}$。

由上述分析不难看出，确定最优申报收入 X^* 与税率、处罚率、稽查率等变量的增减关系，即可获得如何调整这些税制要素以提升纳税遵从的方法。但政策参数设计必须满足 $0 < t < \dfrac{1}{1+\theta} < p < 1$ 的关系，否则将失去意义。本书模型的后续论证，将以该前提为基础。

1. 最优申报数额 X^* 与纳税稽查概率 p 的关系（结论1）

求解最优申报收入关于稽查率的一阶导数：

$$\frac{\partial X^*}{\partial p} = \frac{\left(\dfrac{1-t}{1-\alpha}\right)\theta^{\frac{1}{\alpha-1}}\left(\dfrac{p}{1-p}\right)^{\frac{2-\alpha}{\alpha-1}}\left(\dfrac{1}{1-p}\right)^2 Y}{t\left[1+\theta\left(\dfrac{\theta p}{1-p}\right)^{\frac{1}{\alpha-1}}\right]^2}$$

由于 α，$t \in (0, 1)$ 且幂指函数值大于零，则 $\dfrac{\partial X^*}{\partial p} > 0$，即纳税人的最优申报收入与稽查率呈正比例关系，说明强化税务稽查，有利于提升纳税遵从水平。

2. 最优申报数额 X^* 与逃税处罚率 θ 的关系（结论2）

求解最优申报收入关于处罚率的一阶导数：

$$\frac{\partial X^*}{\partial \theta} = \frac{t\theta^{\frac{2-\alpha}{\alpha-1}}\left(\dfrac{1-t}{1-\alpha}\right)\left(\dfrac{p}{1-p}\right)^{\frac{1}{\alpha-1}} + t(1-t)\theta^{\frac{2}{\alpha-1}} + \left(\dfrac{p}{1-p}\right)^{\frac{2}{\alpha-1}}\dfrac{\alpha t(1-t)}{1-\alpha}\theta^{\frac{1}{\alpha-1}}\left(\dfrac{1}{1-p}\right)^{\frac{1}{\alpha-1}}}{\left[t+t\theta^{\frac{\alpha}{\alpha-1}}\left(\dfrac{p}{1-p}\right)^{\frac{1}{\alpha-1}}\right]^2} Y$$

由于 α，$t \in (0, 1)$ 且幂指函数值大于零，则 $\dfrac{\partial X^*}{\partial \theta} > 0$，即纳税人的最优申报收入与处罚率正相关，说明提高针对偷逃税款行为的处罚，有利于提升纳税遵从。

3. 最优申报数额 X^* 与税率 t 的关系（结论3）

经过对纳税人效用函数的规范化处理，分别得到与原文献相同的纳税遵从与稽查率和处罚率关系的结论。但早期的 A-S 模型结论指出，纳税遵从与税率及税前实际收入水平的关系不确定，同时，并没有分析纳税遵从与纳税人的风险规避程度的关系。下面将针对这一点展开分析。

求解最优申报收入关于税率的导数有：

$$\frac{\partial X^*}{\partial t} = \frac{K-1}{(1+\theta K)t^2} Y$$

前文已证明 $K = \left(\dfrac{\theta p}{1-p}\right)^{\frac{1}{\alpha-1}} > 1$，显然 $\dfrac{\partial X^*}{\partial t} > 0$，即最优申报收入与税率成正比。说明通过适当提升税率水平，可提升纳税遵从。

4. 最优申报数额 X^* 与纳税人风险规避程度的关系（结论4）

纳税人的风险规避程度与参数 α 有关，因此，需识别该参数大小与风险偏好的关系。对于 $\forall \alpha_1$，$\alpha_2 \in (0, 1)$，设 $\alpha_1 > \alpha_2$，效用函数 $U_1 = W^{\alpha_1}$，

$U_2 = W^{\alpha_2}$ 的绝对风险规避系数为：

$$r_1(W) = \frac{1-\alpha_1}{W}, r_2(W) = \frac{1-\alpha_2}{W}$$

因为 $\alpha_1 > \alpha_2$，所以对于 $\forall W$ 都有 $r_1(W) < r_2(W)$。则根据阿罗—普拉斯特定理（Haro Plaster's theorem），随 α 值的升高，纳税人的风险规避程度会减小，即越倾向于冒着被稽查的风险选择逃税。

求解最优申报收入关于参数 α 的一阶导数有：

$$\frac{\partial X^*}{\partial \alpha} = \frac{t(1-t)(1+\theta)\left(\frac{1}{\alpha-1}\right)^2\left(\frac{\theta p}{1-p}\right)^{\frac{1}{\alpha-1}} \cdot \ln\left(\frac{\theta p}{1-p}\right)}{\left[t + \theta t\left(\frac{\theta p}{1-p}\right)^{\frac{1}{\alpha-1}}\right]^2}Y$$

由于 $t \in (0, 1)$ 且幂指函数大于零，则上式仅需讨论 $\ln\left(\frac{\theta p}{1-p}\right)$ 的正负关系，即 $\frac{\theta p}{1-p}$ 与 1 的大小关系。$\ln\left(\frac{\theta p}{1-p}\right)$ 对 p 求导，有 $\left[\ln\left(\frac{\theta p}{1-p}\right)\right]_p' = \frac{1}{p(1-p)} > 0$，说明 $\ln\left(\frac{\theta p}{1-p}\right)$ 是关于 p 递增的。根据前文政策参数的设定区间 $0 < t < \frac{1}{1+\theta} < p < 1$，有：

$$\lim_{p \to \frac{1}{1+\theta}^+}\left(\ln\frac{\theta p}{1-p}\right) = 0$$

那么，在满足稽查率与处罚率政策参数区间时 $\left(p > \frac{1}{1+\theta}\right)$，$\ln\left(\frac{\theta p}{1-p}\right) > 0$，即 $\frac{\partial X^*}{\partial \alpha} > 0$。说明纳税人越愿意冒逃税被稽查的风险，纳税遵从水平反而越高。

5. 逃税的期望效用 EU 与实际税前收入水平 Y 的关系（结论 5）

由于根据最优申报收入 X^* 与税前收入 Y 的关系，无法判别一阶导数的正负关系，同时，为简化计算过程，在识别税前收入水平与纳税遵从的关系时，笔者采用了期望效用及效用函数的定义式进行分析。对逃税的期望效用 EU 关于税前收入 Y 求一阶导数，有：

$$\frac{\partial EU}{\partial Y} = (1-p)U'(Y-tX) + p(1-t-\theta t)U'\left[(1-t)Y - \theta t(Y-X)\right]$$

由于纳税人是风险规避的，则 $U'(\cdot)>0$。由于 $p \in (0,1)$，故上式仅需讨论 $(1-t-\theta t)$ 的正负关系。根据前文政策参数的设定区间 $0<t<\dfrac{1}{1+\theta}<p<1$，令 $\varphi=(1-t-\theta t)$，有：

$$\frac{\partial \varphi}{\partial t} = -1-\theta < 0$$

则 φ 在税率 $t \in \left(0, \dfrac{1}{1+\theta}\right)$ 的政策区间内单调递减。又因为 $\lim\limits_{t^- \to \frac{1}{1+\theta}} \varphi = 0$ 且 $\lim\limits_{t^+ \to 0} \varphi = 1$，所以 $\varphi > 0$，即 $\dfrac{\partial EU}{\partial Y} > 0$，逃税的期望效用关于实际税前收入水平递增。说明税前收入越高的纳税人，越倾向于纳税非遵从。

第四节　基本评价、数据检验和政策建议

一、简单评价和异象总结

（一）关于与 A-S 模型的不同结论

如前文所述，阿林汉姆（Allingham）和桑德姆（Sandmo）在 A-S 模型中得出三个结论：（1）纳税人的收入变化并不能显著影响其税收遵从水平；（2）纳税人的税收遵从度对税率提高的反应也是不确定的；（3）如果单纯从理论上希望提高纳税人遵从度，税务机关可以大幅度提高税务审计概率和处罚程度。

通过检验，笔者分别得到与原文献相同的的纳税遵从与稽查率和处罚率关系的结论，即较高的罚款率和稽查率都将对纳税遵从水平起到促进作用，这证明 A-S 模型的某些结论具有较强的说服力。不同之处在于：

一是，A-S 模型提出，税率对纳税人申报额影响不确定。但本书建构的模型证明 $K = \left(\dfrac{\theta p}{1-p}\right)^{\frac{1}{\alpha-1}} > 1$，显然 $\dfrac{\partial X^*}{\partial t} > 0$，即最优申报收入与税率成正比。说明通过适当提升税率水平，可提升纳税遵从。

二是，偷逃税模型认为，所得变化与纳税人遵从的关系并不确定，需要视其具体情况再作具体分析。但是本书验证，逃税的期望效用随着实际

税前收入水平递增而提高，说明税前收入越高的纳税人，越倾向于纳税非遵从。

上述两方面都说明，A-S 模型在某些方面还存在一定的不足，以此为基础进行税收遵从决策分析与现实有一定的误差。当然，这也绝对不能否定该模型在税收遵从研究中的重要意义。除上述不同外，本书还证明，纳税人越愿意冒逃税被稽查的风险，纳税遵从水平反而越高。

（二）关于本模型结论的异象

通过上述对典型纳税人效用函数的规范化处理，以及构建更为贴近我国税法执行情况的 A-S 模型，从推演的结果上看，结合结论 1、2、5（见第三节，下同），纳税遵从与稽查率、处罚率正相关，与税前收入负相关。这三个方面的研究结论，与传统经济学分析结论基本相符，反映出 A-S 模型在税收遵从分析中具有一定的适用性。按照这一结论，我国在提升纳税遵从的问题上，不仅要强化税收征管，尽可能地加强税务稽查以及加大偷逃税款行为的处罚力度，同时应重点关注高收入纳税人。

但是，从上述分析结果看，A-S 模型也会推导出与实际情况不相符合的悖论，反映出 A-S 模型本身就存在一定的不足。主要集中在结论 3 和结论 4 上。

根据结论 3，通过适当提升税率水平，可以提升纳税遵从度。A-S 模型本身的前提假设就是纳税人具有趋利性，效用就是缴税数额的多少。在税率提高的情况下，同等收入纳税人需要缴纳的税收更多，纳税人正常的选择是更大概率的逃避缴纳税款，而模型推导结果是可以提高纳税遵从水平，这与现实明显不符。

根据结论 4，纳税人越愿意冒逃税被稽查的风险，纳税遵从水平反而越高。按照一般逻辑，逃税行为本身具有被稽查和惩罚的风险，纳税人对此类风险的偏好程度影响其决策。如果纳税人是处于倾向于以高风险获得高收益的心理状态，那么其税收不遵从的可能性要大于那些对风险厌恶程度较高的纳税人，风险厌恶者遵从的概率越大。模型推导的结果，显然与这一常规和结论相违背，凸显 A-S 模型本身存在的不足。

二、现实验证：数据选择

A-S 模型的传统分析一般都是基于数学推导的形式进行的，这样能够确保完全按照数学逻辑进行运算，减少不相关因素的影响，使得结果具有更直接的公理性。前文结合我国税收管理的特点对 A-S 模型的创新，也是基本按照这一逻辑进行推演，以此对其进行更深入的研究。同时，如果能够将税收实践的数据带入模型进行运算，更能够从测算结果中发现模型的优势和存在的问题。本书就此作了探索性尝试。通过将我国税法中的各政策参数带入最优申报收入 X^* 与税前收入 Y 的关系式中，我们可以从计算结果中观察到相关结论。结合前文分析的政策参数区间，令 $t=15\%$，$\theta=5$，$p=20\%$，$\alpha=0.5$。具体理由说明如下。

（一）关于税率 15% 的选择

从个人所得税看，我国一直实行分类所得税制，采用正列举方式明确了11 大类应税项目，计税依据和方式各有不同，税率也有区别，因此很难对个人所得税确定一个绝对准确的整体税率。作者对有关研究成果进行了梳理，从个人所得税的综合税率看，专家计算我国个人所得税实际税负为14.27%[①]。还有的学者对劳动这个隐形税基的税负进行了测算，显示自2003 年以来，劳动所得的平均税率为 10% 以上、不到 11%。[②] 综合来看，选取 15% 的税率既能满足检验数据需要，又比较贴近测算税率。

从企业所得税看，我国对大部分类型企业征收所得税税率为 25% 的比例税率。同时，按照税法规定及财政部、国家税务总局相关政策，有些类型企业和行业享受优惠税率，或者享受税收减免、加计扣除等优惠政策，如对高新技术企业和小微企业分别给予税率优惠和税率加税额优惠。由于在此处赋值只为检验上述模型有效性，对数据精确性要求不高且难以得出绝对客观的实际税率，笔者在此处也按照 15% 估算所得税整体税率，这种处理方法也是合理的。

---

① 虞凤喜，余成峰. 两岸个人所得税税负比较分析 [J]. 财政科学，2017 (3)：17－26.
② 吕冰洋，陈志刚. 中国省际资本、劳动和消费平均税率测算 [J]. 财贸经济，2015 (7)：44－58.

（二）关于处罚率赋值 5 的选择

我国《税收征管法》明确规定，对偷税、骗税、抗税等税收不遵从行为，税务机关需要追缴所欠税款，并根据违法行为的性质和情节，对其处以所欠税款 0.5 倍以上 5 倍以下的罚款，因此对于处罚率最高限为 5 倍。在税收征管实践中，笔者了解到对于税收违法案件的处罚一般为 1 倍以下，特殊情况为 2 倍，很少有案例处罚超过 2 倍。但是按照前文结论，处罚率越高，对纳税人的威慑作用越大，此处按照法定处罚率的最高标准来赋值，能够从一个层面观察 A-S 模型的符实性。同时，前文通过数学推导得出，A-S 模型在符合 $0 < t < \dfrac{1}{1+\theta} < p < 1$ 条件时才能具有分析可能，按照此要求及其他相关变量的赋值，必须按照这一限制条件进行赋值。

（三）关于稽查率赋值 20% 的选择

在 2015 年以前，我国税务稽查工作除了对特殊行业和企业，一般没有稽查比例的要求。但是自 2016 年起，从国家层面开始关注税务稽查的质效，强调要按照风险管理的原则和要求，以科学的方法和选案手段开展随机抽查，每年对不同类型的纳税人规定不同的稽查比例。根据《推进税务稽查随机抽查实施方案》规定，将稽查对象分为三种类型：第一种是重点税源户，包括全国、省级、地市级三个层级，从 2016 年起 5 年轮查一遍，因此每年抽查比例为 20% 左右。第二种是未纳入重点税源户的企业纳税人，每年抽查 3%；第三种是个体工商户和个人，由于该类纳税主体数量多、缴纳税收少，因此每年检查的比例为 1%。此外，考虑到为数众多的案件由于举报、专项检查、重大案件查处等原因纳入检查范围，同时对于一些经营异常或者违法行为较为频繁和严重的企业要进行重点监控，稽查比例和频次要高于正常经营纳税人，同时考虑到上述赋值限制原因，选择 20%。

三、现实验证：验证结果

根据上述理由，令 $t = 15\%$，$\theta = 5$，$p = 20\%$，$\alpha = 0.5$，并将其带入模型，计算得出 $X^* = 1.49Y$，即申报数额高于纳税人的实际税前收入。就是说，对于税率、稽查率、处罚率符合上述赋值条件的，纳税人的最优申报数额为其税前全部收入的 1.49 倍，纳税人要将超过其税前实际收入的数额向税务机关申报缴纳税款，这显然不符合"理性人"的假设前提。对于任何纳税人来讲，无论任何情形下，将其全部收入向税务机关申报缴纳税款，就已经完全履行了纳税义务，因此不会受到任何形式的处罚，这一数据结果显示出 A-S 模型必然存在某些不足。因此，以"完全理性纳税人"为逻辑起点的分析方式，尚需改进。当然，A-S 模型所出现的悖论正是传统经济学分析长期以来被质疑和诟病之处，但是这并不能否认传统经济学分析方法在税收遵从研究中的应有价值和意义，毕竟其将行为人的理性因素进行了高度的抽象及概括，同时针对税收征管提出了应从稽查和处罚的方面发力的结论。行为经济学对"真实的纳税人"进行了还原，强调以"非完全理性人"的逻辑起点进行分析的建议，是较好的突破点。①

四、传统经济学视角的遵从政策建议

(一) 全面税收成本意识

虽然 A-S 模型自身与税收现实存在不一致的问题，税收管理不能完全按照税收遵从经济理性人假设开展税收活动。但是，通过对于传统经济学研究的分析应该看到，税收行为本身是一种经济行为，税务机关必须用经济思维对待税收管理，其中最重要的一点就是要考虑税收成本。与一般理解不同的是，税收成本包括税收立法成本、税收征收成本、税收遵从成本、税收经济成本等四个方面。税务机关必须树立全面的成本意识，既要充分认识到便捷的税收服务可以降低纳税人的遵从成本，又要时刻注意税制设计可能对经济造成的影响，必须在全面分析测算各方面影响的前提下谨慎出台税收政策。同时，必须降低税务机关行政运行成本。

(二) 提高税务稽查质效

A-S 模型于 1972 年提出，至今已有 46 年历史。随着人们对税收行为的认识越来越深入，A-S 模型严苛的假设条件在研究中被证明存有漏洞，许多相同的研究方法得出了不同的结论，但是仍然不能否认它对税收管理所具有

---

① 关于 A-S 模型在税收征管中存在的异象，笔者将在行为经济学分析中重点论述。

的较高价值。① 其中，A-S 模型证明，稽查率的提高对于促进税收遵从具有正效应，这一结论在本书的模型分析中也得到了验证。因此：一是，考虑到税收稽查成本、对纳税人经营行为的影响等因素，税务稽查率必须保持在一个合理的区间。税务部门必须综合各方面因素，分行业分类型测算稽查率的合理区间，并在此区间内安排税务稽查。二是，要改进稽查方式，学习借鉴先进国家的管理经验，采用尽可能对企业经营影响较小的税务审计方式，降低税务审计或稽查的损失外溢，不断提升税务稽查质效。三是，要创新稽查方式，采取信息化手段开展选案分析，在稽查概率不提升的情况下，稽查准确率提高也将形成更大的威慑性。

（三）保持税收处罚刚性

目前，我国税收执法严肃性不足主要体现在两方面：一是税收征管法对多数税收不遵从行为规定处以 0.5 倍至 5 倍的罚款，但是在实际执行中绝大多数案件处罚标准为少缴或不缴税款的 0.5 倍，甚至更多的专家学者提出可以按照《中华人民共和国行政处罚法》的规定予以减轻处罚，即突破 0.5 倍的下限。有的税务机关行政处罚裁量权基准明确最高处罚为 2 倍，涉嫌违反税收征管法。刑法已经将逃税罪的处罚标准作了原则性规定，并没有制定一个清晰具体的处罚标准。税务管理的现实表明，税务机关越来越重视税收服务的作用，而将税收处罚视为影响征纳关系的因素。二是税收执法刚性不足，税务机关近年来倡导的柔性执法、三步式执法等，加上关系税、人情税现象仍然时有发生，税收执法的严肃性仍然有待改进。我国有必要借鉴先进国家的治理经验，在坚持服务理念的同时，强化经济惩罚的规范性，考虑建立国外常见的税务警察机构，充分发挥给予少数人进行重处罚对违法纳税人的威慑作用。

（四）优化税收管理秩序

我国税收管理存在三个层面的不对接，这些层面在一定程度上的不协调、不融合造成税收管理秩序还有一些需要加以改进的地方。（1）税收立法与税收执法不对接，税制设计在很大程度上靠学习引进西方国家做法，有些重要的税收要素确定有领导者决策现象，造成有些税收制度落地后出现水

---

① 王玉霞，纵凯. 我国逃税行为的经济学分析 ［J］. 财经问题研究，2010（3）：79－85.

土不服的问题，进而导致税收制度层面的不经济结果。（2）税务部门与其他政府部门的沟通配给不够，很大程度上主要依靠税务部门单打独斗进行税收管理，其他相关部门参与的积极性主动性不够，综合治税效果不明显。（3）税收服务与纳税人需求的不匹配，过多强调规范化建设，忽视了对纳税人个性需求的满足。因此，税务机关必须持续优化税收管理秩序，确保税收管理行为以更为经济的形式运行，才能够产生更为经济的调控效果，实现税企双方的经济性共赢。

（五）切实降低税收负担

关于我国纳税负担的问题，研究结果表明，如果按照可比口径①与主要发达国家相比，我国的企业税负较低。但是国内研究结果与国际认知明显不同，世界银行对人均 GDP 和税负进行了统计比较，在主要工业国家和发展中国家中，2009 年我国的企业税负超过发展中国家平均水平。不少学者对税负进行的统计分析和经验分析，结论都是我国当前实际税负和感知税负都比较高。通过模型进行分析也是税负比较的常用方式，黄晶等学者提出，"经济新常态后，最有利于经济增长的中口径税负水平应在 21% 上下。"② 目前我国的实际税负已经超过该最优解，并且有继续上升的态势，如图 2－4 所示。

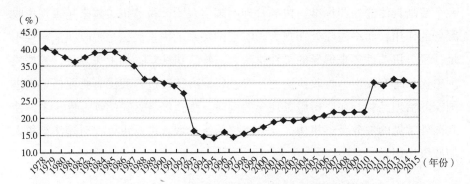

图 2－4　1978～2015 年政府收入（不含债务）负担率

注：政府收入负担率为政府收入与 GDP 的比值。1978～2010 年政府收入为预算收入＋预算外收入；2011～2015 年政府收入为预算收入＋政府性基金＋国有资本经营收入，其中 2011 年国有资本经营收入仅包括中央级收入。

---

① 根据国际货币基金组织和经济合作与发展组织分类体系，社会保障基金纳入税收范畴。

② 黄晶. 我国税负水平及经济新常态下的优化路径研究［D］. 天津：天津财经大学经济学院财政系，2017：107－109.

因此，降低企业税收负担不仅成为回应纳税人需求的必然选择，而且是保持在新常态下经济持续稳定增长的需要。当前，我国正在大力实施减税降费政策，但短期内很难将税收负担降至更有效的合理区间。财税体制改革正在稳步推进，税制改革的方向应当是稳步推进税收负担整体下降。

（六）多维税收规制视野

税收遵从的传统经济学分析给笔者最大的启示就是，此种研究方法在适用方面存在不足，研究结论稳定性不够，甚至自相矛盾的研究结果也大量存在。有的研究将此种异象归结为社会环境的影响，这本身就说明，影响税收遵从水平包括社会文化等更多层面因素。所以，从税收管理实践来讲，必须从综合性、统筹性层面考虑税收遵从问题，实施一项意图促进税收遵从的举措时必须同时考量其与其他层面因素的配合与互动。传统上，我国税收管理习惯于用经济性手段加大对违法者的惩处，比如纳税信用、集中打击税收违法等措施，强调从经济损失层面威慑纳税人，而在税收遵从软环境建设方面重视不够、措施较少。因此，税收管理者对税收问题必须有多维思考的视野，才能摆脱习惯性做法的束缚，促进税收遵从水平有质的提升。

第三章　税收的社会表征
及社会调查

第一节　税收社会表征理论简述

一、社会表征理论与税收社会表征

社会表征理论的提出是社会心理学理论发展的重大成果。虽然归属于社会心理学范畴，但是社会表征理论在社会学、人类学以及相关交叉学科研究中，都有广泛而很有实际作用的应用。[①] 社会表征是以社会文化的有效沟通媒介形式出现的，人们通过某件事物的社会表征而形成相对一致的话题和沟通方式，使得人的心理和所在的社会及其文化形成某种具有共同特征的内在联系，从而促进社会知识的形成、交流和规范。总之，社会表征理论就是用于阐释社会共同认知（社会常识）生产和使用过程的理论。

20 世纪 60 年代初，莫斯科维奇（Serge Moscovici）在社会心理学研究中借鉴社会学概念解决心理与社会整合问题时，在集体表征理论的基础上，将该概念进一步总结为社会表征，将表征的适用范围从小群体扩大至整个社会，该理论最先在莫斯科维奇（Serge Moscovici，1976）的《精神

---

① 张曙光. 社会表征理论述评——一种旨在整合心理与社会的理论视角 [J]. 国外社会科学，2008（5）：19－24.

分析的公众表象》中提出。① 他指出，社会表征可以用于描述某些事物的特征，而这些事物在思维过程、由群体或整个社会共享的一组信念中起决定性作用。莫斯科维奇的后续研究提出，该理论可以将人类心理学和当代社会及文化问题结合起来。莫斯科维奇的研究成果，也被认为是社会表征理论正式成型的标志。瓦格纳（W. Wagner）、乔德莱特（D. Jodelet）、弗拉芒（C. Flament）和莫林娜（P. Moliner）、法尔（R. Farr）等人进行了更为深入和扩展的研究。目前，在社会学和心理学研究中，社会表征理论都是基础性理论框架和标准范式，并越来越多地被应用于其他相关学科和领域的研究之中。

　　简单地说，社会表征是动态的，是在一定时期人们对某一件事物形成的共享性认知、观念和共识，是一种具有社会意义的符号或系统。② 比如说，人们会一致地认为地球是圆的、市场经济是竞争经济等。新表征的形成往往带来革命性观点和规范，但稳定后往往成为创新的阻碍，如图 3 - 1 所示。

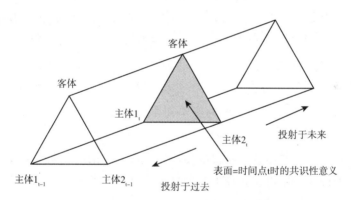

图 3 - 1　社会表征的三角巧克力模型

资料来源：赵蜜. 社会表征论：发展脉络及其启示 [J]. 社会学研究，2017 (4).

　　社会表征理论的焦点，集中在表征概念中集体思维能力的组织和建构问题上，而且认为组织和建构也通过沟通影响形成，表征被看作交流的产物。

---

　　① 莫斯科维奇（Serge Moscovici, 1976）将"社会表征"界定为"某一社群所共享的价值观、观念及实践系统，它兼有两种功能，即其一是为个体在特定生活世界中的生存进行定向，另一则是提供可借以进行社会交换及对生活世界与个体、群体历史进行明晰分类的符号，使人际沟通得以实现"。

　　② 管健，乐国安. 社会表征理论及其发展 [J]. 南京师大学报（社会科学版），2007 (1)：92 - 98.

社会表征的形成就是社会中个体的认识在不断地交流和碰撞中逐渐形成共同的规则和信息，将社会中的行为和事件通过共同认知的架构和命名，为社会交流提供普遍认同的媒介，对于社会发展稳定和社会共同心态的形成具有非常重要的促进作用。社会表征理论提供了表征可见性，并将它作为社会实践意义的解释性框架。社会表征将对象、个人和人们所经历的事情用社会可理解的语言进行通俗化，按照社会习惯将该事件描述成固定的模式，并归到相对应的类别中，通过一个个事件的归类逐步建立起归类规则和秩序，对事件的认知也成为社会中大多数人所共同秉承的观点，人们在这一框架中可简化交流过程而不影响交流效果。

在传统社会，人的流动性不强且人的认知较为同质化，社会表征的研究意义不大。随着人类社会的不断演化和发展，社会的结构与以往相比更加复杂，而且社会变革的速度越来越快，人的思想呈现多极化、多样性特点。社会管理者必须准确了解社会的整体认知和态度，才能使得管理工作更有针对性。而且，大众传媒加速了知识和信息传播，人们出于生产和生活的需要，开始越来越多地与社会及其他人产生沟通和联系，不可避免被作为参与者共同对社会知识和社会认知进行加工和生产，而且人们也必须主动融入社会表征的建构当中，才能在社会中可以按照默认的规则行事。另外，需要特别予以注意的是，在社会表征理论中并没有永远适用的真理，社会表征是随着社会发展和变革而不断变化的，是社会矛盾和冲突作用的结果。

就我国税收实践而言，对税收的表象性认知以法治、荣誉和强制性为基本特征，纳税光荣使得税收成为一种具有道德性质的义务。税收管理中，我国税务机关更加侧重于对税收征管和服务认可度的关注，对于税收的性质、税收的使用、税收道德等因素涉及较少，而这些因素按照社会心理学理论的观点非常影响税收遵从决策的选择。本书后续章节将专门从社会心理学视角对税收遵从进行分析，本章的分析及社会调查目的是，既了解税收遵从水平，也为后文研究提供现实基础和切入点。

税收社会表征与税收认知、税收知识相关但又不同，税收社会表征呈现共同意志性、文化性和道德评价的属性，这种社会共识对纳税人的税收遵从决策具有内在规范作用。

税收社会表征的作用就在于，社会成员在这种表征呈现中形成与社会整体大致相同的认识，即使有个别的不同看法也是很难成为自身行为的有力依据，人们会按照社会表征来评价和判断一个行为的性质。对纳税人群体①遵从决策影响更为直接的是，人们会按照社会表征的指引决定个人的行为方向。税收社会表征的共同性并不是权力机关单独设计和明确的，而是社会中的各个层面共同作用的结果，是知识、经验、认识和信息接受与传递等各种要素的集成，这对税收遵从的影响是十分需要关注的。

本书之所以将税收的社会表征引入研究范畴，主要考虑是：就目前的税收管理而言，税务机关与纳税人处于具有一定对抗性的群体地位，纳税人对税收认知的构建过程，与税务机关的税收意识构建并行。两个社会表征的形成过程，对方较少有机会直接参与其中，而只是作为本群体税收社会表征构建的信息因素影响着表征形成。尤其对于税务管理者来说，纳税人群体的税收社会表征能够解释纳税遵从的理由和决策深层次原因，但是对于这部分信息，税务机关是较少关注而且很难通过行政管理行为获取的。所以，非常有必要按照社会表征理论的指导，对税收社会表征进行客观的调查与研究。这里的客观是指不受操控的调查方法，人的认识都是主观的，但是在形成社会表征过程中，人们有必要将其视为客观情况，这对于了解税收社会表征的认知是否存在错位问题，是十分重要且必要的。

二、税收的主观知识和心理概念

在对社会调查情况进行分析之前，虽然关于税收主观知识的研究尚未形成统一的观点和体系，但是仍然可以按照普通认知逻辑，将其作为人们对税收进行评价、自主决定税收遵从行为的基础和需要考量的基本要素。可以将税收主观知识和税收心理概念统称为税收常识认知，主要包含税收知识水平和税收心理认知两个方面。一方面，主要是纳税人对税收制度和税收管理的熟悉程度。另一方面，是对税收性质的理解和认同程度，这对于理解纳税人的行为动机是非常重要的。

税收认知是属于税收社会表征的一部分。税收认知水平实际上并不关注人们对税收制度的认识是否准确，而是这些知识是如何在纳税人个体和群体中进行组织并影响税收遵从决策的。而税收心理概念主要是人们对税收的看

---

① 关于纳税人群体问题参见本书第五章相关内容。

法，同样也不是税收事实本身，人们的态度、判断和行为倾向更多地受到他们看法的影响，本书将上述两方面作为税收社会表征的重要方面和影响决策的重要因素。

（一）国外认知现状

研究显示，在税收知识方面，无论是成年人还是年轻人，在税收领域都缺乏应有的了解和理解。[①] 一项针对澳大利亚纳税人的调查发现，只有12.4%的人可以填写大部分纳税申报表。[②] 这些研究结果都表明，税收知识不足在国际范围内都是广泛存在的问题。税法复杂是造成税收知识不足的重要原因，纳税人认为税收没有发挥应有的社会作用并对税法失去信心和兴趣。[③] 事实上，大多数人并不像税务机关认为的那样对财政政策很关注。[④]除了概念性的理解不多，具体到更专业的税收内容上，纳税人往往知识更加贫乏。有些研究将税收知识与税收遵从关联起来，税收知识与税收遵从正相关的结论在很多学者的研究中得到验证。在不同国家的几项研究中发现，不太复杂的税制和较高的税收知识对税收遵从能够产生积极的影响。[⑤] 在主观概念方面，尽管多数人承认税收在维护社会公共服务方面具有重要意义，但是人们并未理性地对税收给予正面评价而是表示反感。[⑥] 企业家把税收看成对其自由的剥夺，是对劳动的惩罚与妨碍。[⑦]

---

① Furnham A. . Understanding the meaning of tax: Young peoples' knowledge of the principles of taxation [J]. Journal of Socio-Economics, 2005 (5): 703 – 713; McKerchar M. . Understanding amall business taxpayers: Their sources of information and level of knowledge of taxation [J]. Australian Tax Forum, 1995 (1): 25 – 41.

② Sakurai Y. , Braithwaite V. . Taxpayers' perceptions of practitioners: Finding one who is effective and does the right thing? [J]. Journal of Business Ethics, 2003 (4): 375 – 387.

③ McKerchar M. . The study of income tax complexity and unintentional noncompliance: Research method and prelininary findings, ATAX Discussion paper. University of Sydney, Orange, Australia.

④ Lewis A. . An empirical assessment of tax mentality [J]. Public Finace, 1979 (2): 245 – 257.

⑤ Clotfelter C. . Tax evasion and tax rates: An analysis of individual returns [J]. The Review of Economics and Statistics, 1983 (3): 363 – 373; Groenland E. A. G. , Van Veldhoven G M. . Tax evasion behavier: A psychological framework [J]. Journal of Economic Psychology, 1983 (2): 129 – 144.

⑥ Berti C. , Kirchler E. . Contributi ecomtribuenti: Unaricerca sulle rappresentazioni del sistema fiscale [J]. Giornale Italiano di Psicologia, 2001 (3): 595 – 607; Kirchler E. . Defferential representations of taxes: Analysis of free associations and judgment of five employment groups [J]. Journal of Socia-Economic, 1998 (27): 112 – 131.

⑦ Kirchler E. . Defferential representations of taxes: Analysis of free associations and judgment of five employment groups. Journal of Socia-Economic, 1998 (27): 112 – 131.

（二）国内认知现状

有的学者将税收认知按照征税主体、纳税主体和各级政府与相关部门划分为三类，并认为纳税人的税收认知水平影响税收管理的质量和效率，并直接影响其是否按照税法规定及时足额缴纳税收。[①] 张磊提出税率、税制复杂性、财政不透明、税收增长等因素影响纳税人税感，并通过问卷调查和实证分析方式予以验证。[②] 调查显示，当前我国居民的税收认知程度整体偏低，并且不同群体对税收的看法在很大程度上存在直接而且激烈的冲突，这也意味着当前税收的社会表征是多元化的，收入水平不同、教育层次差异、直接税和间接税的区别，使得人们对税收的认知呈现明显的差异性。[③] 总体而言，当前我国纳税人的税收认知程度不高，税收意识需要进一步提高。关于税收的主观概念，无论是税务机关还是专家学者都较少涉及这方面的调查与理论研究。

三、税收态度与税收道德

税收态度是指对逃避税行为的观点，税收道德[④]是对逃避税行为给予的道德评价和判断，二者紧密相关同时也有区别。税收态度侧重于实然的决策，税收道德侧重于应然的判断。税收态度和税收道德之所以重要，其实在讨论这个问题时隐含着这样的假设：如果一个人对税收的评价较高，那么他就有更大的可能性选择税收遵从；相反，如果他对税收的负面评价更多，则可能有较大的概率选择偷逃税。无论是从总的社会层面还是个体决策层面，税收道德概念都是纳税人固有的税收遵从动机，遵从往往源于强烈的责任感和义务感。关于这个假设，将在后文的社会调查中进行检验。

---

① 杨国政. 税收认知对税务管理实践的作用 [J]. 税务研究，2001 (2)：61-63.
② 张磊. 我国公民纳税人税感问题研究 [J]. 中央财经大学学报，2014 (5)：11-17.
③ 陈力朋，郑玉洁. 我国居民的税收认知程度：现状、差异与政策启示 [J]. 税收经济研究，2015 (5)：29-34.
④ 莫尔德斯 (Schmölders) 将其定义为：纳税人部分或全体在履行或忽视他们纳税义务这个问题上的态度；它固定于公民的税收心态和作为公民的意识，是他们接受纳税义务和承认国家统治的基础。

（一） 国外情况

关于税收态度和税收道德的结论可能出乎意料，与从道德层面强调税收意义的初衷截然相反。对税收持怀疑态度的现象并不少见，即使是收入很少且基本不会发生纳税义务的人群同样也认为应该减税。[①] 有的研究主要考察人们对典型纳税人、诚实纳税人、逃税者的态度，研究结果发现人们对逃税者有着相当积极的评价。[②] 在德国，大约只有四分之一的人会将逃税者看成不道德的小偷或者骗子。[③] 同样，在其他国家这一看法也普遍存在。[④]

社会学研究表明，年轻人和男性对逃税具有较高的包容度[⑤]，而这类群体往往是最主要的纳税人。关于税收态度和税收行为的关联，多数观点认为按照社会心理学的概念，态度决定或者影响行为。但是在税收领域，尽管自我申报的比例非常高，但是仍然有4% ~8%的差异无法解释。[⑥] 但是，即使是这样，仍然可以预测，如果税收态度变得更加糟糕，人们的逃税行为就会更普遍。[⑦] 一般来讲，税收道德与税收遵从正相关，整体来看税收道德水平和影子经济负相关。[⑧]

（二） 国内情况

中国传统文化十分关注道德概念，因此我国税收管理实践非常注重税收

---

① Schmölders G. . Das Irrationale in der öffentlichen Finanzwritschaft. Frankfurt am Main，DSuhrkamp.

② Kirchler E. . Differential representations of taxes：Analysis of free associations and judgments of five employment groups ［J］. Journal of Socio-Economics，1998（27）：117 – 131；Berti C. ，Kirchler E. . Contributi ecomtribuenti：Unaricerca sulle rappresentazioni del sistema fiscale ［J］. Giornale Italiano di Psicologia，2001（3）：595 – 607.

③ Schmölders G. . Finanzwissenschaft und Finanzpolitik. Tubingen，D：J. c. B. Mohr（Paul Siebeck）.

④ Song Y. D. ，Yarbrough T. E. . Tax ethics and taxpayer attitudes：A survey ［J］. Public Administration Review，1978（5）：442 – 452；Vogel J. . Taxation and public opinion in Sweden：An interpretation of recent survey data ［J］. National Tax Journal，1974（27）：499 – 513.

⑤ Orviska M. ，Hudson J. . Tax evasion，civic duty and the law abiding citizen ［J］. European Journal of Political Economy，2002（19）：83 – 102.

⑥ Elffers H. ，Weigel R. H. ，Hessing D. J. . The consequences of different strategies for measuring tax evasion behaviour ［J］. Journal of Economic Psychology，1987（3）：311 – 337.

⑦ Lewis A. . The psychology of taxation. Oxford，UK：Martin Robertson，1982.

⑧ Brainthwaite V. ，Ahmed E. . A threat to tax moral：The case of Australian higher eduction policy ［J］. Journal of Economic Psychology，2005（4）：523 – 540.

道德宣传，纳税光荣就是这一文化传统的实践化。税收道德作为内化于心的社会规范，反映了个人在纳税方面的认识、态度和价值观，人们如果将税收遵从视为道德标准的一个方面，则会有更高的概率选择依法纳税。① 有的学者将税收道德分为税务工作人员道德和纳税人道德两个层面，认为税务工作人员的道德主要体现在对税法的正确理解和执行上，同时在税收管理中要注重对纳税人权利给予必要而且便利的保护。在纳税人的道德方面，则体现为对税法的尊重与遵守，在这方面是存在一些不容忽视的问题的，比如偷逃税现象比较严重，人们的税收观念相对于发达国家而言不够浓厚，违反税收管理秩序的行为较为普遍。② 有的学者运用数理分析的形式对税收道德和税收遵从的关系进行了研究，得出的结论是具有正相关关系。有的研究表明，税收道德对纳税人的心理有直接的影响，这种影响会因为个体不同和对社会因素及其他因素的反应而有差异，但是都会在一定程度上对纳税人的行为决策造成一定影响。③ 在税收道德形成的过程中，税收公平与正义是人们考量的一个重要方面，人们不仅会从税收制度的公平性上对税收进行评价并影响遵从决策，纳税人更可能从税收执法的直接感受中形成对税收的认知，并以此为因素而选择遵从行为。④ 从某种程度上讲，税收立法毕竟具有一定的评价难度，需要具备一定的认知和知识储备，但是对税收执法的直接感受是更为容易的，因此其影响税收社会表征形成的可能性更大。

四、税收遵从的行为控制：感知和决策

前文所分析的税收主观知识和心理概念、税收态度和税收道德主要是基于纳税人个体的内心确认而可能影响税收遵从水平。税收行为实际上是个体行为和社会行为的混合，人们既需要基于自身的收益作出申报或者不申报的选择，也会根据对税收的感知进行综合判断，这种来自外部环境的信息获取很可能从更大程度上影响纳税人的遵从选择。社会表征的形成就是个体表征融合构成集体表征再进化为社会共同认知。因此，考察纳税人受外部环境影

---

① 谷成. 基于税收遵从的道德思考［J］. 税务研究，2012（6）：67 – 70.
② 孙利军. 税收道德建设与控制［J］. 中国税务，2003（9）：50 – 51. 这种对税收道德的定义与本书研究的概念有所不同。
③ 邓保生. 税收道德与遵从行为的关系研究［J］. 税务研究，2008（10）：83 – 85.
④ 张仲芳，李春根，舒成. 税收公平与税收遵从［J］. 税务研究，2015（12）：119 – 120.

响即感知到的税收和逃税对其行为形成的作用是非常有必要的。纳税人感知包括以下几个方面：

一是社会整体税收遵从情况。在后文将专门论述税收遵从中的从众行为，并将通过实验的方式予以检验。在此重点从理论基础的层面进行论述，既确保社会表征的完整性，又为后文分析奠定理论基础。感知到的社会遵从情况实际上在纳税人的内心形成社会规范。税收道德和个体概念是个人规范的范畴，而对社会的感知则形成社会规范在内心的映照。纳税人如果确认依法纳税真正被树立为社会美德并得到共同遵守，那么他就有非常大的可能选择税收遵从。因此，税务机关应当在社会层面传播税收的社会群体规范。①

二是逃税机会。逃税机会的感知包括两个方面：①逃税的复杂程度，能够通过精细的筹划将税收规避行为形式化成不易被发现漏洞并查处的行为的可能性越大，逃税机会就越大。因此，税收筹划与逃避税行为成为争议的焦点。但是，这一层面更多取决于纳税人的个体判断。②税务机关行为对纳税人决策的影响，具体来说主要集中于稽查率、罚金、税率等具体税收要素的感知上。有些税收要素属于税法明确规定的内容，有些依赖于税务机关的自我决策和经验，还有一些规定了幅度而需要税务机关进行自由裁量。即使是明确规定的内容也存在执行严肃性的问题，因此纳税人对上述内容的感知，特别是对稽查可能性和处罚力度的感知，很明显会影响税收社会表征的形成。

三是税收负担的比较。第一层税收负担感知是个体间的税负比较，包括个体纳税人与个体纳税人之间、企业纳税人与企业纳税人之间，同时也存在个体纳税人与企业纳税人的税负比较感知。另外，个体不同时期缴税情况也可能成为比较的对象，这两方面也就是税法上强调的横向公平和纵向公平问题。另外，可能影响社会表征形成的一个重要因素是税收筹划能力区别造成税负差别较大的感知。第二层税收负担感知是区域差别感知，包括国内差别感知和国际差别感知，相对而言国际间税负差别感知对税收社会表征的影响更大。

---

① Taylor N.. Understanding taxpayer attitudes through understanding taxpayer identities. In V. Braithwaite（Ed.），Taxing democracy. Understanding tax avoidance and evasion（pp. 71 – 92）. Hants, UK：Ashgate.

第二节　税收社会表征调查描述性分析及检验

一、问卷设计与资料来源

问卷调查是社会调查的一种数据收集方式。前文曾经提到，本书写作目的是从深层次挖掘纳税人税收遵从或不遵从的原因，重点是纳税人的行为和心理原因，这种目标完全依赖理论探索和模型推演是无法实现的，必须要有经验依据作支撑才能更有说服力。因此，为准确把握纳税人的行为与心理，笔者围绕本书写作内容设计了有关税收遵从行为和影响因素的调查问卷，并实际开展了问卷调查和填写工作。

税收社会表征调查问卷整体上设计32道题目，其中1～8题为纳税人基本情况问题，主要了解受访者身份、年龄、税收经验等基本概况，既能通过网络平台和纸质问卷回收的实时数据统计适当调整调查人群方向，以确保调查结果能够克服群体限制影响客观性等风险，又能为更深入细致的税收遵从分析提供多维视角，这也是问卷调查一个非常重要的方面。9～32道题为调查问卷的主要调查内容，问题设计的主要目的和考虑后文再作详细分析。

2017年7～9月，笔者主要以两种方式就本问卷开展了较为广泛的社会调查。（1）通过腾讯调查（https：//wj.qq.com）① 以网络形式进行在线调查，收回调查问卷1000份；（2）在税务机关、其他行政机关、高等院校、会议场所、企业地点等区域发放纸质问卷300份，收回220份。通过对收回的调查问卷进行梳理统计，剔除了应付式填答和缺失值较多的问卷，实际有效问卷1169份，有效率95.8%。从省域来源看，填写有效问卷较多的天津市456份、山东省123份、北京市95份、辽宁省94份、浙江省76份、广东省41份，具有较为广泛的地域分布。

用吉斯福德（Guisford）② 的观点对本次社会调查的有效性进行检验。

---

① 腾讯问卷是腾讯公司推出的专业问卷调查系统。
② 美国心理学家，主要从事心理测量方法、人格和智力等方面的研究。

克朗巴哈系数法（Gronbach's Alpha）[①] 是对此类调查数据进行信度检验的通用标准。本书运用统计产品与服务解决方案（SPSS），对各个变量的 Gronbach'α 值进行测算，结果均为 0.7051 以上。按照克朗巴哈系数法的标准，如果测算值大于 0.70，则表明该调查的数据具有较高的可信度，因此后文依据调查数据开展分析具有一定的可信度和科学性。

二、受访者的属性分析

税收遵从社会调查的角度很多。从纳税人身份特征看，常用的调查维度包括性别、年龄、年收入水平、教育程度等，有些社会调查主要就受访者身份与税收遵从认知的关系进行调查，有些社会调查将其作为调查的基础数据，并不作深入分析。本调查亦将此类内容纳入调查范围，虽然本书主要目的是考量税收遵从整体认知和决策，但后文也会就受访者身份特征开展税收分析，但是并非本社会调查的主要目的。在本节，先将主要情况及特别考虑说明如下，为后文的分析明确口径和思路。受访者基本情况如表 3-1 所示。

表 3-1 受访者基本情况统计

信息类别	具体选项	受访者数量（人）	占比（%）
职业	税务机关工作人员	134	11.4
	政府或事业单位工作人员（非税务机关）	341	29.2
	企业控制或高级管理人员	84	7.2
	财务工作人员或财税专业人士	107	9.2
	工薪阶层人员或自由职业者	243	20.8
	学生	130	11.1
	其他人员	130	11.1
性别	女性	685	58.6
	男性	484	41.4

---

① 检视信度的一种方法，由李·克朗巴哈在 1951 年提出。它克服了部分折半法的缺点，是目前社会科学研究最常使用的信度分析方法。

续表

信息类别	具体选项	受访者数量（人）	占比（%）
年龄	20 岁及以下	82	7
	21 岁至 30 岁	348	29.8
	31 岁至 40 岁	559	47.8
	41 岁至 50 岁	139	11.9
	51 岁及以上	41	3.5
年收入水平	6 万元及以下	447	38.3
	6 万元至 20 万元	587	50.2
	20 万元至 50 万元	110	9.4
	50 万元至 100 万元	20	1.7
	100 万元以上	5	0.4
学历程度	高中（中专）及以下	112	9.6
	大学专科或本科	712	60.9
	硕士研究生及以上	345	29.5
宗教信仰	有	114	9.8
	没有	1 055	90.2
办税经历	有	400	34.2
	没有	769	65.8
办税能力	能	341	29.2
	不能	291	24.9
	需要专业人士帮助	255	21.8
	未填写过	282	24.1

（一）受访者的职业情况

目前关于税收遵从行为的研究，一些学者采取了问卷调查的方式，但是调查对象类型相对较为单一（如只调查学生或企业经营者），本书的调查对象相对广泛。主要分为税务机关工作人员、政府或事业单位工作人员（非税务机关）、企业控制或高级管理人员、财务工作人员或财税专业人士、工薪阶层人员或自由职业者、学生和其他人员七类，主要考虑是尽量将受访者类型多元化，全面调查税收专业人士、政府管理者、高收入人群、名义非实际纳税人（学生）、高层次纳税人等人群的税收遵从态度与决策，使数据更有科学性，如图 3 - 2 所示。

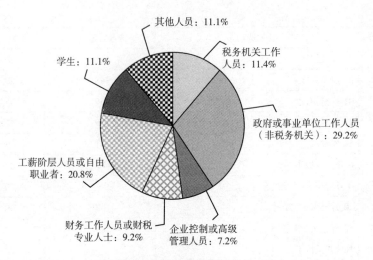

图 3 - 2　受访者职业情况

（二）受访者的其他情况

受访者的性别、年龄、年收入水平等方面分布较为均衡，但从教育水平看教育层次较低人群（高中及以下）的占比偏低，仅为 9.6%，对调查数据的符实性可能具有一定影响，如图 3 - 3 所示。

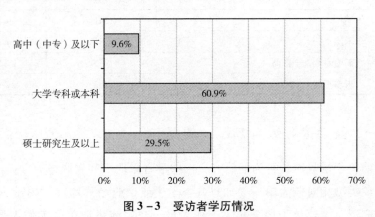

图 3 - 3　受访者学历情况

（三）办税经历和办税能力因素的考虑

讨论对税收的认知，必须认识到实际纳税人和名义纳税人、直接纳税人和间接纳税人的区分。如果调查群体过于单一，由于对税收的感受和认知具有局限性，很可能影响调查结果。因此，在此次调查中，通过调整问卷发放人群范围的方式，充分考虑办税经历和办税能力因素。从本次调查结果看，有办税经历的受访者达到34.2%，远远高于实际纳税人和直接纳税人整体水平，因此税收调查结果更接近根本真实性。而办税能力的四个选项占比比较均衡，使得此次调查更加具有说服力，如图3-4所示。另外，从调查结果看，办税经历和办税能力对税收不遵从倾向的影响不明显，由于并非本书的研究重点，不再作详细分析，后文也较少涉及这方面分析。

您是否曾经到税务机关办理纳税业务？

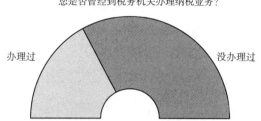

您是否能够自行填写纳税申报表？

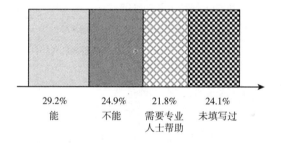

| 29.2% | 24.9% | 21.8% | 24.1% |
| 能 | 不能 | 需要专业人士帮助 | 未填写过 |

图3-4 受访者办税经历和办税能力情况

三、问题设计主要考虑

调查问卷的第二部分为此次调查的主体部分，是使用李克特量表法设计的纳税遵从相关问题，主要分为税收遵从影响因素和税收遵从意愿两个部分，主要是考虑将税收遵从影响因素的调查结果与遵从意愿进行比较分析。

第二部分共设计24个问题，分为税收知识掌握、税负公平感受、税收道德衡量、税收使用程度、税收环境和遵从主观意愿等六个维度，具体问题设计和维度分类，如表3-2所示，主要目的是调查影响税收遵从的因素和纳税人决策意愿情况。

表 3 – 2   问题设计维度

问题维度	具体问题
税收知识掌握	您了解中国的税法与税制吗？
	您认为税收制度复杂吗？
	您关心税收领域的事情吗？
	您认为税收的意义重要吗？
税负公平感受	您认为富人与大公司逃税（避税）能力更强吗？
	您认为税收优惠只让少数企业和个人收益吗？
	您认为税务机关征税公平程度如何？
	您认为自己的税收负担重吗？
税收道德衡量	您认为逃税是聪明人和富有冒险精神人的游戏吗？
	您尊重和信赖税收吗？
	您尊重和信赖税务机关吗？
	您认为逃税是一件很不道德的事情吗？
税收使用程度	税收有没有做到取之于民用之于民？
	您认为税款的使用透明吗？
	您认为税款的使用合理（有浪费）吗？
	如果有更好的公共服务，您愿意缴更多的税吗？
纳税环境感知	您认为身边有多少人选择避税？
	您认为大部分喜欢税收吗？
	您认为税务机关能够容忍避税吗？
	您认为税务机关很难发现人们的逃税行为吗？
纳税遵从意愿	您有过少缴税款的经历吗？
	您会因为身边人都选择避税，所以自己也会避税吗？
	您认为逃税是出于经济原因吗？
	如果有机会又没有危险，您会选择避税吗？

问题设计基本涵盖本书研究的主要方向，总体来看较为全面。具体来讲，为检验税收知识掌握，设计了解税法、关心税收领域、税收意义等四个问题。税负公平感受，设计了对税制满意程度、税收优惠受益方、税收负担程度感受、逃税能力等四个问题。税收道德衡量，设计了逃税状况评价、对税务机关及税收评价、对逃税的道德评价等四个问题。税收使用程度，设计了税收的来源与目的、税款使用的透明和合理程度、对提供服务与多缴纳税款间关系的评价等四个问题。纳税环境感知，设计了周围人纳税评价、周围

人纳税自觉程度、税务机关对逃税的容忍度、税务机关稽查逃税漏税能力等四个问题。纳税遵从意愿评估，设计了逃税情况、逃税原因、逃税情景测定等四个问题。

四、税收遵从意愿调查结果分析

调查问卷设计的 24 道题目，除第 20 题"您认为逃税是一件很不道德的事情吗"，由于问题的特殊性设置有 4 个选项外，其他所有问题均设置 5 个选项。选项按照非常积极评价、比较积极评价、一般积极评价、比较不积极评价、非常不积极评价 5 种类型设置，根据题目的具体内容设置个性化选项。在本节调查结果的分析中，虽然问题的方向和具体内容不同，笔者将对税收遵从影响最为积极的选项（即促进税收遵从的选项）赋予 5 分分值，对税收遵从影响最为负面的选项赋予 1 分分值，其他可选项依序赋值为 4 分、3 分和 2 分。第 20 题由于选项设计问题，分别被赋 5 分、3.75 分、2.5 分、1.25 分。

（一）纳税遵从意愿总体情况

笔者将表 3 - 2 中的"纳税遵从意愿" 4 道调查问题的均值作为受访者纳税遵从意愿情况的调查结果，并依然按照李克特量表法将 5 级结果分别对应如下：非常遵从 5 分，比较遵从 4 分，一般遵从 3 分，比较不遵从 2 分，非常不遵从 1 分，则可以得到如下结论：从总体上看，1169 份调查问卷的"纳税遵从意愿"类四个问题的均值为 3.30，即全部受访者的纳税遵从水平仅略微超过"一般"水平，如图 3 - 5 所示。

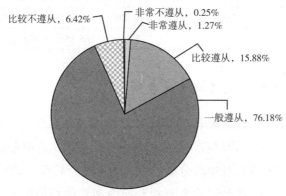

图 3 - 5　纳税遵从意愿总体情况

在数据处理中，将所有回收的调查问卷均值四舍五入至整数后，可以看到总体的遵从程度分布如上图所示。具体来看，非常遵从与非常不遵从的比例分别仅为 1.27% 和 0.25%，大部分被调查者的纳税遵从意愿均不高，落入"比较遵从"和"非常遵从"的受访者仅占受访者总数的六分之一左右，76.18% 的受访者遵从意愿一般。

（二）分性别纳税遵从意愿分析

笔者按照性别对调查结果进行分析发现，男性的"纳税遵从意愿"类 4 题均值为 3.25，女性均值为 3.33。使用独立样本 T 检验对不同性别的受访者进行测试，结果的显著性程度 < 0.05，可以认为性别对于纳税遵从程度具有显著的影响。从结果上看，女性受访者中"比较遵从"的比例明显高于男性，而"比较不遵从"则明显低于男性。可以认为女性的纳税遵从度比男性更好，如表 3 - 3 所示。

表 3 - 3　　　　　　　　分性别纳税遵从意愿分析结果

组统计

	性别	数字	平均值（E）	标准偏差	标准误差平均值
遵从度均值	女	685	3.3274	0.52378	0.02001
	男	484	3.2515	0.58591	0.02663

独立样本检验

		列文方差相等性检验		平均值相等性的 t 检验				
		F	显著性	t	自由度	显著性（双尾）	平均差	标准误差差值
遵从度均值	已假设方差齐性	6.432	0.011	2.320	1 167	0.021	0.07582	0.03268
	未假设方差齐性			2.276	965.153	0.023	0.07582	0.03331

（三）分年龄纳税遵从意愿分析

从年龄上看，不同年龄段的受访者"纳税遵从意愿"类 4 题调查结果均值如表 3 - 4 所示，可以看出各年龄段的受访者遵从意愿差别不大。

使用 ANOVA 方式对年龄分组的组间差异进行检验，结果如表 3 - 5 所示。可以看出，4 组数据间的方差相等检验和总体均值检验的 P 值均大于 0.05，表示四个年龄分组的纳税遵从度之间并不存在显著差异。

表 3 - 4　　　　　　　　　　　分年龄纳税遵从意愿

年龄组别	"纳税遵从意愿"均值
20 岁以下	3. 23
21 岁到 30 岁	3. 27
31 岁到 40 岁	3. 32
41 岁到 50 岁	3. 31
50 岁以上	3. 30

表 3 - 5　　　　　　　　分年龄纳税遵从意愿分析结果

方差同质性检验

遵从度均值

Levene 统计	df1	df2	显著性
0. 720	4	1 164	0. 578

ANOVA

遵从度均值

	平方和	df	均方	F	显著性
组之间	0. 755	4	0. 189	0. 620	0. 648
组内	354. 336	1 164	0. 304		
总计	355. 091	1 168			

(四) 受教育程度对纳税遵从意愿的影响

从受教育程度上看，不同受教育程度受访者的"纳税遵从意愿"类 4
题调查结果均值分别为：高中 3.18、专科或本科 3.30、研究生以上 3.33。
可以看出，纳税遵意愿在总体上随受教育程度的提升而改善。以各题均值考
量，研究生及以上组别的调查者在所有受访者中纳税遵从度最佳，如表 3 - 6
所示。

表 3 - 6　　　　　受教育程度对纳税遵从意愿的影响分析结果

方差同质性检验

遵从度均值

Levene 统计	df1	df2	显著性
2. 736	2	1 166	0. 065

续表

ANOVA

遵从度均值

	平方和	df	均方	F	显著性
组之间	1.823	2	0.911	3.008	0.050
组内	353.268	1 166	0.303		
总计	355.091	1 168			

事后检验
多重比较

因变量：遵从度均值
Tukey HSD

(I) 受访者 教育程度	(J) 受访者 教育程度	平均差 (I－J)	标准错误	显著性	95% 置信区间	
					下限值	上限值
高中或以下	大学本科或专科	－0.11437	0.05595	0.102	－0.2457	0.0169
	硕士及以上	－0.14667 *	0.05986	0.038	－0.2872	－0.0062
大学本科 或专科	高中或以下	0.11437	0.05595	0.102	－0.0169	0.2457
	硕士及以上	－0.03231	0.03611	0.644	－0.1170	0.0524
硕士及以上	高中或以下	0.14667 *	0.05986	0.038	0.0062	0.2872
	大学本科或专科	0.03231	0.03611	0.644	－0.0524	0.1170

＊. 均值差的显著性水平为 0.05。

以 ANOVA 方式进行检查可以发现，三组间的方差相等检验是显著的，即三组间差异显著。进一步，经过 Turkey 方式，对三组间的差异进行后续检验后可以发现，"研究生以上"和"高中及以下"两组在 5% 的水平下显著，而"大学本科或专科"与上述两组是不显著的。这也进一步说明，受教育水平虽与税收遵从意愿存在影响关系，但随着教育水平的不断升高，这种影响在逐步减弱。从前文提到的三组均值水平的变动上，也可以印证这种规律。

（五）收入水平对纳税遵从意愿的影响

不同收入组别受访者的"纳税遵从意愿"调查结果均值分别为：低于6万元为 3.28、6 万~20 万元为 3.33、20 万~50 万元为 3.20、50 万~100 万元为 3.15、100 万元以上为 2.80，如图 3－6 所示。

使用 ANOVA 方式进行组间差异检验的结果如表 3 - 7 所示。可以看出 5 组数据间的方差相等检验和总体均值检验均在 5% 水平上显著,即不同分组间存在显著组差异。

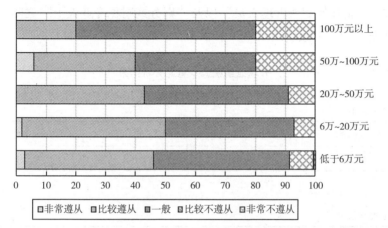

图 3 - 6 收入水平对纳税遵从意愿的影响

表 3 - 7   受教育程度对纳税遵从意愿的影响分析结果

方差同质性检验

遵从度均值

Levene 统计	df1	df2	显著性
4.472	4	1 164	0.001

ANOVA

遵从度均值

	平方和	df	均方	F	显著性
组之间	3.397	4	0.849	2.811	0.024
组内	351.694	1 164	0.302		
总计	355.091	1 168			

(六) 分职业纳税遵从意愿分析

不同职业受访者的"纳税遵从意愿"调查结果均值如下:税务机关工作人员 3.36、政府或事业单位人员 3.05、企业控制或管理人员 2.86、财务或专业人员 3.11、工薪或自由职业 2.99、学生 3.26、其他 3.08。依均值评价,则税务机关工作人员和学生的纳税遵从意愿较高,而企业控制或管理人员纳税遵从意愿较低。

使用 ANOVA 方式进行组间差异检验的结果如表 3 - 8 所示。虽然均值检验显示组间差异在 1% 水平上显著，但方差检验的显著性 P 值 >5% ，证明组间差异并不明显，使用 Turkey 方式的后续检验可以看出，"政府机关公务人员""企业控制或管理人员"以及"财务或财税专业人士"之间的遵从意愿差异显著，其余各组间差异不显著。

表 3 - 8　　　　　　　　　分职业纳税遵从意愿分析结果

方差同质性检验

遵从意愿均值

Levene 统计	df1	df2	显著性
1. 297	6	1 162	0. 256

ANOVA

遵从意愿均值

	平方和	df	均方	F	显著性
组之间	7. 745	6	1. 291	4. 319	0. 000
组内	347. 346	1 162	0. 299		
总计	355. 091	1 168			

多重比较

因变量：遵从意愿均值
Tukey HSD

(I) 职业	(J) 职业	平均差（I - J）	标准错误	显著性
税务机关 工作人员	政府工作人员	- 0. 12804	0. 05574	0. 246
	企业管理人员	0. 14588	0. 07609	0. 469
	财务人员或财税专业人士	0. 07334	0. 07088	0. 946
	工薪或自由职业	- 0. 04063	0. 05883	0. 993
	其他	- 0. 05431	0. 06731	0. 984
	学生	0. 03223	0. 06731	0. 999
政府工作人员	税务机关工作人员	0. 12804	0. 05574	0. 246
	企业管理人员	0. 27391 *	0. 06660	0. 001
	财务人员或财税专业人士	0. 20137 *	0. 06058	0. 016
	工薪或自由职业	0. 08741	0. 04590	0. 478
	其他	0. 07373	0. 05636	0. 848
	学生	0. 16027	0. 05636	0. 068

续表

（I）职业	（J）职业	平均差（I - J）	标准错误	显著性
企业管理人员	税务机关工作人员	- 0.14588	0.07609	0.469
	政府工作人员	- 0.27391 *	0.06660	0.001
	财务人员或财税专业人士	- 0.07254	0.07970	0.971
	工薪或自由职业	- 0.18651	0.06920	0.100
	其他	- 0.20018	0.07654	0.122
	学生	- 0.11364	0.07654	0.754
财务人员或财税专业人士	税务机关工作人员	- 0.07334	0.07088	0.946
	政府工作人员	- 0.20137 *	0.06058	0.016
	企业管理人员	0.07254	0.07970	0.971
	工薪或自由职业	- 0.11397	0.06343	0.551
	其他	- 0.12764	0.07137	0.556
	学生	- 0.04110	0.07137	0.997
工薪或自由职业	税务机关工作人员	0.04063	0.05883	0.993
	政府工作人员	- 0.08741	0.04590	0.478
	企业管理人员	0.18651	0.06920	0.100
	财务人员或财税专业人士	0.11397	0.06343	0.551
	其他	- 0.01368	0.05941	1.000
	学生	0.07286	0.05941	0.884
其他	税务机关工作人员	0.05431	0.06731	0.984
	政府工作人员	- 0.07373	0.05636	0.848
	企业管理人员	0.20018	0.07654	0.122
	财务人员或财税专业人十	0.12764	0.07137	0.556
	工薪或自由职业	0.01368	0.05941	1.000
	学生	0.08654	0.06781	0.863
学生	税务机关工作人员	- 0.03223	0.06731	0.999
	政府工作人员	- 0.16027	0.05636	0.068
	企业管理人员	0.11364	0.07654	0.754
	财务人员或财税专业人士	0.04110	0.07137	0.997
	工薪或自由职业	- 0.07286	0.05941	0.884
	其他	- 0.08654	0.06781	0.863

*．均值差的显著性水平为 0.05。

五、各维度问题调查结果的相关性检验

（一）皮尔森相关性检验

为了探寻受访者纳税遵从意愿受哪些因素影响，分别计算前五大类问题（税收知识掌握、税负公平感受、税收道德衡量、税收使用程度以及纳税环境感知）均值，并与"纳税遵从意愿"类问题的均值进行皮尔森相关性检验，结果分别如表 3 - 9 所示。

表 3 - 9 　　　　　　　　　　皮尔森相关性检验结果

相关性

		税收知识掌握均值	纳税遵从意愿均值
税收知识掌握均值	Pearson 相关性	1	0.133 **
	显著性（双尾）		0.000
	N	1 170	1 170
纳税遵从意愿均值	Pearson 相关性	0.133 **	1
	显著性（双尾）	0.000	
	N	1 170	1 170

**. 在置信度（双测）为 0.01 时，相关性是显著的。

相关性

		纳税遵从意愿均值	税负公平感受均值
纳税遵从意愿均值	Pearson 相关性	1	0.060 *
	显著性（双尾）		0.040
	N	1 170	1 170
税负公平感受均值	Pearson 相关性	0.060 *	1
	显著性（双尾）	0.040	
	N	1 170	1 170

*. 在置信度（双测）为 0.05 时，相关性是显著的。

相关性

		纳税遵从意愿均值	税收道德衡量均值
纳税遵从意愿均值	Pearson 相关性	1	0.188 **
	显著性（双尾）		0.000
	N	1 170	1 170

续表

		纳税遵从意愿均值	税收道德衡量均值
税收道德衡量均值	Pearson 相关性	0.188 **	1
	显著性（双尾）	0.000	
	N	1 170	1 170

**．在置信度（双测）为 0.01 时，相关性是显著的。

相关性

		纳税遵从意愿均值	税收使用程度均值
纳税遵从意愿均值	Pearson 相关性	1	0.090 **
	显著性（双尾）		0.002
	N	1 170	1 170
税收使用程度均值	Pearson 相关性	0.090 **	1
	显著性（双尾）	0.002	
	N	1 170	1 170

**．在置信度（双测）为 0.01 时，相关性是显著的。

相关性

		纳税遵从意愿均值	纳税环境感知均值
纳税遵从意愿均值	Pearson 相关性	1	0.199 **
	显著性（双尾）		0.000
	N	1 170	1 170
纳税环境感知均值	Pearson 相关性	0.199 **	1
	显著性（双尾）	0.000	
	N	1 170	1 170

**．在置信度（双测）为 0.01 时，相关性是显著的。

通过检验可以发现，除"税负公平感受"类问题外，其余各组问题与最终的"纳税遵从意愿"调查结果均在1%水平上显著相关，"税负公平感受"类问题与"纳税遵从意愿"调查结果在5%水平上显著相关。各类问题与"纳税遵从意愿"相关性系数分别为0.133、0.60、0.188、0.090和0.199。如果相关性程度代表调查结果对"纳税遵从意愿"影响程度，则对遵从意愿的影响程度从大到小排序为：纳税环境＞税收道德＞税收知识＞税收使用＞税负公平。通常来讲，税收公平对纳税遵从度的影响是非常大的，本书调查结果的分析略有不同。

（二）线性回归分析

以"纳税遵从意愿"的调查结果作为自变量，其余五类问题的调查结果均值作为因变量进行线性回归分析，得到结果如表3－10所示。

表3－10　　　　　　　　　　　　　线性回归分析结果

模型摘要

模型	R	R^2	调整后的 R^2	标准估算的错误
1	0.199[a]	0.040	0.039	0.54037
2	0.249[b]	0.062	0.061	0.53420
3	0.265[c]	0.070	0.068	0.53209
4	0.271[d]	0.074	0.070	0.53137

a. 预测变量：（常量），纳税环境感知均值。

b. 预测变量：（常量），纳税环境感知均值，税收道德衡量均值。

c. 预测变量：（常量），纳税环境感知均值，税收道德衡量均值，税收知识掌握均值。

d. 预测变量：（常量），纳税环境感知均值，税收道德衡量均值，税收知识掌握均值，税收使用程度均值。

系数[a]

模型		非标准化系数		标准系数	t	显著性	共线性统计
		B	标准错误	贝塔			VIF
1	（常量）	2.707	0.086		31.347	0.000	
	纳税环境感知均值	0.191	0.028	0.199	6.932	0.000	1.000
2	（常量）	2.401	0.103		23.287	0.000	
	纳税环境感知均值	0.161	0.028	0.167	5.783	0.000	1.043
	税收道德衡量均值	0.121	0.023	0.154	5.306	0.000	1.043
3	（常量）	2.206	0.119		18.492	0.000	
	纳税环境感知均值	0.167	0.028	0.174	6.010	0.000	1.048
	税收道德衡量均值	0.097	0.024	0.123	4.056	0.000	1.157
	税收知识掌握均值	0.084	0.026	0.095	3.204	0.001	1.109
4	（常量）	2.188	0.119		18.313	0.000	
	纳税环境感知均值	0.178	0.028	0.185	6.296	0.000	1.088
	税收道德衡量均值	0.116	0.026	0.148	4.528	0.000	1.343
	税收知识掌握均值	0.101	0.028	0.115	3.685	0.000	1.229
	税收使用程度均值	-0.047	0.023	-0.070	-2.038	0.042	1.473

a. 因变量：纳税遵从意愿均值。

各自变量以 Forward 方式加入回归模型，最终纳税环境感知、税收道德衡量、税收知识掌握和税收使用程度的指标留在了模型内。最终模型的 R^2 值为 0.271，显示所存四个自变量能够较好地解释因变量变化。模型的 VIF 始终小于 5，证明各自变量间的共线性处于可容忍状态。若以 B 值大小作为自变量对因变量的影响程度，则模型中的四个自变量影响程度由大到小为：同时，纳税环境感知 > 税收道德衡量 > 税收知识掌握 > 税收使用程度。同时，纳税环境感知对税收遵从的重要影响，为后文税收遵从从众行为的研究提供了实证数据。

第三节　税收社会表征调查数据因子分析

一、分析方法原理

前一节内容，笔者对税收社会表征调查结果进行了描述性分析和检验。本节将利用因子分析（factor analysis）模型寻找能够显著影响纳税人纳税遵从度的因素，并对得出的因子变量进行拟合了解各因素影响程度。如前文所述，笔者采用李克特量表法设计了此次社会调查的问题选项，除对第 20 题进行数据处理外，赋分方法与前文相同，以对税收遵从的影响程度从积极到消极分别赋分 5 分至 1 分，数据处理方法与上节内容基本相同。

在对某件事情进行分析的时候，往往能够观测到众多的数据。这些数据可以给分析者带来为数众多的信息，但是数据处理的难度也随之加大，数据越多往往处理越困难。但是现象之间实际上存在着某些必然的联系，如果将这种必然的联系分析出来，那么数据处理就可以从现象层面转到本质层面，难度可以大幅度下降。一般将这种支配现象之间发生联系的因素叫作因子变量，这是解释现象之间存在联系的原因。比如，人的身高和体重往往是同时增长的，这种同时增长可能是身体中某种因子造成了人身高和体重的增长，身高和体重的增长具有某种联系。如果能够对这种因子进行本质上的分析，就可以将身高和体重的增长简化成一种更为简单的分析模式，因为这个因子同时支配着两种变量的变化，或者对这两种变量的变化有一定的影响。

本节内容所采用的分析方法就是因子分析法。此次问卷调查设计的问题非常多，是对税收遵从现象的较为全面的现实考察。如何对获得的大量数据进行分析利用，就需要从这些数据中发现其中的联系，归纳总结出影响这些现象调查结果之间发生联系的变量，找到一种多元的统计方法。当然，必须对众多变量之间关系形成的矩阵进行分析，以便找到影响现象之间发生联系的共同因子。这就是本节内容所要采用的因子分析法，实际上它是一种能够确保调查数据得到最大化利用，同时又能保持数据分析的规范性和简洁性的一种行之有效的方法。通过所有变量总结出来的具有代表性的指标就是因子指标，是分析结论所要重点阐释的对象。作为对主成分分析方法的完善，因子分析方法要首先对变量进行抽象归纳，这些因子是数据收集环节无法直接获取的。因此，必须通过对非常复杂的变量进行考察以总结出能够代表所有变量特点的综合性因素，这些因素是核心变量，核心变量能够同时支配多个变量的数据变化。

所归纳出的因子必须具备四个特点：（1）从数量上看，核心变量（因子）的数量必须要远远小于数据收集阶段所获得的原始变量，这样才能将分析过程进行有效的简化和提升。（2）核心变量（因子）来源于数据收集所得到的变量，但是并不是这些原始变量中具有代表性的几个，核心变量必须是建立在对原始变量进行综合分析且能够解释原始变量之间关系的新综合体。（3）核心变量之间不存在直接的线形关系，因子变量是相对独立的个体，不然就可以和其他因子变量进行合并。（4）核心变量必须对调查目标具有较强的解释力。对于因子变量，还可以根据其适用性分为公共因子和特殊因子，公共因子是可以解释所有变量以及变量之间关系的指标，这种指标是非常少的。特殊因子则是某个指标独有的，这个因子只能对其所对应的变量进行解释。

下面需要用公式对因子分析法进行规范。首先笔者要将所有随机变量定义为 p 个 X_1，X_2，$\cdots$，X_p，这些随机变量就是数据收集到的所有观测变量。这些变量可以用下列关系式进行描述：

$$X_1 = \alpha_{11}f_1 + \alpha_{12}f_2 + \cdots + a_{1m}f_m + e_1$$
$$X_2 = \alpha_{21}f_1 + \alpha_{22}f_2 + \cdots + a_{2m}f_m + e_2$$
$$X_p = \alpha_{p1}f_1 + \alpha_{p2}f_2 + \cdots + a_{pm}f_m + e_m$$

这个关系式就是前文所说的因子模型的规范表达，f_1，f_2，$\cdots$，f_m 是能够解释所有变量的公共因子，e_1，e_2，$\cdots$，e_p 代表特殊因子，因此从呈现形式上看公共因子在每个随机变量中都有所体现，特殊因子只在所解释的变量中出现。a_{ij}（$i=1\sim p$，$j=1\sim m$）代表因子的载荷。a_{ij}（$i=1\sim p$，$j=1\sim m$）表示变量与因子的系数，代表某个变量在对应因子中的权重和意义。f_1，f_2，$\cdots$，f_m 与 e_1，e_2，$\cdots$，e_p，各自之间是不存在相关关系的，都是以独立形式存在的，前文也作了解释。同时，f_1，f_2，$\cdots$，f_m 与 e_1，e_2，$\cdots$，e_p 之间亦不相关，而都是和所测量的随机变量或相对应的随机变量相关。利用因子分析方法对本次问卷调查数据进行分析，需要按照下列步骤进行：一是对所有调查数据进行观测，检验这些随机变量是否能够使用因子方法进行分析。二是在可以采用因子分析方法的前提下，需要对随机变量进行归纳总结，提炼因子变量。三是为了使因子变量能够更好地解释所有变量或相关变量，可以采用旋转方法进行处理。四是在前述工作的基础上，对相关数据进行计算得出因子变量得分，并进行延伸性分析和比较分析，以实现最终的研究目标。

二、模型实证分析

为力求全面客观、真实有效地反映影响纳税人税收遵从度的因素，依据社会调查设计与数据分析的科学性、合理性和代表性原则，在前述社会问卷调查情况的基础上，本节拟选取 20 项指标构建纳税遵从度影响因素的指标体系，如表 3 – 11 所示。

表 3 – 11　　　　　　　　　纳税遵从度影响因素的指标体系

变量名称	指标解释
VAR0001	了解中国的税法与税制
VAR0002	认为税收制度复杂
VAR0003	关心税收领域的事情
VAR0004	认为税收的意义重要
VAR0005	认为富人与大公司逃税（避税）能力更强
VAR0006	税收优惠只让少数企业和个人受益
VAR0007	税务机关征税公平程度
VAR0008	对自己的税收负担程度的判断
VAR0009	逃税是聪明人和富有冒险精神认的游戏
VAR0010	尊重和信赖税收

变量名称	指标解释
VAR0011	尊重和信赖税务机关
VAR0012	逃税是一件不道德的事情
VAR0013	税收做到取之于民用之于民
VAR0014	税款的使用透明
VAR0015	税款的使用合理
VAR0016	有更好的公共服务愿意缴纳更多的税
VAR0017	身边有多少人选择逃税
VAR0018	大部分人喜欢税收
VAR0019	税务机关能够容忍避税
VAR0020	税务机关很难发现人们的逃税行为

在对调查问卷 20 个影响纳税遵从度因素的分析中，有些因素数值与因子分析法不匹配，按照因子分析法的规则，在不影响分析效果的前提下，进行了数据处理，主要是对于有些相关系数显著性检值低于 0.05 的因素进行了降维处理，使其相关性得以消除，以符合因子分析法的基本要求。笔者对本次社会调查收集到的数据进行了 Bartlett 和 KMO 检验，Bartlett 球型检验近似卡方值为 6 853.360，KMO 数值是 0.859，自由度数值是 190，显著性水平数值是 0.000，上述测试结果显示本次社会调查可以使用因子分析法对数据进行分析，如表 3 – 12 所示。

表 3 – 12　　　　　　　　　　KMO and Bartlett's 球形检验

KMO（Kaiser-Meyer-Olkin）检验统计量		0.859
Bartlett's 的球形检验	近似卡方	6 853.360
	df	190.000
	Sig.	0.000

按照因子分析法的原理和要求，在本次分析中笔者将特征值设置为 1，并按照因子分析法的规范，运用最大方差法对特征值予以正交旋转。对于能够给税收遵从水平变量带来较大影响的因子，按照特征值大于 1 的常规标准进行选择确定。笔者按照上述要求进行因子分析，并得出了如表 3 – 13 中的结果，该分析结果能够给出所有的解释方差。

表 3 – 13 解释的总方差

成分	初始特征值			提取平方和载入			旋转平方和载入		
	合计	方差的%	累积%	合计	方差的%	累积%	合计	方差的%	累积%
1	5.070	25.351	25.351	5.070	25.351	25.351	3.031	16.153	16.153
2	2.382	11.908	37.259	2.382	13.908	39.259	2.851	15.257	31.410
3	1.470	7.348	44.607	1.470	9.348	48.607	2.153	12.764	44.174
4	1.269	6.343	50.950	1.269	8.343	56.950	1.704	10.521	54.695
5	1.001	5.004	55.953	1.001	6.004	62.953	1.452	8.258	62.953
6	0.917	4.583	60.536	—	—	—	—	—	—
7	0.908	4.538	65.074	—	—	—	—	—	—
8	0.838	4.192	69.266	—	—	—	—	—	—
9	0.740	3.698	72.964	—	—	—	—	—	—
10	0.720	3.600	76.564	—	—	—	—	—	—
11	0.659	3.295	79.859	—	—	—	—	—	—
12	0.629	3.146	83.005	—	—	—	—	—	—
13	0.599	2.996	86.001	—	—	—	—	—	—
14	0.561	2.804	88.804	—	—	—	—	—	—
15	0.504	2.519	91.323	—	—	—	—	—	—
16	0.444	2.221	93.544	—	—	—	—	—	—
17	0.390	1.952	95.496	—	—	—	—	—	—
18	0.337	1.684	97.180	—	—	—	—	—	—
19	0.290	1.450	98.630	—	—	—	—	—	—
20	0.274	1.370	100.000	—	—	—	—	—	—

此次社会调查获得的相关数据，符合特征值大于 1 标准的因子总有五个，这五个因子按照前述规则应当予以保留。按照选择累计贡献率超过60%标准选择因子，符合条件应当予以保留的因子也是五个。这就是说对于收集到的全部原始数据，62.953%的信息已经被提取使用，五个公共因子能够保证对调查数据进行较为充分的分析，既能确保分析框架保持规范和简要的特点，又能对调查数据进行有效使用，对税收遵从情况的反应也是较为全面的，因此使用这种分析方法是能够得到理想效果的。

笔者采用碎石图对上述研究结果进行分析。如图 3 – 7 所示，该图以特征值（eigenvalue）为纵轴，以特征值的标序（component number）为横轴。从碎石图可以看出，在对特征值按照由大至小的标准进行排序后，在 5 的位置具有明显的拐点，拐点之前的连线比较陡峭，而在拐点之后各特征值的连线则很平缓。因此在综合考虑的基础上，笔者选取位置 5 及其之前的四个点的信息量，作为公共因子，这与表 3 – 13 解释的总方差得出的信息是一样的，说明提取前 5 个作为公共因子与因子分析的理论与要求是相符的。

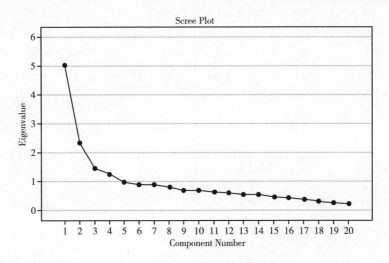

图 3 – 7　碎石图

对税收遵从行为进行因子分析，发现主因子并以此为变量建立分析模型只是最初阶段的基础性工作，本书进行社会调查的目标是全面了解税收的社会表征，因此在分析中明确各个主因子对税收遵从的影响程度和含义是非常关键和重要的。在成分矩阵表 3 – 14 中，能够观察到五个主因子的数值，但是第一因子变量呈现出较高的载荷，因此各个变量在较高程度上受因子变量的影响，对公共因子的解释不够有力。

表 3 – 14　　　　　　　　　　成分矩阵

	成　　　分				
	1	2	3	4	5
VAR00015	0.797	– 0.013	0.089	0.147	0.190
VAR00013	0.785	0.123	0.130	0.126	0.128
VAR00011	0.753	0.162	– 0.208	– 0.066	0.023
VAR00007	0.726	0.065	– 0.130	– 0.008	0.112
VAR00010	0.712	0.265	– 0.300	– 0.105	– 0.065
VAR00014	0.709	– 0.091	0.304	0.197	0.247

	成	分			
	1	2	3	4	5
VAR00008	− 0. 485	0. 344	0. 158	− 0. 288	0. 171
VAR00018	0. 440	− 0. 055	0. 296	0. 425	0. 146
VAR00012	− 0. 436	0. 239	0. 288	− 0. 009	0. 310
VAR00006	− 0. 425	0. 390	− 0. 172	0. 186	0. 294
VAR00016	0. 403	0. 288	− 0. 066	0. 269	− 0. 046
VAR00009	− 0. 382	0. 378	0. 060	0. 307	0. 372
VAR00005	− 0. 182	0. 634	− 0. 415	0. 153	0. 065
VAR00003	0. 275	0. 550	0. 355	− 0. 489	− 0. 047
VAR00004	0. 441	0. 549	− 0. 300	− 0. 139	− 0. 140
VAR00017	− 0. 241	0. 500	0. 158	0. 145	− 0. 269
VAR00002	− 0. 233	0. 343	− 0. 294	− 0. 048	0. 248
VAR00001	0. 345	0. 378	0. 510	− 0. 346	− 0. 075
VAR00019	− 0. 267	0. 324	0. 458	0. 318	− 0. 174
VAR00020	− 0. 037	0. 284	0. 014	0. 430	− 0. 548

如果想要获得关于公共因子较为明确的解释,那么必须以各个影响税收遵从的变量为基本要素构建矩阵,并对原来的因子数值进行旋转,以获得最有解释价值的数值。笔者选取最大方差正交旋转法对因子数值进行因子旋转,并在25次迭代后呈现收敛状态,如成分旋转矩阵表3-15所示。

表3-15 旋转成分矩阵

	成	分			
	1	2	3	4	5
VAR00010	0. 769	0. 255	− 0. 088	0. 121	− 0. 064
VAR00004	0. 726	0. 023	0. 141	0. 245	0. 132
VAR00011	0. 674	0. 375	− 0. 128	0. 108	− 0. 132
VAR00007	0. 545	0. 458	− 0. 132	0. 067	− 0. 182
VAR00016	0. 377	0. 349	0. 079	0. 001	0. 532
VAR00014	0. 147	0. 781	− 0. 200	0. 122	− 0. 132
VAR00015	0. 385	0. 703	− 0. 179	0. 074	− 0. 146
VAR00018	− 0. 017	0. 681	− 0. 087	− 0. 044	0. 112
VAR00013	0. 420	0. 671	− 0. 139	0. 178	− 0. 045

	成 分				
	1	2	3	4	5
VAR00006	-0.100	-0.141	0.662	-0.078	0.099
VAR00009	-0.256	0.071	0.657	-0.012	0.152
VAR00005	0.350	-0.194	0.639	-0.046	0.254
VAR00002	0.123	-0.204	0.510	-0.005	-0.072
VAR00012	-0.427	-0.059	0.430	0.537	0.019
VAR00008	-0.267	-0.345	0.401	0.573	-0.015
VAR00003	0.244	0.027	0.030	0.826	0.048
VAR00001	0.112	0.202	-0.127	0.755	0.092
VAR00020	0.126	-0.019	-0.044	-0.118	0.731
VAR00019	-0.341	0.094	0.162	0.204	0.570
VAR00017	-0.025	-0.139	0.240	0.222	0.548

由此看出，经过最大方差正交旋转后主因子的载荷系数向 0 和 1 两个方向极化取值，对于有效解释公共因子并对其予以命名是非常有利的。因此，可以把这五个公共因子视为对税收遵从具有较高影响效应的主要因素，而且彼此之间不相关。通过表 3 – 15 可得：第一公因子在 X_4、X_7、X_{10}、X_{11} 上的载荷与其他因素相比，呈现较高数值。由于 X_4、X_7、X_{10}、X_{11} 反映的主要是纳税人对税收及税务机关的信赖程度，本书将其命名为税收信赖因子。第二公因子在因素 X_{13}、X_{14}、X_{15}、X_{18} 上的载荷与其他因素相比，呈现较高数值。由于这四个因素主要反映纳税人对税款使用情况的关注以及该因素对税收遵从的影响，本书将其命名为税款使用因子。同理，可以看到在 X_2、X_5、X_6、X_9 上，第三公因子的载荷值高于在其他因素上的载荷值，代表了与税收利益在不同群体中享受高低相关的风险，本书将其命名为税收利益享受因子。第四公因子可以代表 X_1、X_3、X_8、X_{12} 的特征，反映了与对税收理解和逃税态度相关的风险，本书将其命名为税收理解因子。第五公因子可以代表 X_{16}、X_{17}、X_{19}、X_{20} 的特征，反映了与纳税者周围纳税遵从情况相关的风险，本书将其命名为纳税遵从环境影响因子。上述因子分析结果表明，纳遵从度影响因素可归纳为五个方面：税收信赖因素、税款使用因素、税收利益享受因素、税收理解因素、纳税遵从环境影响因素。

通过这些因素的具体量化，笔者就能对纳税人的纳税遵从情况进行评价，依次用 X_1，X_2，…，X_{20} 表示这 20 个因素，由因子得分系数矩阵可计算出因子得分模型为：

$$F_1 = -0.057X_1 + 0.106X_2 + 0.038X_3 + 0.315X_4 + 0.224X_5 + 0.001X_6 + 0.134X_7$$
$$- 0.074X_8 - 0.123X_9 + 0.284X_{10} + 0.211X_{11} - 0.200X_{12} + 0.023X_{13}$$
$$- 0.127X_{14} + 0.004X_{15} + 0.103X_{16} + 0.022X_{17} - 0.157X_{18} - 0.176X_{19}$$
$$+ 0.097X_{20}$$

$$F_2 = 0.003X_1 - 0.034X_2 - 0.097X_3 - 0.143X_4 - 0.053X_5 + 0.088X_6 + 0.098X_7$$
$$- 0.075X_8 + 0.235X_9 - 0.061X_{10} + 0.021X_{11} + 0.137X_{12} + 0.236X_{13}$$
$$- 0.351X_{14} + 0.261X_{15} + 0.123X_{16} - 0.041X_{17} + 0.368X_{18} + 0.146X_{19}$$
$$- 0.044X_{20}$$

$$F_3 = -0.110X_1 + 0.295X_2 - 0.042X_3 + 0.054X_4 + 0.313X_5 + 0.370X_6 + 0.051X_7$$
$$+ 0.155X_8 + 0.394X_9 + 0.009X_{10} + 0.024X_{11} - 0.234X_{12} + 0.053X_{13}$$
$$+ 0.058X_{14} + 0.063X_{15} + 0.076X_{16} - 0.010X_{17} + 0.067X_{18} - 0.017X_{19}$$
$$- 0.178X_{20}$$

$$F_4 = 0.462X_1 - 0.029X_2 + 0.502X_3 + 0.072X_4 - 0.112X_5 - 0.086X_6 - 0.013X_7$$
$$+ 0.262X_8 - 0.050X_9 + 0.004X_{10} + 0.003X_{11} + 0.162X_{12} + 0.042X_{13}$$
$$+ 0.033X_{14} - 0.013X_{15} - 0.083X_{16} + 0.092X_{17} - 0.081X_{18} + 0.094X_{19}$$
$$- 0.145X_{20}$$

$$F_5 = 0.039X_1 - 0.160X_2 - 0.031X_3 + 0.078X_4 + 0.082X_5 - 0.058X_6 - 0.106X_7$$
$$- 0.136X_8 - 0.027X_9 - 0.017X_{10} - 0.066X_{11} - 0.111X_{12} - 0.011X_{13}$$
$$- 0.072X_{14} - 0.075X_{15} + 0.178X_{16} + 0.364X_{17} + 0.106X_{18} + 0.388X_{19}$$
$$+ 0.604X_{20}$$

以各因子贡献率为权重做加权平均：

$$F = (25.351F_1 + 13.908F_2 + 9.348F_3 + 8.343F_4 + 6.004F_5)/62\ 953$$

该公式可以通过某纳税人的调查问卷计算出其纳税遵从程度。这有利于从众多纳税者中初步筛选出纳税不遵从风险较高者，如表 3 - 16 所示。

表 3 - 16   因子得分系数矩阵

	成　　　分				
	1	2	3	4	5
VAR00001	− 0. 057	0. 003	− 0. 110	0. 462	0. 039
VAR00002	0. 106	− 0. 034	0. 295	− 0. 029	− 0. 160

	成 分				
	1	2	3	4	5
VAR00003	0.038	−0.097	−0.042	0.502	−0.031
VAR00004	0.315	−0.143	0.054	0.072	0.078
VAR00005	0.224	−0.053	0.313	−0.112	0.082
VAR00006	0.001	0.088	0.370	−0.086	−0.058
VAR00007	0.134	0.098	0.051	−0.013	−0.106
VAR00008	−0.074	−0.075	0.155	0.262	−0.136
VAR00009	−0.123	0.235	0.394	−0.050	−0.027
VAR00010	0.284	−0.061	0.009	0.004	−0.017
VAR00011	0.211	0.021	0.024	0.003	−0.066
VAR00012	−0.200	0.137	0.234	0.162	−0.111
VAR00013	0.023	0.236	0.053	0.042	−0.011
VAR00014	−0.127	0.351	0.058	0.033	−0.072
VAR00015	0.004	0.261	0.063	−0.013	−0.075
VAR00016	0.103	0.123	0.076	−0.083	0.178
VAR00017	0.022	−0.041	−0.010	0.092	0.364
VAR00018	−0.157	0.368	0.067	−0.081	0.106
VAR00019	−0.176	0.146	−0.017	0.094	0.388
VAR00020	0.097	−0.044	−0.178	−0.145	0.604

本书利用回归分析的方法对税收遵从水平和影响税收遵从的因素进行了分析，验证了税收信赖因子、税款使用因子、税收利益享受因子、税收理解因子、纳税遵从环境影响因子五大影响因素在检验概率 P 值方面均小于标准数值0.05，按照因子分析法的原则，表示五大影响因素均通过了检验，证明它们对税收遵从水平具有较为显著的影响。笔者对各个因子的系数分布进行分析，税收信赖因子对税收遵从度的影响最大，其次是税款使用因子和纳税遵从环境影响因子，如表3－17所示。

表3－17　　　　　　　纳税遵从度与纳税遵从影响因子的回归分析

模型	非标准系数		标准系数	t	Sig.
	B	Std. Error	Beta		
（Constant）	1.529	0.030	—	51.621	0.000
税收信赖因子	−0.211	0.030	−0.198	−7.118	0.000

模型	非标准系数		标准系数	t	Sig.
	B	Std. Error	Beta		
税款使用因子	0.162	0.030	0.152	5.474	0.000
税收利益享受因子		0.030	−0.027	−4.977	0.000
税收理解因子	−0.138	0.030	−0.130	−4.670	0.000
纳税遵从环境影响因子	0.158	0.030	0.148	5.325	0.000

第四节 问卷评价、主要结论和政策建议

一、对问卷调查及分析的评价

（一）方法论适用性评价

更多的研究一般可以分为理论论证和实证研究两个部分，特别是社会科学领域的研究，单纯进行理论分析，没有对社会现实的检验，那么理论就成为缺少论据的纸上谈兵，因此实证分析是社会科学领域研究的重要特征和方式。本书虽然属于应用经济学领域的分析，但是如果只对税收遵从行为的理论进行研究，那么很难让读者对论点产生信任。从研究方法看，理论论证的重要产物是研究模型，研究模型实质上是一组相关的假设。当一项研究的假设提出以后，作者需要就假设内容对实证研究部分进行规划，计划如何收集和分析数据来检验假设。

对于实证研究方法，如何有效采集具有广泛代表性和客观性的数据，对于研究是非常重要的。数据是开展课题研究的基础，没有数据那么一切研究就没有了依据。从某种程度上说，数据收集的重要性甚至要超过研究本身。从数据收集的特点来说，社会调查等数据收集方式不仅耗时耗力，而且在调查之前必须对影响调查效果的因素予以全面考虑，同时调查问卷的设计必须精准、与研究目标需要吻合，因为调查一旦失败，前期工作将失去意义。大部分时候，一个研究者可能不会因为粗心遗忘变量，却很有可能因为理论论证不充分而遗漏变量。在数据收集阶段经常出现的问题是，由于前期对研究对象没有进行深入细致的分析，而使得调查方向和内容出现偏差，导致数据

信度不高或与研究目标有偏差。①

　　本章研究所采用的调查方法，是一种基于统计的数据收集和分析的过程。简单地说，笔者所开展的税收社会表征问卷调查是在对理论分析进行全面总结和回顾的基础上，围绕重点调查目标和理论模型需要设计应当收集的数据相关问题，并从不同层面根据研究需要确定受访对象进行随机调查，在进行数据初步统计和处理的基础上，对测量得到的最终数据进行实证分析。就税收遵从行为研究来讲，这种研究方法是符合研究规律的。调查方法往往适用于对一些特定的、不可以轻易召集的目标群体的研究，特别是对感知、意愿等比较高层的心理变量的测量。这种类型的变量往往无法直接用仪器测量，也不可能用考试类的方法来测量。纳税人对税收的看法、感知、态度、意愿等都无法直观测量，用问卷来探测其强度是十分必要和可行的。作为应用经济学论文，应该主要运用经济学方法来进行研究，因此笔者用心理计量学方法对社会调查结果进行数学分析，心理计量学本身就是以统计学、数学为基础。②

（二）本次社会调查效果评价

　　总体来说，本次社会调查在有效的方法论指导下，结合本书的研究目标，科学设置理论模型中的变量、辅助变量，根据人口统计学特征，开展了较为全面和扎实的社会调查，从调查结果的分析中可以看出，此次社会调查是有效的。当然，在社会调查过程中以及后期的统计分析中，笔者也感觉到四点不足：

　　（1）变量设计不够深入。问题设计主要包括税收知识、税收公平、税收道德、税收使用、税收环境和税收决策六个方面。应该说对税收遵从要素的涵盖是比较全面的。但是对这些层面的调查，都是停留在比较浅层次的受访者感受层面，虽然如此设计的目的主要是减轻受访者填写负担以提高样本数量和作答质量，但是无法满足深层次考察的需要。

　　（2）在问题选项上采取了封闭式的作答模式，所有问题均设置选项进行选择。这种设计方式同样可以减轻受访难度，但是从实际效果来看较大比重的问题选择是中间项，这很可能是人口统计学特征的正常反应。而且，受

---

　　①　徐云杰. 社会调查设计与数据分析 ［M］. 重庆：重庆大学出版社，2011：57 - 83.
　　②　徐云杰. 社会调查设计与数据分析 ［M］. 重庆：重庆大学出版社，2011：3 - 5.

访者更准确的心理状态无法有效测量，如果设计部分开放式题目可能效果会更好。

（3）样本量偏少。实际回收的有效问卷为1169份，总体来说数据可用但是在某些方面，比如企业控制人员或高级管理人员、老年人和年轻人、高收入者等群体样本数量分别不足百份，很可能由于样本量较少而影响统计结果。

（4）由于前期的设计不够完善，在数据运用和分析阶段，对收集的数据进行了一定的处理，虽然是在谨慎的界限内处理以免影响客观性，但是有可能在微弱的层面影响分析结果的输出。

（三）两种分析方法分析结果评价

如前文所述，在纳税环境感知（纳税遵从环境影响因子）、税收道德（税收信赖因子）、税收知识掌握（税收理解因子）、税收使用程度（税款使用因子）等方面，两种分析方法都得出了与税收遵从决策高度相关的结论，证明社会调查的数据是稳定、可信赖的。由于分析方法的不同，在变量的影响程度上略有差别，描述性分析结果是纳税环境感知＞税收道德衡量＞税收知识掌握＞税收使用程度，因子分析结果是税收信赖因子的影响最大，其次是税款使用因子和纳税遵从环境影响因子。本书并不对税收遵从影响因素的定量分析有更高需求，因此分析结果细微的差别并不影响论证。

二、问卷调查结论小结与研究需要扩展

如前文，笔者对税收社会表征问卷调查情况进行了总结分析，调查结果显示税收环境、税收道德、税收知识和税款使用等因素都与税收遵从度密切相关，这与本书理论分析部分的假设是一致的，这也为本书的研究提供了依据和支撑。为了给后文研究提供更明确的方向和思路，笔者根据相关调查数据和研究需要，对研究结论进行梳理总结与扩展分析。

（一）税收不遵从行为的经济因素并不明显

对于"您认为逃税是出于经济原因吗"的回答，除中位选项占比较高外，绝大多数或比较多不是（否定性选择）的选择占比为38%，高出相同肯定性选择的占比近10个百分点，如图3-8所示。

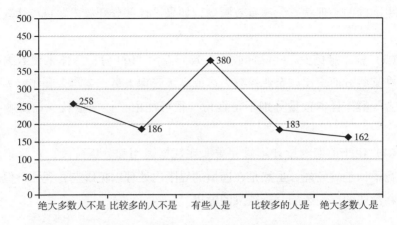

图 3 – 8 受访者对"您认为逃税是出于经济原因吗"的选择

前文笔者通过统计学分析方法证明，本次调查的变量与税收遵从密切相关，通过进一步分析发现：30%以上的受访者表示，在观察到其他人选择税收不遵从时，自己也有可能会效仿。考虑到对于此类问题的回答，受访者有掩饰性选择的可能性，在现实决策中有此种意愿的人数占比可能还要更高。另外，接近五成的受访者表示，如果有更好的公共服务，愿意缴更多的税。

对自身税收负担的评价，20.8%受访者选择比较重以上，此类受访者如果有机会又没有危险，选择肯定避税占比达到33.45%，说明税负感知对税收遵从的影响更大，如图 3 – 9 所示。总之，本书立意的出发点就是税收遵从行为并不能只用经济理性人假设去进行传统经济学分析，这个论断在此次

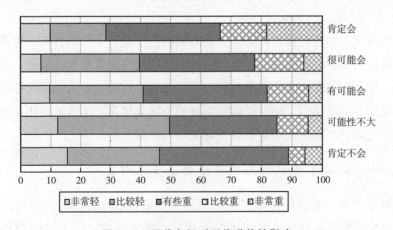

图 3 – 9 税收负担对税收遵从的影响

社会调查中得到了充分的印证。影响纳税人税收遵从选择的影响是非常综合、非常复杂的，除了前述笔者分析的这些因素外，还有更多因素需要去发现并验证与税收遵从决策的相关性。

（二）税收遵从整体水平不高，存在较大的逃税避税可能性

如图 3 - 10、图 3 - 11 所示，就意愿来讲，22.5% 的人税收不遵从意愿非常强烈，很可能会选择避税的占比为 20%，合计高出遵从意愿较高受访者 10 个百分点。就避税决策来讲，考虑到对于此类问题掩饰性回答可能性较大，但是仍然有 26.1% 的受访者表示曾经少缴过税款。

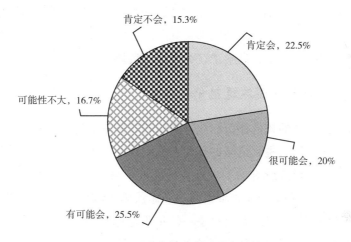

图 3 - 10　受访者的税收遵从意愿情况

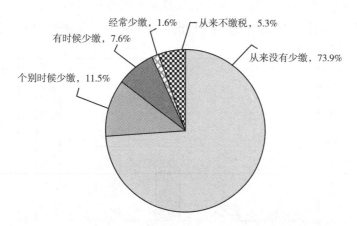

图 3 - 11　受访者税收遵从决策选择情况

（三）对当前税收管理评价不高

此次社会调查有 8 道题目设计与对税务机关当前的税收管理评价相关，分别是："您认为税收制度复杂吗""您认为税收优惠只让少数企业和个人受益吗""您认为税务机关征税公平程度如何""您尊重和信赖税务机关吗""税收有没有做到取之于民用之于民""您认为税款的使用透明吗""您认为税款的使用合理吗""如果有更好的公共服务，您愿意缴纳更多的税吗"，对于上述问题，涉及对当前税收工作给予"比较"以上负面评价的占比分别为 39.1%、28.8%、21.2%、20.2%、34.4%、53.6%、35.8%、48.4%，充分体现出受访者（纳税人）对税务机关的工作具有较高程度和较大范围的负面评价。特别是在财政透明和公共服务方面，半数以上或接近半数的受访者对税务部门的税收管理给予较为严厉的负评价。

（四）社会整体税收道德水平较高

与对税务管理的较低评价相比，受访者对税收本身的认知水平较高。后文笔者将论述纳税人税收情绪的存在，从调查结果可以看出，税收情绪的产生主要是因为对税务管理的不满意，对税收本身的排斥比重并不大。调查设计了"你关心税收领域的事情吗""你认为税收的意义重要吗""你尊重和信赖税收吗""您认为税收是一件很不道德事情吗"，受访者在回答这四个问题时，对税收给予较高评价的比例分别为 67.1%、73.1%、52.3%、66.7%（见图 3 - 12）。这个调查结果与笔者的前提假设略有不一致之处，给本书方向提出了更明确的思路。在前文的叙述中，笔者提出税收道德影响

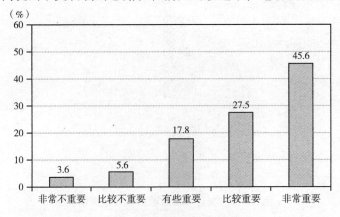

图 3 - 12　受访者对税收意义的评价

税收遵从，并怀疑当前我国社会整体税收道德水平不高，并隐含税务管理等方面原因造成税收道德滑坡的问题。但是，实际上从整体情况看，与对税收管理的低评价相比，税收在受访者心中具有较高的正面评价。这就提醒人们，一个公平、有序、广受尊重的税收管理评价对提高税收遵从水平的意义更为重要。

（五）税务稽查和惩罚对受访者具有较高的威慑作用

对于"您认为税务机关能够容忍避税吗"的回答结果是：非常不能38.1%、比较不能31.5%、有些能21.3%、比较能6.7%、非常能2.5%。对应对"如果有机会又没有危险，你会选择避税吗"，选择"肯定不会"的占比分别为：63.13%、20.67%、10.61%、2.79%、2.79%，而认为税务机关能够较大程度容忍避税的受访者选择肯定会进行避税的可能性更大。另外一个问题也对这一结论进行了佐证。关于"你认为税务机关很难发现人们的逃税行为吗"，选择结果是：难度非常小17.8%、难度比较小30.2%、有些难度37.5%、难度比较大11.9%、难度非常大2.7%，相应选择肯定不会进行避税的比例分别为27.37%、28.49%、34.64%、5.03%、4.47%，证明受访者对税务机关稽查能力的评估影响其税收遵从选择。这从一个层面说明，虽然纳税人选择税收不遵从行为的完全经济因素考量特征并不明显，但是税务机关的检查和处理对纳税人不遵从具有较高的威慑力，但是这种威慑力并不仅仅出于对经济损失的担心。

（六）不同类型纳税人的税收遵从意愿不同

如本章第二节所述，不同职业受访者有不同的"纳税遵从意愿"调查结果均值，依均值评价，则税务机关工作人员和学生的纳税遵从意愿较高，而企业控制或管理人员纳税遵从意愿较低。如果仅就不同类型纳税人对"是否会选择避税"的选择来看，企业控制或管理人员有较大概率进行避税的占比超过受访者平均占比5.22个百分点，其次是自由职业者的遵从意愿也相对较低，学生的遵从意愿要高于税务机关。

笔者对这一调查结果有较大的兴趣，税务机关应该是对税收有最深了解和理解的群体，但是税收知识相对较少（但也有一定的税收认知）的学生群体却具有更高的税收遵从意愿。笔者大胆假设，对税收遵从意愿的影响，经济损失的影响最大（企业控制或管理人员、自由职业者是直接纳税人和高纳税额群体），其次是税收知识和认知的影响，税收知识和税收认知与道德无关，需要保持在合理的区间才能促进税收遵从。为验证这一假设，笔者将"您了解中国的税法与税制吗"与"如果有机会又没有危险，您会选择避税吗"进行关联分析，将"比较不了解"和"有一些了解"视为"合理区间"（按照正常逻辑，选择"比较了解"的受访者应当是有一定的税收知识和认知），这两类受访者选择税收不遵从"可能性不大"和"肯定不会"的比例比选择"肯定会"和"很可能会"的高出 8.41%。这从一定程度上对笔者的假设予以验证，但是数据值并不稳定，这种关联分布并不均匀，如图 3 - 13 所示。

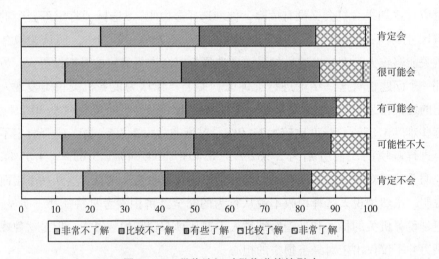

图 3 - 13　税收认知对税收遵从的影响

（七）对税收不遵从情况的感知对遵从决策影响明显，也就是后文本书将要探讨的从众

笔者以"你认为身边有多少人选择避税"进行调查，了解受访者对逃税现实的感知（真实的逃税现实是很难确切知道的）。如图 3 - 14 所示，认为不遵从情况由非常少至非常多的占比分别为 17.3%、22.1%、37%、17%、6.7%。

笔者将这一结果与"如果有机会又没有危险，您会选择避税吗"的调查结果进行关联分析，结果显示关联度非常高。认为社会整体税收遵从水平较高的受访者，具有更大的可能性选择税收遵从；反之，则税收不遵从概率大。从具体占比看，17.3% 的受访者认为税收不遵从情况非常少，选择肯定不会避税的占比达到 30.17% 。与之形成鲜明对比的是，6.7% 的受访者认为税收不遵从现象非常普遍，这类人群在选择肯定不遵从受访者占比达到 17.11% ，如图 3 - 15 所示。

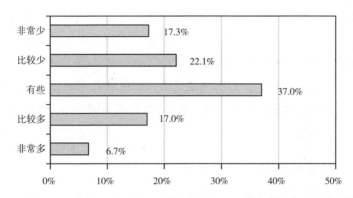

图 3 - 14 受访者对"你认为身边有多少人选择避税"的选择情况

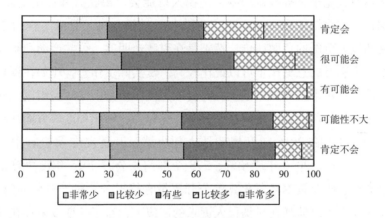

图 3 - 15 税收遵从感知对税收遵从决策的影响

三、对策与建议：税收宏观治理视角

（一）充分关注税收社会表征

当前，深化财税体制改革的主攻方向是改进预算管理制度、完善税收制度、建立事权和支出责任相适应的制度。就税收管理而言，主要是推动税务部门服务深度融合、执法适度整合、信息高度聚合，切实提高税收在社会管理和国家治理中的应有作用。在各个层面的改革举措中，提高税收遵从度无疑是税收改革的重要目标。从目前的做法来看，改革举措主要分为优化服务和提高管理效率两个层面。但是，从当前税收管理体制存在的突出和深层次问题来讲，纳税人对税务管理的态度之于税收遵从水平提升是至关重要的。为了解纳税人对税务部门工作的态度，组织税收满意度调查也是税务机关的常态化工作之一，但是作者感受在问题设计、调查方式、样本选择等方面存在一些不足，特别是对纳税人基本态度缺乏有针对性的了解，使得无法了解纳税人的真实意愿。从前文的考察结论看，税收的社会表征对税收遵从行为的影响是全面而且复杂的，税务机关应当对其施行较为专业的管理和干预，以提升税收遵从度。

（二）切实优化财税管理水平

在经济新常态时代背景下，关于税收的争论可能会更加频繁。特别是，当前国际税收竞争之势日益加剧，纳税人可能会对税收管理提出更高要求。从本次社会调查结果看，受访者（纳税人）对税务机关管理工作给予了较高程度和较大范围的负面评价，特别是在财政透明度、公共产品和服务供给等方面，不满意的意见比重可以说比较高。从实际工作看，比如在预算公开方面，虽然近年来政府加大了预决算公开力度，但是不同政府级次之间、政府与部门之间、部门相互之间在公开率、完整性、细化程度等方面存在明显差异。据统计，在 2016 年开展的地方预决算公开情况专项检查中，仍有 737 个部门未公开 2016 年度预算，778 个部门未公开 2015 年度决算，政府性基金预算、国有资本经营预算等公开质量有待提升。对于财税部门来说，应当将关注点更多体现在对纳税人诉求的回应上，对于长期以来存在且未得到妥善解决的难点重点问题，必须切实努力加以调整提升。税务部门（财政部门）管理给纳税人最直观的感受，按照社会心理学理论，这种切身感受对税收感知的影响是非常关键的。

（三）将税收认知稳定在适度水平

这是此次税收社会表征调查给笔者形成较深刻印象的一个方面。在问卷调查的样本选择上，之所以要严格控制税务机关工作人员的占比，主要是笔者已经作出一个"税务机关工作人员"等税收专业领域人士对税收会有更深刻理解的前提认定，从而税收不遵从的可能性会比较低。但是从实际调查结果来看，占受访者人数比例 11% 的税务机关工作人员，在对避税选择作出肯定性答复和较大可能性答复的比例分别为 12.55%、13.25%，均超过在受访者中的人数占比。这从一定程度上说明，对税收知识更为专业的了解并不能确保税收遵从水平越高。这从政策上给笔者一个很大的启示就是，应当大力发展税务中介机构，将专业的税收申报交给少数专业的税收代理人行使。同时，通过加强对税务中介机构和代理人的规范管理，提高职业道德和规范，在税务机关、税务代理机构、税务代理人、纳税人之间形成互相信任的关系，切实提高税收遵从度。

（四）保持税务机关职能的强度

在后文的论述中，笔者将提出建立客户与服务提供人的税企关系，但是互惠性税企关系并不是以牺牲税务管理强度为条件的。从本书的社会调查中笔者发现，税务机关对税收遵从行为的管制以及纳税人对税务机关管制能力的评估，对税收遵从行为具有非常明显的影响，因此在改进税务管理特别是注重服务型税务机关建设的同时，税务管理必须保持适度的强度，这样才能够更好地促进税收遵从。新公共管理理论注重缩减政府管理职能，对政府管理强度的重视不够。特别是，以弱化管制、私有化、权力制衡和引入市场机制等为主要手段，提出缩减政府管理职能，丰富服务职能，这股西方新公共管理思潮或运动注重对政府管理职能范围的限制，但是导致政府职能的强度即政府执政能力的弱化，很容易使得市场改革和政府行政管理改革愿望落空。当前税务机关正大力推进税收制度改革和征管体制改革，在呼吁简政放权、缩减税务职能的同时，必须重视税务管理强度的建设。特别是对于税务机关这种特殊的行政部门，只有税务管理保持适度的强度，才能提升其制定、执行和维护税法秩序的能力。

（五）积极应对税收不遵从的"传染性"

在前文分析中得出这样的结论：税收不遵从意愿（决策）受自己对他人遵从度感知的影响非常明显，姑且将之称为"税收不遵从的传染性"。笔者分析，这种传染性可能有两个方面的原因：一方面，人对公平的向往是较为强烈的，人的公平需求影响态度和行为。许多心理学和经济学实验证明，人们在面临显失公平条件时可能会做出并不理智的决定。对于税收遵从来讲，如果人们认为身边的人选择逃税的案例非常多，那么对自己依法纳税的行为可能会产生心理失衡的状态，这个观点笔者在本书的一开篇就介绍了威廉·配第（William petty）的观点：纳税人感到最为不满的是对他们课征赋税金额超过对邻居课征税额。另一方面，人们可能通多对周围人税收不遵从后果的观察中，确信税收不遵从机会的存在，因此选择税收不遵从，而且这种观察和确信是相互的，是具有较大强度的传染性的。按照这一原则，笔者认为对现行的一些税收管理制度需要进行反思，比如税收黑名单制度。

（六）巩固良好税收道德基础

在此次税收社会表征调查中，受访者表现出较高的税收道德水准（是否存在掩饰性作答不作过多分析）。当前税收规制行为对纳税人的道德评价是较低的，因此强调用经济手段进行惩戒和预防更应该被优先使用。但是实际上，纳税人具有较高的道德水准，因此税收管理必须调整思路。税收宣传应当侧重于税务机关工作改进方面，对于纳税人义务的宣传以小强度、低年龄段国民教育为主。因此，要加大对税收道德行为的褒奖力度，巩固税收道德的良好基础。

第四章 税收遵从决策的
行为经济学研究

第一节 行为经济学研究综述

一、标准经济学模型的研究异象

标准经济学模型①对经济行为的规范分析是经济学研究的传统范式。例如，以经济理性人观念为基本假设的主流经济学比以制度文化人为基本假设的历史制度学派更代表内部主流研究方向。② 标准经济学模型以经济理性人假设为根本前提，这种假设是以人的推理和计算为基本特征的，显然不同于受情绪影响或本能推动的个体行为。

但与一般概念上的理性不同的是，经济学领域所使用的理性还有一个重要特点就是强调一致性，就是即使是完全不同的行为人面对同种情况作出选择时，也会做出完全一致的利己选择。③ 但在现实中，这种分析模式存在诸多用理论无法解释清楚的问题④，如表 4-1 所示。

---

① 标准经济学模型与行为经济学模型的区分并不代表两种经济学理论内部是完全意见一致的。实际上两种经济学模型内部存在着不同的观点和派别。尽管各自观点往往作出不同的预测，但是就这两类经济学模型来说，它们各自内部的冲突比两种模型比较时的相似性要小得多。

② 马涛. 西方经济学的范式结构及其演变 [J]. 中国社会科学，2014（10）：41-61，206.

③ 林莎，邓春玲. "经济人" 利己与利他行为的理论分析 [J]. 社会科学战线，2005（6）：191-196.

④ 尼克·威尔金森（Nick Wilkinson）. 行为经济学 [M]. 贺京同等译，北京：中国人民大学出版社，2012：73-74.

表4-1 标准经济学模型无法解释的现象

现象	领域	描述	前景理论中的成分
净资产溢价	股票市场	股票的回报远高于相关的债券的回报	损失厌恶
意向效应	股票市场	更长时间持有正在亏损的股票，过早出售盈利股票	损失厌恶参考标度（点）
向下倾斜的劳动供给	劳动经济学	接近每天的收入目标，纽约出租车司机就收工	损失厌恶
非对称的价格弹性	消费品	购买者对涨价比降价更敏感	损失厌恶
面对不利收益消息反应迟钝	宏观经济学	当收到坏的收益消息后，消费者并不削减消费	损失厌恶参考标度（点）
维持现状，偏好默认偏好	消费者选择	消费者不改变健康计划；选择默认的保险品种	损失厌恶
倾向投高风险注偏好	赌马	最有希望获胜的马下注不足高风险的投注过度	决策加权（低概率过高加权）
日终效应	赌马	在终局时改投高风险大赌注	参考标度（点）边际敏感度递减
购买电话（线）保险	保险	消费者购买定价过高的保险	决策加权（低概率过高加权）
彩票需求	博彩	彩票头奖增大，销量大增	决策加权（低概率过高加权）

如前文所述，从与行为经济学进行比较的层面说，标准经济学模型的核心要素是以理性利己假设为基础的，社会效用在这种模型中是完全不存在的。[①] 也就是说，有关态度和信念的理性可以表述为以下四条标准：（1）态度和偏好应该符合逻辑学和概率论的基本准则；（2）态度和偏好应该满足一致性；（3）态度和偏好不应该是由非物质或不相关的因素所形成或改变的；（4）态度和信念不应该与个人所知的经验观察相违背，这其中包括他们自身觉察到的行动。其实前三条标准可以从期望效用理论中的消费者偏好公理中找到踪迹，与完备性、传递性、独立性、单调性及不变性有着不可区分的联系。最后一条标准的合理性在于，之所以强调一致性，一般是适用于

---

① 虽然社会偏好也有利己的成分，但是标准经济学模型下行为人是不考虑这种因素的。在后文研究可以看出，这些核心要素往往会产生异象或不完整，而这是行为经济学研究的起点。

个体或具体决策者的内部一致，但是第四条标准将一致性的外延扩展至外部一致性。①

二、行为经济学模型的解释

从某种意义上讲，新古典经济学是机械自闭的，这也是传统经济学一直以来饱受诟病之处，毕竟人不可能像假设的那样呆板和高智能。②

一个典型问题就是预测失真。针对标准经济学模型的这个问题，西蒙（Simom）20世纪50年代提出了有限理性的概念，用以专指决策制定者在获取信息和处理信息时所面临的认知局限，③为行为经济学的诞生奠定了理论基础。行为经济学的诞生以两篇文章的发表为标志，时间为20世纪70年代末。第一篇是丹尼尔·卡尼曼（Daniel Kahneman）和阿默斯·特沃斯基（Amos Tversky）1979年的《前景理论：对风险条件下的决策分析》④，提出了很多涉及参考点、损失厌恶、效用度量与主观概率判断的基本概念。第二篇文章是由经济学家理查德·塞勒（Richard Thaler）发表于1980年的《迈向消费者选择的实证理论》，特别提出了"心理核算"的概念，这与前景理论的相关概念非常接近。它们共同成为对行为经济学发展具有开创性意义的文章。之后，行为经济学成为经济学领域蓬勃发展的代表。⑤ 行为经济学对传统经济学的冲击和影响是深远的。⑥

应该说，从经济学领域的理论来说理性的存在是完美的。但是从人的实际行为中却发现存在诸多违背经济理性的现象，最主要的几种类型涉及推理、选择、效用的特征、本能因素的作用和自我欺骗。社会现实显示人们并

---

① 尼克·威尔金森（Nick Wilkinson）. 行为经济学［M］. 贺京同等译. 北京：中国人民大学出版社，2012：305－345.

② 莫志宏，申良平. 从理性人到行为人：评行为经济学对新古典正统理论的挑战［J］. 南方经济，2014（7）：73－87.

③ Simon H A.. Administrative Behavior——A Study of Decision Making Prvcesses in Administrative Organization［M］. NewYork：Macmillan Publishing Co，lnc，1971.

④ Kahneman D.，Tversky A.. Prospect theory：An analysis of decision under risk［J］. Econometrica：Journal of the Econometric Society，1979：263－291.

⑤ 需要保持清醒认识的是，行为经济学家并没有在思想层面达成一致，虽然他们都对经济行为的心理学基础关注有加，但他们的观点在一些基本方面却有很大的分歧。

⑥ 蒋军锋，殷婷婷. 行为经济学兴起对主流经济学的影响［J］. 经济学家，2015（12）：68－78.

不习惯于使用较为复杂的推理方式而犯了系统性错误，简单概率和直觉推断的使用频率是较高的。关于选择的非理性是指人们的选择并不绝对保持一致性，在这方面前景理论表现最为突出。违背效用的特征主要体现为人们会出于很多原因而对效用作出误测。另外，本能因素作用也体现为对理性的背离，当人类本能的情感因素发生作用时，人们很容易忽视长远利益而做出短视行为，导致人的自律性出现瓦解。①

对于人们非理性的原因，行为经济学家也尝试从心理学和社会心理学角度以及生物学、遗传学等角度去分析考究。

鲍迈斯特（Roy F. Baumeister，2005）划分了五类导致非理性的原因，他还把这种行为称作"损己"。第一种原因是消极的情绪。关于情绪对人的决策影响是正向还是负向的，无论坚持哪种观点，神经经济学或者进化心理学都会作出不同的解释。权威研究结论认为，情绪对人的决策影响既可能是好的也可能是坏的，这主要取决于环境的影响。与之相关的是认知失调。人们有动机使他们的态度和信念不致陷入失调或相互冲突的状态，当这种失调发生时，他们会感到不适，这种不适会导致人们作出许多被视为"非理性"的行为。第二种原因是受威胁的自尊，在自尊和决策质量之间存在一个更为复杂的关系。第三种原因是自律的失败，与自律相关的另一个方面涉及人们对长期成本与短期收益的比较，这被称为跨期决策制定。第四种原因是决策疲劳，人们喜欢墨守成规的主要原因，通过遵循某种成规，可以使人们避免由于决策而耗费自身的稀缺资源。第五种原因是人际间的排斥，这可能会使人们丧失有效的行为能力，从而作出更糟糕的决策。无论真正的原因是什么或者是哪些，毫无疑问行为经济学的产生为人们的决策研究开拓了新的视角。

三、行为财政学研究范围与税收领域考察

行为财政学②是行为经济学与财政学的交叉研究。③ 与传统财政学研究

---

① 尼克·威尔金森（Nick Wilkinson）. 行为经济学 [M]. 贺京同等译. 北京：中国人民大学出版社，2012：1 - 133.

② 一般认为，马卡弗里和莱姆罗德（MaCaffery & Slemrod）首次提出行为财政学的概念，以《行为财政学》一书于2006年出版为标志。

③ 刘蓉，黄洪. 行为财政学研究评述 [J]. 经济学动态，2010（5）：131 - 136.

不同的是，行为财政学将行为经济学的研究理论与方法应用到财政学研究中。马卡弗里和莱姆罗德（MaCaffery & Slemrod，2006）从形式、时间和遵从等三个维度设计了行为财政学的研究框架。

形式要素主要体现为框架效应、分散效应和隔离效应。框架效应主要表现为，对实质上是同一种行为当采取两种不同的表述方式时，会影响个体作出完全不同的决策。就行为财政学领域而言，就是纳税人当面临数额相同的纳税或企业费用支出时，人们会选择费用而不是纳税。① 分散效应是指个体在支出数额较大时的痛感比分解成小数额支出时的痛感要小。研究发现，将税收缴纳分解成多个时间段完成比一次性缴纳的税负感要轻。隔离效应这是运用心理账户理论来解释财政行为，是指不同类型财政资金在心理账户之间是相互隔离的。② 时间要素主要体现为，财政收入与支出的不同时性，比如社会保障问题、公共安全问题、城市基础设施建设问题等，均需要将财政资金在远期与即期作出权衡。遵从要素主要体现为，财政收支的两个方面均涉及行政相对人，政府在涉及税收制度、提供公共产品、确定政府边界等时均需要考虑被管理者的接受能力和遵从意愿，因此对于行为财政学来说，遵从要素是必不可少的框架之一。

财政学研究主要可以分为财政收入、财政支出和财政政策三种类型，行为财政学也不例外，需要从这三个维度进行行为经济学的理论分析。但是，财政收支是一个问题的两个方面，财政支出影响纳税人税收遵从水平。因此，行为财政学研究的内容可以集中在财政政策和财政收入两个层面。

从财政政策层面，要对以下几个问题进行研究。（1）时间跨度效应。对于某个时期而言，如果用该期的期末日来标定它而不是用该期的时间跨度来标定，那么行为人的贴现率会变小。在制定公共政策时，应当充分考虑社会公众的即期幸福感和长远利益需求的关系，在社会保障制度设计中尤为如此。（2）乐观主义效应。在财政学研究中存在明显的乐观主义效应，纳税人会高估自己对社会的贡献，低估社会公共服务的价值，应当注重应用恰当的宣传方式引导提高对政府的认同。（3）社会保障政策的优化。从行为经济学理论讲，决策个体往往是风险厌恶者，人们倾向于对有较强确定性的选

---

① Eckel, Grossman & Johnston. An experimental test of the crowding out hypothesis [J]. Journal of Public Economics, 1989（08）: 1543 – 1560.

② McCaffery & Slemrod. Toword an agenda for behavioral public finace, In McCaffery & Slemrod（ed.）, Behavioral Public Finance, Russell Sage Foundation Press.

项赋予较高的效用，这对于公共部门来讲是很有启发意义的，社会福利的供给必须让公众有较强的确定性，政府出台的社会保障政策应当确定清晰、全面公开、收益稳定，降低人们因不确定性带来的不信任。①

财政收入的研究也是行为经济学可以有所作为的领域。在现代社会，财政收入的主要构成是税收收入，因此关于财政收入的研究主要体现在税收领域。（1）税收中的可识别受害者效应。是指人们往往会高估某些危害行为发生的可能，而低估更大可能发生的危害的概率。具体在税收领域，有的国外学者发现由于人们会高估自己变得更加富有的可能，而选择反对遗产税的开征。② 对于税款征收来讲，应当更加注重隐性增长。（2）关注税收遵从的特征。税收遵从具有四个层次：不愿意偷逃税、愿意但无法偷逃税、愿意并且能够偷逃税、愿意能够且敢于偷逃税。③ 要关注税收层面公平和社会层面公平，通过设置合理的税制、提供高质量的公共产品等方式提高纳税人对财税制度和财税程序公平性的认知，不断提高税收遵从水平。心理账户应用到税收遵从行为中，要注意引导纳税人将税款归于与正常经营收入不同的收入账户。（3）税收博弈。行为博弈是有限理性在经济生活中的应用，表现出与理性经济人不同的心理因素，可以为税收这种典型的委托代理关系研究提供思考。④

第二节　税收遵从传统异象的验证与扩展

一、税收有限理性的有效依据

（一）税制设计的有限理性

标准经济学模型应用在税制设计中，体现为最优税制理论的应用，但也

① Jackson H. E.. Accounting for social security benefits, In McCaffery & Slemrod （ed.）, Behavioral Public Finance, Russell Sage Foundation Press.

② Loew enstein, Small & Strnad. Statistical, identifiable, and iconic victims, In McCaffery & Slemrod （ed.）, Behavioral Public Finance, Russell Sage Foundation Press.

③ Webley, Adams & Elffers. Value added tax compliance, In McCaffery & Slemrod （ed.）, Behavioral Public Finance, Russell Sage Foundation Press.

④ 刘朝阳，刘振彪. 纳税人税收遵从行为博弈分析 ［J］. 财经理论与实践（双月刊），2013（5）：84-87.

有不同。[①] 米尔利斯和维克雷（Mirrless & Vickrey, 1971）因最优税制理论而被授予诺贝尔经济学奖，最优税制理论的研究是新古典经济学的研究方式。[②] 效率和公平是税收的基本原则[③]。该理论认为最优税制必须同时符合效率性和公平性两个方面的要求。具体而言：（1）税收必须成为财政收入的可靠来源，税制设计必须能够满足公共管理和公共服务的支出需要，满足国家机器的正常运转。（2）税收负担必须在不同群体中进行公平分配，这种公平分配必须体现经济和道德两个层面的原则，也必须同时兼顾纵向和横向两个公平。（3）与前一要求相关，对税负的关注不应当只停留在征收环节，要避免因税负转嫁原因造成税收负担的形式公平，税负的最终归宿是最优税制要重点考虑的。（4）要充分考虑税收对经济的影响，要避免税收对市场行为的扭曲，综合考虑收入效应和替代效应，税收造成的效率损失应当降到最低。（5）税收结构不仅仅是从收入角度进行评价，还要着眼于宏观调控职能的需要，实现稳定与增长的统一。所以，对于一个理性的税制，是有多层面要求的，这种要求具体到操作中又是比较难以达到的。税制设计有限理性主要体现在三个方面：一是上述各项目标之间本身会存在矛盾，而对这种矛盾的权衡与选择无法追求最正确的答案，公平会导致管理的复杂，可能妨碍税收中性原则，同时税收政策的矫正作用也可能干扰公平原则的实行。[④] 二是立法者自身知识与立法技术的限制，加上税制的复杂性，税收制度并不能达到最优状态。[⑤] 三是环境的变化。为应对经济社会发展的需要，税制必须保持一种动态调整的过程，而这种动态是很难达到一种静态的。比如，数字经济的迅猛发展，在金融、商务等领域都产生了极大的影响。特别是数字金融目前大多数都未征税，势必对税收公平与效率带来影响。税制设计的有限理性让纳税人对税收的直觉判断存在不信任的可能，进而影响税收遵从决策。

---

① 最优税制理论研究的是政府在信息不对称的条件下，如何征税才能保证效率和公平的统一问题，追求的是帕累托最优状态。但与标准经济学模型不同的是，该理论建立在信息不对称的基础之上。

② 阎坤，王进杰. 最优税制改革理论研究 [J]. 税务研究, 2001 (1): 10-14.

③ 关于税收的基本原则有不同观点，但公平和效率是相对一致的看法。

④ 实际上，如何平衡公平和效率是税制设计的最大难题。

⑤ 目前我国税收政策中存在诸多的税收规范性文件，即税务机关以通知或公告的形式发布的政策，与税收法定原则完全相违背，但是这些政策的出台又有其合理性，就是制定税收政策的时候，由于经济的复杂性，税收立法者不可能事先找到一种能达到帕累托最优状态的税收制度，必须依靠不断对税制进行"打补丁"，来弥补税法漏洞。

（二）征税行为的有限理性

从征税者的角度来说，同样存在不理性的问题。笔者认为，征税行为的理性应当体现在三个方面：（1）征税行为的准确性，即税款征收的依据、计算、缴纳方式等符合税法规定，虽然这种符合规定也并不能排除税制设计不理性带来的影响。（2）征税行为的规范性，税收管理必须按照税法设定的权限、程序和要求进行，税收裁量权的行使必须在谨慎、必要的原则指导下限定在少数事项和较少权限上，同时税收执法必须兼顾纳税人的利益，不因征税行为引发争议。（3）征税行为的经济性，管理和征纳费用应该尽可能减少。① 总的来说，在法治程度较高的国家和地区，征税行为的理性应当是不掺杂其他因素的，必须有明确的规则对其进行较为合理而有效的约束。但是这种理想状态是不可能完全达到的，也就是征税行为同样存在非理性。首先，征税主体并不是理性人，自然无法做出完全理性的征税决策。例如，原因之一就是征税主体对税收知识的掌握不可能达到绝对的状态。② 其次，除了客观原因造成的征税非理性，从主观层面考虑税收征收者还存在滥用职权的可能，税收执法还存在程序不严格、课税不公平、执法不准确等问题，特别是有些征税主体存在设租寻租、徇私枉法等行为。最后，税收信息不对称的影响，执法者对纳税人的决策无法做出可靠的判断，造成税款征收率不高③，无法有效预测纳税人的税收反应造成处理问题不理性。另外，征税行为还存在一个比较突出的问题是征税成本较高，目前税收征管体制仍然需要较高的人力成本作支撑，信息化水平仍然不高，对税收征管的效率造成较大影响，一定程度上也影响了征税行为的理性。

（三）纳税行为的有限理性

税收有限理性最重要的层面体现为纳税行为的有限理性。理性的纳税行为应当是在准确计算稽查概率、逃税收益、处罚幅度等因素的基础上作出税

---

① 孟春，李晓慧. 我国征税成本现状及其影响因素的实证研究 [J]. 财政研究，2015（11）：96－103.

② 在税收满意度调查工作中，实际上税务机关工作人员业务不熟悉是造成纳税人不满意的重要原因之一。

③ 康昕. 不同信息分布条件下征收率形成机制分析 [J]. 扬州大学税务学院学报，2009（2）：25－28.

收缴纳决策。理性纳税行为的假定是非常苛刻的，就是纳税人必须精于计算，对稽查概率有相对准确的了解。在理性假设情况下，纳税人必须对税收知识具有很高的认知水平，而且能够对税制变化随时作出反应，这实际上即使对于税收制度制定者来说都是很难做到的。本书第三章中社会调查的内容已经反映出纳税人对税收管理的态度存在低评价状态，而纳税态度是影响纳税人心理使得税收遵从意愿可能发生偏差的重要因素。本书认为，纳税态度可以考虑的角度很多，但以下三个方面无疑是对纳税人态度形成具有较大影响的。

（1）纳税人的价值观。虽然我国整体税收道德较高，但是仍然有较大比重纳税人对税收的性质认识不足，造成纳税人认为缴税是负担，是对个人权利的侵犯与剥夺，认为逃避缴纳税款是聪明人的游戏（如图 4－1 所示）。

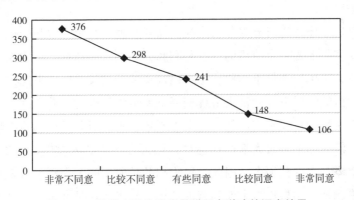

图 4－1　纳税人认为逃税是聪明者游戏的调查结果

（2）纳税人对税收知识的学习程度不高。如前文所述，征税者对税收制度的掌握尚不能达到完全理性状态，纳税人对税收知识的掌握同样存在这一问题。一方面，纳税人本身由于知识结构、工作精力等方面原因，并不可能全都成为税收业务专家。另一方面，纳税人可购买服务的税收中介机构本身也存在良莠不齐的问题，由于人们知识经验上的欠缺，对税收的评估就会不同，因而就会产生不同的税收态度，进而影响纳税人的税收行为。

（3）所属群体形象。人的态度在群体中存在着类化现象，就是属于同一群体的人往往会有类似的态度。人们的税收态度往往受群体的影响。后文笔者将对税收从众行为进行论述，这在税收行为中是非常常见的。在税收遵从领域，人们是很容易根据别人的行为作出模仿性的决策。总之，关于纳税人的有限理性，本书已多次充分从不同角度论证。

二、传统税收遵从异象分析

(一) 税收遵从困惑

对纳税遵从堪称经典研究的则是，阿林汉姆和桑德姆（Allingham & Sandmo，1972）以预期效用理论为基础而进行的偷逃税分析[①]，即发表在《公共经济学杂志》（*Journal of Public Economics*）上的《所得税逃税：理论分析》（Income tax evasion：A theoretical analysis）一文[②]，此文所构建的模型被称为 A-S 模型。后来伊扎基（Yitzhaki，1974）又对此进行了扩展，形成 A-S-Y 模型，这两个模型是对偷逃税行为进行传统分析（经济分析）的最重要的模型。

在对这个模型进行异象分析之前，需要先就一个更为宏观的概念进行分析。纳税实际上是一个典型的涉及私利和公共利益的选择。纳税人可以选择照章纳税，也可以选择不纳税，也可以选择部分纳税。在不考虑税收管理的惩罚性举措的情况下，纳税人最优选择是不纳税。因为公共产品的提供是所有纳税人缴纳的税款来完成的，一个人不缴纳税款对公共产品的影响是微不足道的，但是如果多数人都选择逃税，那么公共产品的提供就会受到影响，纳税人整体都将受到损害。因此，税收问题是典型的个人利益与集体利益抉择的两难选择。如果想将个人利益最大化，最优选择是背叛，但是如果每个人都选择背叛，每个人得到的就会比合作要少。[③] 但显然，现实并没有让"公地悲剧"在税收领域中发生。

A-S 模型及 A-S-Y 模型试图将避免上述"公地悲剧"归因于税务稽查与行政处罚。此类研究假设纳税人收入为 $W > 0$，在信息不对称情况下，税务机关对 W 无法做到完全掌握。X 为纳税人选择向税务机关申报纳税的收入，属于纳税人可以自主决策的内生变量。同时，用 t 表示税率，θ 表示罚款比例，p 为被稽查概率。用 $E(U)$ 表示纳税人的期望效用函数，则：

$$\max E(U) = (1 - p) U(W - tX) + pU[W - tX - \theta(W - X)]$$

---

① 韩晓琴. 有关纳税遵从的国外研究文献综述 [J]. 税收经济研究，2012 (4)：60 - 68.

② Allingham M. G.，Sandmo A.. Income tax evasion：A theoretical analysis [J]. Journal of Public Economics1，1972：323 - 338.

③ Dawes R. M.. Social dilemnas [J]. Annual Review of Psychology，1980，31 (1)：169 - 193.

同时，假设未被稽查的收益为 I_1，即为税后收入与应缴税款之和，被稽查抓获后的所得为 I_2，即为税后收入减去罚款。笔者把具体的效用函数表述为 $I_i^{1-e}/(1-e)$。其中，i 代表收入的状态（$i=1$，2），e 是纳税人对风险厌恶的程度。假设 $t=0.2$，$\theta=2$，$p=0.02$，将其带入 $\max E(U)$，可得：

当 $e=1$ 时，纳税人的最优申报额为 0；

当 $e=3$ 时，纳税人最优申报额占其真实收入的比例为 14%；

当 $e=5$ 时，申报比例则为 44%；

当 $e=10$ 时，申报比例则为 71%。

因此得出的结论是，绝大多数纳税人都会选择逃税并且逃税额占比较大。[1] 事实上从另外一个角度说，纳税人被稽查的概率越高、处罚越严厉，就越可能选择诚信纳税。[2] 事实上，纳税遵从水平不可能如此低，提高纳税遵从度的方式也不会简单通过加大稽查力度和处罚力度就可以做到的。如果说稽查成本过高，那么最简单的方法就是提高处罚水平。这就是传统研究发现的税收遵从困惑。就是说，实际遵从水平要远远大于按照传统经济学经济理性人假设前提下计算出的遵从度。[3] 当然，实际上也很难确定税收不遵从的实际情况，但是从一般理解来看，标准经济学模型计算出的税收遵从水平实在是过低。

更多的研究表明，纳税遵从水平不仅仅是与这些指标相关。有的研究表明，随着稽查概率的提高，不遵从水平会降低，但是降低的幅度微乎其微。处罚金额与税收遵从有一定的相关度，但是也不是 A-S 模型显示的那么显著。[4] 弗里德兰（Friedland）通过实验的方式计算出的结果与 A-S 模型的测算也有较大出入。尽管经济学理论分析确定相关指标与逃税金额相关，但是实证分析中却总是陷入矛盾和无法验证。

（二）预缴现象

按照传统经济学理论，人们评估支出与收益，支付方式并不影响其决

---

① 事实上，美国的个人所得税条件比上述假设值还要小，平均税务稽查率已经小于 1%，对欺诈性偷逃税的罚款比例大约占偷逃税总额的 75%，对非欺诈性偷逃税的惩罚更轻。

② Elffers H. . Tax evasion. In P. E. Earl & S. Kenp（Eds.），The Elgar companion to consumer research and economic psychology（pp. 556－560）. Cheltenham, UK：Edward Elgar.

③ 韩晓琴. 有关纳税遵从的国内研究文献综述［J］. 税收经济研究，2011（2）：33－39.

④ Andreoni J. Erard B. , Feinstein J. . Tax compliance［J］. Journal of Economic Literature, 1998：818－860.

策，因为支付方式并不影响当事人最终利益。根据恒久收入假说，消费者消费支出不是由其当前收入决定的，而是由消费者根据其恒久支出来决定。也就是说，人们对支出的损失感并不受支付时期和方式的影响，这也是生命周期理论的题中之义。具体到税收遵从领域，就存在一个传统经济学理论无法解释的税收遵从异象，就是预缴现象。根据上述原理，预缴税款①的存在并不能改变纳税人的恒常收入或预期平均收入水平，也就不会改变纳税人的收入预期或储蓄动机。在理性人的假设前提下，若此时纳税人改变其纳税行为，将降低其均衡效用水平。所以，根据前述理论，理性纳税人不会改变纳税行为，即预缴税款制度不会对纳税遵从产生影响。而现实当中，大量经验数据证实，预缴税款制度提升了纳税遵从度。以美国为例，该制度被诸多西方发达所国家使用。②

从我国税款预缴制度设计来看，并未将其作为提高税收遵从水平的途径。③ 预缴税款主要是为了保证税款均衡入库的一种手段。④ 对于预缴现象的发现，最初多是发生在对现实的观察和实验的检验之中。克洛特费尔特（Clotfelter）于1983年根据实际申报数据发现这样一种现象，对于预缴税款多于实际应缴税款需要进行退税处理的决策主体，由于退税和缴税即使是同等数额对纳税人的心理效用也是不等值的，因此需要退税或退税较多的纳税人比未采用退税方式或退税数额相对较少的纳税人，遵从税法规定的可能性更高。这个结论被广泛地证实，比如张（Chang）和舒尔茨（Schultz）的研究数据就对其进行了验证。还有的学者从框架效应角度指出⑤⑥，确定性效应以及框架效应可以对税收遵从领域的预缴现象予以较为合理的解释，因此应当在税收管理中在更大范围上采用预缴方式，以提升纳税遵从度。但雅尼夫（Yaniv，1999）同时指出，单纯依靠提升预缴额度并不能消除纳税非遵

---

① 这里的预缴泛指在正式申报纳税之前，事先缴纳税款的做法，包括个人所得税中对工资薪金所得等项目的代扣代缴和个体工商户生产经营等项目的自行预先缴纳。

② 黄凤羽，刘维彬，等. 个人所得税预缴税款制度对纳税遵从的影响研究——基于前景理论的心理效应分析 [J]. 当代经济科学，2017（1）：88-95.

③ 许评. 基于有限理性的个人纳税人遵从决策研究 [D]. 武汉：华中科技大学，2007：36-39.

④ 我国现行税法规定，需要预缴税款的税种有按季（月）预缴的企业所得税，按季（半年）预缴的房产税、城镇土地使用税，按月（季）预缴的土地增值税等。

⑤ Alm J. , Mckee M. . Estimating the determinantes of tax-payer compliance with experimental data [J]. National Tax Journal, 1992, 45 (1): 107-114.

⑥ 王韬，许评. 框架效应影响税收遵从的实验研究 [J]. 税务研究，2007（12）：76-79.

从，需要其他因素的相互配合。对于这一问题，后文笔者将通过数学建模的形式进行详细论述。

（三）框架效应

在行为经济学研究中，一个与规范分析结论明显不同的问题是框架效应。大量的研究结果发现，人们的反应包括估价、态度和偏好，都取决于引致这些反应的情境和过程，导致不变性原理失效。比如，当要求受试者对他们的总体幸福水平进行评分时，他们的反应受一个稍前的有关最近约会次数的问题的影响。简单点说就是在现实中存在这样一种可能：即使两种表达方式实际上没有任何差别，但是由于表述时分别从积极和消极两个角度对所描述事件进行实质相同的表述，人们对不同描述方式会产生不同的心理反应，因此作出完全相反的选择，这明显违背了经济理性人的假设。框架效应的意义也就是在于能够更好地解释人们为什么总会出现偏好转换的现象。

国外研究结果表明，框架效应在税收遵从决策中是存在的。关于框架效应的最初研究是基于税收预缴制度研究得出来的结论。许多学者在研究预缴制度时提出，预缴和按照申报期限缴纳税款实际上是一个问题的两种表述方式，但由于预缴退税被纳税人视为收益，补缴税款视为损失，而造成纳税遵从水平的差异。这些研究结果表明，如果纳税人的遵从决策受框架效应影响，那么税收征管模式、纳税申报表设计等就变得非常重要了。税务部门可以在征税行为中采用更为有效的表述方式来影响纳税人的申报。

多数的研究结果都是基于国外的数据，上述研究结论是否具有普遍适用性还有待讨论。在我国的税收环境下，纳税人决策是否存在框架效应尚需确认。目前为止，我国学者对税收遵从框架效应具有实证意义的研究成果的主要有两篇文章，都对框架效应作了较为全面深入的论证。一是王韬通过对框架效应设计实验，通过实证检验证明该效应在我国的税收遵从领域是显著存在的，退税和补税两种不同的表述对遵从数据有直接的影响。[①] 刘华等将研究范围细化在目标框架效应方面，采用了社会调查的方式，将相同的纳税信息从不同的角度进行表述并向受访者进行调查，数据显示纳税人的纳税倾向确实是不同的。[②]

---

① 王韬，许评. 框架效应影响税收遵从的实验研究 [J]. 税务研究，2007（12）：76-79.
② 刘华等. 我国个人纳税遵从决策中的框架效应研究 [J]. 税务研究，2011（1）：89-92.

三、税收遵从异象的延伸考察与解释

虽然目前关于税收遵从异象的研究并未形成绝对一致的观点，有些研究结果发现税收遵从异象存在"异象中的异象"。但从概念性认知来说，税收遵从困惑、预缴现象、框架效应是普遍认可并被诸多学者采用不同方式进行验证的领域。但是，具体到税收征管与遵从中，税收管理的复杂性以及税收体制改革的推进和税收管理的变化，在更多的领域里可以发现税收遵从异象的存在。

（一）实际税负与感知税负有偏差

按照税负一般计算方法，客观的税负水平应当是在综合考量税基、税率和税收优惠等因素基础上计算得来的。根据传统经济学模型的一般理论，在确保完全信息对称的情况下，纳税人对税负的认知应当与实际税负水平相一致。但是，关于税收负担的争议往往分歧较大。笔者认为，对于这一问题的解释可以用实际税负和感知税负存在偏差来解释，而造成这种偏差的原因可以归因于两个方面：一方面是实际税负计算需要考虑税收优惠因素，但是按照行为经济学理论，纳税人将税款与税收优惠归属于不同的心理账户，税款是损失，税收优惠是收益，纳税人对损失的痛感比等额收益要大，因此造成纳税人感知到的税负与实际税负有偏差。另一方面是客观原因与主观效应之间的差异。对舒适原因的客观度量（实际税负）与对主观感受的报告值（感知税负）之间存在差异，这种差异是行为经济学研究的范畴，经济学规范分析无法进行合理的解释。[①]

（二）稽查效率并不显著促进税收遵从

近年来我国大力推进税务稽查改革，加大了对税收违法行为的打击力度，特别是 2017 年底还专门成立了跨区域税务稽查机构，切实减少地方政府对税收执法的干预和影响，稽查工作质效实现新跨越。特别是在选案方面，通过提高对大数据的分析和应用，建立健全通过企业经营信息和市场信息比对分析进行选案的工作机制，搭建整体分析统计平台，选案的准确率不

---

① 关于这种现象的一个典型例子是峰终定律，是指高峰（无论是正向的还是负向的）时与结束时的感觉，对体验的记忆共同起决定性作用。这里的峰与终就是所谓的"关键时刻 MOT"。

断提高，纳税人的偷逃税行为被稽查发现的概率也不断提高。识别纳税不遵从行为并进行惩罚，进而降低不遵从水平的能力有了长足进展。[①] 按照A-S模型分析，稽查率是对税收遵从水平有决定性作用的因素，稽查能力的显著提升必然带来稽查准确率的提高，即纳税人偷逃税行为被发现的可能性更大，从而使得纳税人减少税收不遵从行为。但是实际情况是，全国税收稽查入库收入不断增长，比如2013年，全国各行业共查补税收1 234亿元，比2006年增加了3倍；2014入库税款查补收入1 722亿元，同比增长21.4%[②]，税收稽查水平的提高对税收遵从水平的影响并不显著。这说明，纳税人很可能并不十分关注税务稽查概率的精确变化，也很少将其作为税收遵从决策的参考指标。

（三）公共产品和服务水平影响纳税人选择

按照主流经济学理论，税收遵从是典型的容易产生"公地悲剧"现象的领域。国家需要纳税人缴纳税款以提供公共产品与服务，满足社会生产和生活需要。但是对于个体纳税人来说，本人的税收不遵从行为并不影响整个社会的公共产品和服务，因为所逃税款对于全部税收收入来说是微不足道的。所以纳税人的决策应当和公共产品与服务的质量没有关系。但是，在本书所作的社会调查中，相当比重的纳税人（非常愿意的8.6%，比较愿意的39.8%）十分关心公共产品供给水平，并表示将会因此改变自己的税收遵从决策，如图4－2所示。

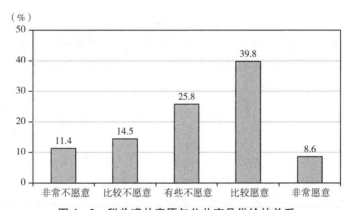

图4－2　税收遵从意愿与公共产品供给的关系

---

① 何惠敏. 对美国税务稽查制度的分析及其启示——基于纳税遵从理论［J］. 当代经济，2014（12）：35－37.

② 数据来自国家税务总局官方网站和《中国税务年鉴》。

第三节　前景理论与税收遵从决策

一、前景理论框架简述

期望效用理论是非常典型的传统经济学理论，该理论的实质就是如何使个人偏好实现最大化，决策者的行为本身就是在实践偏好函数。因此，期望效用理论并不对道德作出评价，也不关注决策者的心理状态，这也是传统经济学广受诟病的问题所在。但是与之不同的是，行为经济学致力于构造心理过程模型，这是传统经济学与行为经济学的最大差别，以解释传统理论与非传统理论的不同。前文所述的有限理性及后文将要涉及的直觉推断是行为模型的两个最显著特征，共同特点是将人的心理因素融入决策行为研究中去。前景理论的提出是行为经济学作为学科创建的开端，也是行为经济学的基础性内容和框架性理论，目前也是最有影响力的。丹尼尔·卡尼曼（Daniel Kahneman）和阿默斯·特沃斯基（Amos Tversky）1979 年发表的文章首次提出了前景理论，1992 年两位作者又对该理论进行了拓展，并被重新定名为累积前景理论。在后来的发展中，有些学者对理论进行了丰富，被称为第三代前景理论。从前景理论的发展进程看，原始前景理论对个体的心理决策适用性较强，但对社会总体行为的解释则显得力不从心。[①] 累积前景理论的函数表示与原始前景理论相同，但在受益和损失时则有不同的描述方式，对于解释随机占优等现象具有适用性。第三代前景理论与之前的理论相比，主要贡献在于拓宽了理论的运用领域。前景理论一直被批评，主要理由是：该理论并不符合经济学分析的规范性要求，存在发现偏好假说，受试者误解和框架效应，等等。

从根本上说，前景理论仍然属于关于风险下的经济决策。一个前景由若干可能的结果组成，这些结果具有与它们相关的概率。按照前景理论的标准分析，行为人的决策主要分为两个步骤，当然这两个步骤只是理论上的分法，决策者的决策过程未必有如此清晰的程序和意识。第一个阶段是编辑环节，实际上就是决策者对可能的前景进行简化和初步分析。这一环节需要将

---

① 李睿. 前景理论研究综述［J］. 社会科学论坛，2014（2）：214－222.

可能的决策行为进行简化表示，为下一阶段的评估打下基础。在编辑阶段，决策主体并不是要将所有的可能性前景进行标准化的处理，而是可能会运用直觉推断等方法对前景予以重新组织和表示，也意味着决策者并不会对这些前景进行非常清晰和深入的洞察了解。编辑阶段的特征包括编码、组合、分割、删除、化简和占优检测。第二个阶段为评估，决策者对经过编辑的所有前景进行选择，这一过程同样会运用直觉推断等不同于期望效用理论的方法进行决策，而且会选择对自己具有最高心理价值的前景。① 前景理论发现，个体决策存在确定性效应②、孤立效应③和反射效应④。

　　在前景理论中，前景的评估需要涉及四个方面的问题。（1）参考点。按照前景理论，参考点是可以作为价值零点的，决策者的决策效用以最终决策效用与参考点的差额作为效用，也就是收益和损失。因此，决策者可以将不同前景与参考点的差额进行比较，以获得最大效用。参考点通常是目前的财产或福利水平，但也可能涉及对未来的期望。有时，人们还没有调整到现在的状况，所以他们的参考点可以涉及一个过去状况。参考点的生物学基础涉及自身稳态和协同稳态过程。（2）损失厌恶。关于损失厌恶，笔者在前文作出了多次分析。《前景理论：对风险条件下的决策分析》指出，人们对等额亏损和盈利的感知不同。通过实验可以看出，人们对亏损比盈利的感知更敏感，等额的亏损带来的幸福感减少要比等额的盈利带来的幸福感要大。这也表明经济个体往往是风险厌恶者，损失厌恶意味着来自损失的负效用比来自同样大小的收益的效用更大。（3）递减的边际灵敏度，如图4-3价值函数所表示的内容，人们对收益和损失的感受是随着数值的加大而感受渐弱，也就是传统经济学模型所讲的边际效应递减。（4）决策加权。A-S模型对概率的选择是以客观概率为标准的，这一数据是确定的。但是决策加权则不同于此，其是根据决策权重加权。可以根据决策加权给收益带来风

---

① 尼克·威尔金森（Nick Wilkinson）. 行为经济学［M］. 贺京同等译. 北京：中国人民大学出版社，2012：75-83.

② 确定性效应是指决策者加重对被认为是确定性结果的选择。确定性效应可通过概率权重函数进行解释。一般情况下决策者对小概率的评价值高于它们的客观值，对中等概率的评价值低于它们的客观值。

③ 孤立效应是指当个人面对在不同前景的选项中进行选择的问题时，他们会忽视所有前景所共有的部分，孤立效应会导致当一个前景的描述方法会改变个人决策者决策的变化。

④ 反射效应是指人们注重的是相对于某个参考点（reference point）的财富变动而不是最终财富（即期望收益值）。参考点是人们对某事物的期望。

险厌恶，给损失带来风险追逐。因为这两个原因，决策权重不同于客观概率：实际上对于概率的估算往往是与客观概率相差甚远的，即使是决策者对客观概率有所了解，但是也无法保证他在真正作出决策时会使用准确的概率，人们往往在主观上对客观概率进行加权处理。人们经常会对低概率过度加权。在期望效用理论中，决策加权能解释许多异象，如赌博和保险，特别是概率型保险。如图4-4所示，由于决策加权是一个主观上的概率判断，人们往往会对高概率事件给予较低的决策加权，对低概率事件给予较高的决策加权。

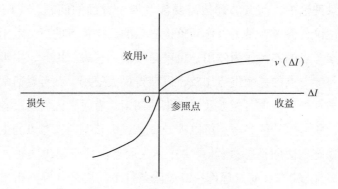

图4-3 前景理论的效用函数

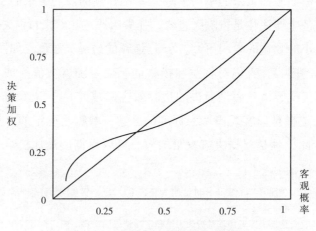

图4-4 前景理论的决策权重函数

关于税收不遵从的研究，多数研究是从制度和环境层面对不遵从的因素进行剖析，无论是基于对税制的分析还是对社会环境的分析，对于税收不遵从主体来讲这些因素都属于外部环境范畴，这种分析方法也提出了许多建设性的意见。但是必须看到，税收不遵从的原因除了外部环境的原因外，也要对纳税人这个特殊群体及个体的心理状态进行分析，外部环境必然是作用于纳税人的心理进而影响到税收决策，只注重外因而不考虑内因，使得这种分析结果不够深入。行为经济学作为联结传统经济学和心理学的媒介，可以将纳税人的经济决策与纳税人心理建立关联，既能够解决传统经济学分析存在的缺陷，也能确保纳税遵从分析不失去经济学分析的本质。这对于税收遵从进行全面深入的研究，是一个全新而且有效的视角。

二、税收遵从前景的编辑

前文对前景理论进行了介绍，特别是提到运用前景理论进行分析需要涉及编辑和评估两个阶段。这一部分就是将前景理论与税收遵从进行结合分析，通过对税收遵从的过程进行描述，来了解纳税人遵从的过程及其心理状态。前景编辑阶段是纳税人对税收遵从或不遵从决策的可能性前景进行整理与简化，将税收遵从和不遵从可能出现的后果归纳成一个更容易理解和接受的简单表示，在此基础上通过有效的思维方式对其进行综合性评估，以利于纳税人作出决策。如前文所说，在编辑和评估阶段，纳税人都很频繁地运用直觉推断法进行操作。对被关注的选择进行重新表示或者缩减，当然这种直觉推断本身未必是纳税人有意识的行为。

对于一个规范的前景编辑程序而言，并非一定具备全部环节。编码是指根据现实经验观察，人们在评估效用时并不是简单的以最终的财富数量或者效用状况为标准，而是在决策过程中会将可能的结果与一个相对的参考点进行比较，人们会根据参考点对可能性选择进行编码。组合是指对前景进行简化，将可以归纳总结的前景合并成一个，主要是可以导致相同后果的不同概率予以相加处理。分割是指对无风险的成分，可以从风险成分中分割开来，例如前景（100，0.70；150，0.30）可以被分割成一个确定性收益100和风险前景（50，0.30）。删除是指对于有些部分同时与不同的前景保持有逻辑关系，那么在决策的时候这些部分是可以被省略掉的。例如，在一个两阶段博弈中，存在0.75的概率没有任何赢得而结束博弈，和0.25的概率转到第二个阶段。在第二个阶段存在一个在（4 000，0.80）和（3 000）之间的选择，参与者必须在博弈开始就作出选择，即在知道第一阶段的结果之前。在这种情形下丹尼尔·卡尼曼（Daniel Kahneman）和阿默斯·特沃斯基

（Amos Tversky）的研究发现存在隔离效应，人们直接可以略过第一阶段的博弈，而只是从无风险收益 3000 和有风险的前景（4000，0.80）之间进行选择。化简是指通过凑整结果或凑整概率来化简。占优检测则是指决策者对不同的前景进行分析，对于两个有共同元素的前景，通过观察发现是否具有明显占优优势的前景。

对于税收遵从决策而言，纳税人面临三种决策，因此有三种决策前景：就全部税前收入申报缴纳税款，就全部或部分税前收入申报缴纳税款，同时面临被税务机关发现并处罚的可能性，就全部或部分税前收入可以组合为一个前景。Y 为实际税前收入，t 为税率，X 为申报收入水平。θ 为针对偷逃税款行为的罚金占少缴税款数额的比重，即处罚率。p 为税务部门的纳税稽查概率，对于不申报行为只要税务机关稽查即能发现。则纳税人可以编码出两个前景：$\{Y(1-t)\}$，$\{Y-Xt,(1-p)；Y-Yt-Xp,p\}$，同时确定参考点。按照前景理论，在税收遵从决策前景中，并没有可以被删除的无风险不遵从行为。但是在税收实践中，对于脱离税务机关管理的经济行为（如从事地下经济活动纳税人），则纳税人需要将这部分收入的未申报从前景中删除。对于税收遵从行为来讲，两个决策前景并不具备占优前景。从此分析可以看出，对于税收遵从决策，前景理论到目前为止的分析与主流经济学分析的思路是一致的，不同之处主要在于评估阶段，也就是当事人对精练的前景进行评估，在这一环节，心理学因素在其中发挥了重要的影响。

三、税收遵从决策前景的评估和异象解释

编辑阶段完成，纳税人评估每个编辑过的前景，并且选择有最高价值的前景。这个最高价值是以纳税人从主观层面对各个前景的效用赋值与纳税人对相对应前景的决策权重系数之乘积为决策标准的。因此，在税收遵从的评估阶段，纳税人对前景总值的估算包括两个方面内容：第一个方面是纳税人对前景价值的评估，这是与纳税人所选择的参考点、对损失的态度以及递减的边际敏感度相关的。第二就是纳税人对决策概率的主观估值。

（一）参考点的选择

前景理论关于决策结果的确定是受参考点影响的，参考点即价值尺度

的零点。税收遵从研究中，纳税人的收入形式是多样的，有税前收入、税后收入、逃税未被发现后收入、逃税被发现后收入，不同的收入类型为参考点选择提供了研究可能。因为纳税人选择逃税行为或采用不同的申报方式，其最终收入是具有很多可能性的。即使对于同一种最终收入，根据缴纳方式以及纳税人的参考点，也会对纳税人的效用产生不同的结果。由于前景理论本身并未说明参考点选择的标准和依据，而其对税收遵从的意义又如此重要，因此参考点选择本身就是税收遵从研究领域一个非常深层次的问题。

关于税收遵从领域的参考点主要有两种，这两种参考点在不同的研究中均声称得到了验证，实际上按照不同的参考点计算损失或者收益，会得到完全不同的结果。这本身就是前景理论本来就有的缺陷在税收遵从领域的反应，参考点是外生而且多种可能的。第一种参考点是以纳税人的当前资产价值为标准，纳税人预缴的税款如果多于实际应当缴纳的税款，那么就会产生退税，这部分退税款实际上已经从其当前资产中减掉，因此可以被视为收益，纳税人因此就会产生正的效用。相反，如果纳税人的预缴税款小于应当缴纳的税款，就需要从当前资产中支出一部分用于弥补不足的税款，对于参考点来讲就是纳税人的损失，因此该前景就具有负的效用。第二种参考点是纳税人的期望资产水平，在此中参考点理论中则参考产出是纳税人期望的应纳税款减去已经预缴的税款，实际上就是对退税额的期望。如果实际退税额大于期望退税额，那么纳税人就将其视为收益，反之则为损失。可以看出，两种不同的参考点，同一种退税结果也可能产生两种不同的效用。因此，参考点的确定对于税收遵从的前景理论分析是至关重要的。虽然这两种参考点的计算方法是不同的，但是很显然它们都没有涉及对最终财富的考量。按照传统经济学观点，纳税人的效用应当由其最终财富状况决定，更高的税后收入代表更高的效用。而在前景理论中，无论是以当前资产状况还是期望资产状况为参考点，都没有考虑最终财产状况，而是以财富变化作为影响税收遵从决策的因素。因此，参考点是两种经济学理论区别的最关键因素。

（二）损失厌恶

实际上损失厌恶就是，人们面对等额的收益和损失，主观效用的绝对值度量方面，损失是要远远大于收益的。这一理论被行为经济学家广泛地应用于解释多种经济领域。有的研究者提出，根据前景理论的实验检验和经验估计，放弃的心理效用大概是获得同等物品效用的 2 倍。

这对于解释税收遵从异象具有很重要的意义。在税收遵从异象中笔者提到，纳税人在采用预缴制度的情况下，税收遵从水平更高。前文用参考点的理论对此进行了解释，参考点本来就是与损失厌恶紧密相关的。在要求纳税人缴纳更多税款时，对于纳税人来说税款是纯损失。而在采取预缴制度时，纳税人收到退税款时是纯收益，纯收益的效用远小于纯损失的效用，因此纳税人在采取预缴制度时税收遵从水平更高。前文提到，传统经济学对税收遵从行为的分析具有三个方面的传统异象，其中就有按照标准经济学模型计算出来的遵从水平非常低，纳税人的实际遵从水平应该远高于测算的结果。本书对 A-S 模型进行数学推导并将现实数据代入运算，也得出非常违反常理的结果。前景理论并没有完全否定传统经济学研究，而是在风险和不确定性框架内提出损失厌恶的概念，这对解释这一现象具有重要意义。损失厌恶的一个典型表现就是现状偏见，即行为人对现状的评价要高于非现状，在对未来的收益和风险保持不确定性状态时，纳税人更倾向于保持现有的习惯，即税收遵从，以规避可能发生的不确定性风险。

（三）决策加权

在税收遵从行为的经济学分析一章，笔者提出纳税人对稽查概率并不准确把握。那么对于税收遵从的前景理论解释来讲，与决策相对应的权重并非客观概率，而是纳税人对主观概率的估计。正如前文所言，纳税人对稽查概率的把握是很难做到精准的，按照行为经济学理论，稽查对于纳税人来说是绝对损失，出于损失厌恶的心理，纳税人可能会对其作出远高于客观概率的加权。本书所作的调查数据很明显契合了这一概念，接近 50% 的受访者认为税务机关发现税收不遵从的难度不大，只有不到 3% 的纳税人认为税务机关发现税收不遵从的难度很大。实际上，无论是从税务稽查的资源还是稽查效率来看，税务机关都面临着非常尴尬的局面，对于纳税人的偷逃税行为很难进行全面稽查。在实际稽查中，由于信息不对称和业务不熟悉，发现违法行为的难度也非常大。如果从这一角度来考虑，纠结于对税收不遵从行为的查处力度大小相对来说是不具有非常重要意义的。

第四节　税收预缴制度基于前景
理论的实证研究

一、参考点的选取

参考点收入通过影响纳税人的相对收益或损失，直接决定总价值函数形式。因此，参考点的设定对于税收预缴制度的前景理论分析是基本前提和关键假设。正如前文所论述的，选择不同的参考点实际上就是选择了不同的评估标准，但是前景理论并未确定一个固定的参考点，也没有给出一个基本的选取标准。目前纳税遵从的参考点设定主要有两种方式，分别是经济主体的"当前资产"和"期望资产"。那么，之于纳税人的效用函数，便为"预缴税款后收入"和"依法纳税后收入"。本书选取的参考点为"预缴税款后收入"，原因在于：

（1）可使对"预缴规模的设置"的考察更为直观。将参考点设定为"预缴税款后收入"，预缴规模的大小与税前收入二者直接影响纳税人申报纳税后的相对收益/损失的确认：确认补税或退税——补税即为相对损失，退税即为相对收益，亦即确定了纳税人总价值函数的形式，从而便可进一步分析预缴规模与纳税遵从度的关系。若选取"依法纳税后收入"为参考点，以桑吉特·达米和伊拉尔—诺维希（Sanjit Dhami and Ailal-Nowaihi，2007）为例，面对纳税非遵从时，等同于减小了纳税人的相对收益空间，扩大了相对损失空间。那么，若按照此理论模型进一步进行实证分析，可能会影响预缴制度设计中"处罚率参数估计"的拟合优度，进而影响其准确性。此外，若选取后者作为参考点，便意味着纳税人对期望资产具有准确的把握，这就使得行为经济学的分析条件又落入了传统经济学研究的逻辑，再次回到了"理性人和信息充分"的经典经济学假设之下，而"获取预缴税款后收入"的假设前提明显要宽泛于后者。因此，选取当前资产作为参考点的另外一个好处就是，尽可能将行为经济学分析的特征凸显出来，较少受到经典经济学假设的影响，从而不会降低结论的可信度和说服力。

（2）如果将当前资产作为参考点，那么纳税人的"税前收入"可被定义为外生变量，在简化模型分析过程的同时，可使分析结果的经济含义更为突出——该模型结果适用于任意随机的税前收入水平。

（3）选取"预缴税款后收入"更具实际意义。根据心理学中的锚定效应（anchoring effect）理论，人们在进行行为决策时，那些显著的、具有代表性的事件或特征往往被作为参考点，并以此作为标准确立整体评价体系，人们的思维往往会受此影响。无论其是否与该决策相关，该起始值会始终左右当事人对好与坏的评价，这个起始值被称为"沉锚"。根据前文分析，显然"预缴税款后收入"相比于"依法纳税后收入"对于纳税人来说，是非常直观的感受，是已经确定的效果，人们对此的心理感受更为直接，很容易形成参考点。

二、模型框架

（一）纳税人价值函数

前景理论中的价值函数是描述"客观价值如何转化为行为主体的主观效用"的一种特殊的效用函数，本书中"纳税人价值函数"是基于丹尼尔·卡尼曼和阿默斯·特沃斯基（Daniel Kahneman and Amos Tversky）于1979年提出的原函数。纳税人价值函数形式为：

$$V(\Delta I) = \begin{cases} (\Delta I)^{\alpha} & (\Delta I \geqslant 0) \\ -\sigma(-\Delta I)^{\alpha} & (\Delta I < 0) \end{cases}$$

其意义为：纳税人通过将其最终收入与参考点进行对比，形成一定规模的相对收益/损失，并为其带来效用。其中，ΔI 是纳税人在缴纳实际应纳税款后的最终收入与参考点的相对余额，既可能是收益也可能是损失，$\alpha \in (0, 1)$ 且 $\sigma > 1$。卡尼曼与特沃斯基通过大量经验数据证实，ΔI 的幂指数取值与其符号无关，且 $\alpha = 0.88$，$\theta = 2.25$。

（二）纳税人价值函数性质，即心理特征的形式化描述

上述函数的性质可描述纳税人具有如下基本心理倾向：

其一，纳税人对收益与损失的界定，与参照点的选取高度相关；$v(0)$ 并非纳税人最终收入为零，而是相对收入为零，即最终收入等于参照点，且

有 $v(0)=0$。

其二，收益越大，效用越高，面对收益时为风险规避的。即纳税人面对收益时，效用为"以 ΔI 为自变量的单调递增的凹函数"，有 $\frac{\partial v}{\partial \Delta I}>0$ 且 $\frac{\partial^2 v}{\partial(\Delta I)^2}<0$。

其三，损失越大，效用越低，面对损失时为风险偏好性的。即纳税人面对损失时，效用为"以 ΔI 为自变量的单调递增的凸函数"，有 $\frac{\partial v}{\partial \Delta I}>0$ 且 $\frac{\partial^2 v}{\partial(\Delta I)^2}<0$。

其四，面对等量的收益和损失，按照损失厌恶原理，决策人对损失的痛感更为强烈，因此，对任意的 $|\Delta I_1|=|\Delta I_2|$，$\Delta I_1<0$，$\Delta I_2>0$ 时，有 $|\Delta I_1|=|\Delta I_2|$，$\Delta I_1<0$，$\Delta I_2>0$ 时，有 $|v(\Delta I_1)|>|v(\Delta I_2)|$，$\frac{\partial v}{\partial \Delta I_1}\Big|_{\Delta I_1}>\frac{\partial v}{\partial \Delta I_2}\Big|_{\Delta I_2}$。

（三）纳税人决策权重函数

前景理论与期望效用理论在风险决策分析上存在原则性不同。在风险决策时，期望效用理论是根据事件发生的"客观概率"，对经济主体的效用函数进行简单的"概率加权"；而前景理论中，经济主体会将某事件发生的客观概率转化为"决策权重"———一种"主观评价"，而后进行决策分析。这种转换关系则用"决策权重函数"描述。本书的纳税人决策权重函数采用的是丹尼尔·卡尼曼和阿默斯·特沃斯基（Daniel Kahneman and Amos Tversky）在1992年修正的决策权重函数：$\pi(p)=\frac{p^r}{[p^r+(1-p)^r]^{1/r}}1$，其中，$p$ 表示纳税人被税务机关列入审计范围的可能性。

（四）纳税人总价值函数

"总价值函数"为经济主体风险决策核心 $p\in[0,1]$；$\gamma\in(0,1)$。经济主体通过对各类前景进行评估，"主观的"赋予各类前景以权重，评价其效用，而后选择具有最高总价值的前景以应对风险。那么，纳税人总价值函数为：

$$V = \pi(1-p) \times v(\Delta I_1) + \pi(p) \times v(\Delta I_2)$$

其中，纳税人被税务机关稽查的概率为 p，则（$1-p$）为未被稽查的概率；ΔI_1 与 ΔI_2 分别表示纳税人在未被稽查和稽查后的税后相对收益/损失，纳税人将根据此函数效用最大化原则来进行风险决策。

三、模型假设前提及参数设定

（一）假设前提

（1）纳税者为有限理性人，其目标为总价值函数最大化。（2）税务机关对各纳税人的稽查是以某一固定客观概率随机进行的，假设被稽查纳税人若存在逃税行为，将会被准确查出，即不存在任何税务机关层面的纳税不遵从。（3）纳税人一旦被查出纳税非遵从，将被处以罚金。（4）不考虑加计扣除、优惠退税等税收优惠政策，不考虑所得税为负值的情况。（5）不考虑纳税人的纳税遵从成本及税务机关的征收成本。

（二）变量及参数设定

前文中纳税人各类函数当中的变量及参数仍保持原有定义，在此不赘述。（1）设纳税人税前收入为外生变量 Y，申报应纳税所得额为内生变量 X，有 $Y \geqslant X \geqslant 0$。（2）设纳税遵从度为 r，有 $r = \dfrac{X}{Y}$，且 $\gamma \in [0, 1]$。即完全税收遵从的情况下，$X = Y$，$r = 1$；完全非遵从的情况下 $X = 0$，$r = 0$；部分遵从的情况下有 $X < Y$，$r \in (0, 1)$。（3）设比例税率为 t，$t \in (0, 1)$。（4）税务机关对纳税人稽查的概率为 p，有 $p \in [0, 1]$。当税务机关发现纳税人存在纳税非遵从时，将根据其应缴未缴税款规模——$t(Y - X)$，进行 θ 倍的处罚，设 $\theta > 1$，θ 为处罚率。

（三）模型的基本问题

纳税人面对税收遵从问题有三种前景：（1）完全的纳税遵从，就是就其全部税前收入按照税法规定申报缴纳税款。（2）完全不遵从，就是采取不申报或零申报的方式逃避履行全部纳税义务。（3）部分申报，就其税前收入的一部分向税务机关进行申报纳税。在本节分析中，笔者将第二种和第三种前景合并为一个前景。在此前景下，纳税人既可能因为税收不遵从行为获得较高的收益，同时也可能因为逃税被发现而被处以高额罚款，其结果为"被处罚后的最终收入低于依法纳税（完全税收遵从）的最终收入"，即效用更低。纳税人完成预缴和申报纳税后，会面对税收返还或补缴税款，未被稽查和稽查后纳税人的最终收入分别为 R_1 和 R_2，其中：

$$R_1 = Y - D + (D - tX) = Y - trY$$

$$R_2 = Y - D + [D - tX - \theta t(Y - X)] = Y - trY - \theta tY(1 - r)$$

由于纳税人的参考点为预缴后收入 $(Y - D)$，则其相对收益/损失 ΔI_1，ΔI_2 为：

$$\Delta I_1 = R_1 - (Y - D) = D - trY$$

$$\Delta I_2 = R_2(Y - D) = D - trY - \theta tY(1 - r)$$

纳税人的总价值函数有：

$$V = \pi(1 - p)v(D - trY) + \pi(p)v[D - trY - \theta tY(1 - r)] \tag{4.1}$$

纳税人的目标为：在 $r^* \in [0, 1]$ 选择一个遵从水平（即如何向税务机关申报缴纳税款），使（4.1）取极大值。求解一阶极值条件有：

$$\frac{v_r'(\Delta I_1)}{v_r'(\Delta I_2)} = \frac{(\theta - 1)\pi(p)}{\pi(1 - p)} \tag{4.2}$$

若要保证（4.1）存在极大值还必须保证在 $r \in [0, 1]$ 的定义域内存在 $\frac{\partial^2 V}{\partial r^2}$，有：

$$\frac{\partial^2 V}{\partial r^2} = t^2 Y^2 \pi(1 - p)v_r^*(\Delta I_1) + (\theta - 1)^2 t^2 Y^2 \pi(p)v_r^*(\Delta I_2) < 0 \tag{4.3}$$

$\pi(p)$ 与 $\pi(1 - p) > 0$，因此公式（4.3）的正负关系主要由 $v_r^*(\Delta I_1)$ 和 $v_r^*(\Delta I_2)$ 决定。

四、模型分析

（一）情形一：预缴税额 < 申报纳税额，即 $D < trY$

该条件下的结论为：当预缴税额低于申报纳税额时，可能出现完全非遵从；若不制定预缴制度，将更有可能导致完全非遵从。

1. 对"当预缴税额低于申报纳税额时，可能出现完全非遵从"的证明

此时 $\Delta I_1 < 0$，$\Delta I_2 < 0$，则纳税人效用函数有：

$$V = -\sigma\pi(1-p)(trY - D)^{\alpha} - \alpha\pi(p)[\theta tY(1-r) + trY - D]^{\alpha}$$

对其求一阶导数有：

$$\frac{\partial V}{\partial r} = -\alpha\sigma tY\pi(1-p)(trY - D)^{\alpha-1} + \alpha\sigma tY(\theta-1)\pi(p)[\theta tY(1-r) + trY - D]^{\alpha-1}$$

显然该一阶导数存在等于零的解。对其求二阶导数，有：

$$\frac{\partial^2 V}{\partial r^2} = -\alpha(\alpha-1)\sigma t^2 Y^2 \pi(1-p)(trY - D)^{\alpha-2}$$

$$-\alpha(\alpha-1)\sigma t^2 Y^2 \pi(\sigma-1)^2 \pi(p)[\theta tY(1-r) + trY - D]^{\alpha-2}$$

由于 $\alpha \in (0, 1)$，该二阶导数形式大于零，即：在定义域 $r \in [0, 1]$ 内，存在这样一个数值 r^*，可以使得一阶导数为零，V 有极小值。因此：

$$r^* = \frac{(k-1)D + \theta tY}{(k-1)tY + \theta tY}, \quad 其中 \quad k = \left[\frac{\pi(1-p)}{\pi(p)(\theta-1)}\right]^{1/\alpha-1}$$

在此情形下，纳税人肯定不会选择这一 r^* 数值，决策人进一步减少申报数额可以有效增加其效用。这时可能会出现 $\frac{\partial V}{\partial r} < 0$，因为 $(\alpha-1) < 0$ 且

$$(trY - D) < [\theta tY(1-r) + trY - D]$$

如果 $\frac{\partial V}{\partial r} < 0$ 时，V 则是 $r \in [0, 1]$ 的递减函数，此时选择 $r = 0$，即完全非遵从。

2. 对"若不制定预缴制度，将更有可能导致完全非遵从"的证明

基于前文，有：$\frac{\partial r^*}{\partial D} = \frac{k-1}{k-1+\theta} \times \frac{1}{tY}$，当 $\left[\frac{\pi(1-p)}{\pi(p)(\theta-1)}\right] < 1$，即 $\theta > 1 + \frac{\pi(1-p)}{\pi(p)}$ 时，$k > 1$，此时 $\frac{\partial r^*}{\partial D} > 0$。说明：$r^*$ 是关于 D 的递增函数——在处于较高水平的处罚比例情况下，如果预缴的数额越小，则使 V 得到最小值的 r^* 水平越接近于 0。那么，当不制定预缴制度 $(D) = 0$ 时，纳税人为提高效用而降低纳税遵从，更有可能导致完全非遵从。

（二）情形二：申报纳税额＜预缴税额＜依法纳税额，即 $trY < D < tY$

1. 对"属于 $r \in [0, 1]$ 的最优纳税遵从度的存在性"的证明

此时有：$\Delta I_1 > 0$，$\Delta I_2 < 0$，则纳税人效用函数有：

$$V = \pi(1-p)(D - trY)^{\alpha} - \sigma\pi(p)[\theta tY(1-r) + trY - D]^{\alpha}$$

对其求一阶导数、二阶导数有：

$$\frac{\partial V}{\partial r} = -\alpha tY\pi(1-p)(D - trY)^{\alpha-1} + \alpha\sigma tY(\theta-1)\pi(p)[\theta tY(1-r) + trY - D]^{\alpha-1}$$

$$\frac{\partial^2 V}{\partial r^2} = \alpha(\alpha-1)t^2Y^2\pi(1-p)(D - trY)^{\alpha-2}$$
$$- \alpha(\alpha-1)\sigma t^2Y^2(\theta-1)^2\pi(p)[\theta tY(1-r) + trY - D]^{\alpha-2}$$

一阶导数难以判断正负关系，而当纳税人未被稽查的权重足够大时，二阶导数小于零，故存在 $r^* \in [0, 1]$ 使 V 取极大值。求解一阶条件有：

$$r^* = \frac{(1 + k\sigma^{\frac{1}{1-\alpha}})D - \sigma tY}{(1 + k\sigma^{\frac{1}{1-\alpha}})tY - \sigma tY}$$

其中，$k = \left[\frac{\pi(1-p)}{\pi(p)(\theta-1)}\right]^{\frac{1}{1-\alpha}}$。由 $D < tY$，可知 $r^* \in [0, 1]$——符合社会实际情况。

2. 对"纳税遵从度与处罚率正相关"的证明

基于前文，可知：

$$\frac{\partial r^*}{\partial \theta} = \frac{(tY - D)^{\frac{1}{\sigma^{1-\alpha}}}\theta tY}{[\theta tY(1-r) + trY - D]^2} \times \frac{1}{1-\alpha}\left[\frac{\pi(p)}{\pi(1-p)}\right]^{\frac{1}{1-\alpha}} \times (\theta-1)^{\frac{\alpha}{1-\alpha}} > 0$$

说明处罚率越高，纳税遵从度越高。

3. 对"控制处罚率的条件下，预缴税额、税率与纳税遵从度相关性"的证明

基于前文，有：$\frac{\partial r^*}{\partial D} = \frac{1 + k\sigma^{\frac{1}{1-\alpha}}}{1 + k\sigma^{\frac{1}{1-\alpha}} - \theta} \times \frac{1}{tY}$，因为 $\theta > 1$ 且 $\alpha \in (0, 1)$ 且 $k = \left[\frac{\pi(1-p)}{\pi(p)(\theta-1)}\right]^{\frac{1}{\alpha-1}}$，所以当 $(1 + k\sigma^{\frac{1}{1-\alpha}} - \theta) > 0$ 时，即 $\theta \in \left[1, 1 + \frac{\pi(1-p)}{\sigma\pi(p)}\right]$ 时，

$\dfrac{\partial r^*}{\partial D}>0$，说明：控制处罚率设置幅度，预缴税额越高，纳税遵从度越高。

另有：

$$\frac{\partial r^*}{\partial t}=\frac{1+k\sigma^{\frac{1}{1-\alpha}}}{1+k\sigma^{\frac{1}{1-\alpha}}-}\times\frac{D}{Y}\times\left(-\frac{1}{t^2}\right)$$

同样可知当 $\theta\in\left[1,1+\dfrac{\pi(1-p)}{\sigma\pi(p)}\right]$时，$\dfrac{\partial r^*}{\partial D}<0$，说明：控制处罚率设置幅度，税率越高，纳税遵从度越低。

（三）情形三：预缴税额 > 依法纳税额，即 $D>tY$

该条件下的结论为：若预缴税额大于依法纳税额，低处罚率很可能造成完全非遵从；而较重的处罚率则使纳税人更倾向于完全遵从。

此时有：$\Delta I_1>0$，ΔI_2 正负关系未知，需分情况讨论总价值函数形式：

1. 对"低处罚率很可能造成完全非遵从"的证明

若 $\Delta I_2>0$，即缴纳罚金后仍可获得相对收益，此时有

$$V=\pi(1-p)(D-trY)^\alpha-\pi(p)\left[D-trY-\theta tY(1-r)\right]^\alpha$$

其一阶导数为：

$$\frac{\partial V}{\partial r}=-\alpha tY\pi(1-p)(D-trY)^{\alpha-1}+\alpha tY(1-\theta)\pi(p)\left[D-trY-\theta tY(1-r)\right]^{\alpha-1}$$

因为 $\theta>1$，所以 $\dfrac{\partial V}{\partial r}<0$，即 V 是 $r\in[0,1]$ 上的单调减函数，那么 r^* 使其效用最大化。处罚率低导致缴纳罚金后仍可获得相对收益，从而"纳税人最优税收遵从度为零"。说明：若预缴税额大于依法纳税额，低处罚率很可能造成完全非遵从。

2. 对"较重的处罚率使纳税人更倾向于完全遵从"的证明

若 $\Delta I_2<0$，即缴纳罚金后面临相对损失，此时纳税人总价值函数形式为：

$$V=\pi(1-p)(D-trY)^\alpha-\sigma\pi(p)\left[\theta tY(1-r)+trY-D\right]^\alpha$$

类似于情形二，对上式分别求一阶二阶导数有：

$$\frac{\partial V}{\partial r} = -\alpha t Y \pi (1-p)(D-trY)^{\alpha-1} + \alpha \sigma t Y(\theta-1)\pi(p)\left[\theta t Y(1-r)+trY-D\right]^{\alpha-1}$$

$$\frac{\partial^2 V}{\partial r^2} = -\alpha(\alpha-1)t^2 Y^2 \pi(1-p)(D-trY)^{\alpha-2}$$

$$-\alpha(\alpha-1)\sigma t^2 Y^2(\theta-1)^2\pi(p)\left[\theta t Y(1-r)+trY-D\right]^{\alpha-2}$$

存在 $r^* \in [0, 1]$ 使 V 取极大值。观察上述二式，若使处罚率很高，使 $\frac{\partial V}{\partial r} > 0$ 且 $\frac{\partial^2 V}{\partial r^2} < 0$，即 V 为 $r \in [0, 1]$ 凹的单调增函数，此时 $r^* = 1$ 时，总价值最大。说明：若预缴税额大于依法纳税额，较重的处罚率使纳税人更倾向于完全遵从。

第五节　纳税人的心理核算

一、心理核算理论的形成

前景理论提出以后，也就是 20 世纪 80 年代之初，经济学研究领域的一些现象无法用主流经济学解释的问题愈发成为焦点。特别是前景理论的提出，用丹尼尔·卡尼曼和阿默斯·特沃斯基（Daniel Kahneman & Amos Tversky）理论解释诸如"沉没成本效应"之类的问题。沉没成本效应就是指，决策主体作出决策时，不仅要考虑此次决策需要付出的成本和可能得到的收益，同时要将之前为此次决策投入的或与此次决策相关的成本考虑在内。来自芝加哥大学的著名心理学家理查德·塞勒（Richard Thaler）则在前景理论的基础上更进一步，1980 年在《迈向消费者选择的实证理论》一文中，提出心理账户（psychic accounting）的概念，从一名心理学家转向一名行为经济学家（早期的行为经济学家很多同时是心理学家）。同前景理论一样，心理核算理论是为了克服标准经济学模型中的描述性异象，同时在将心理核算理论公式化的过程中，也吸收了前景理论的基本要素。据此塞勒对沉没成本效应进行解释说，人们往期成本和现在成本同属于一个心理账户，所以两种成本构成作为人们当前衡量得失的总成本，这就解决了传统经济学模型无法解释的该效应现象。

心理核算理论一经提出，就迅速掀起研究热潮。提出前景理论的卡尼曼教授也开始研究这个与前景理论紧密相关的问题。比如有的学者进行了"音乐会"实验，此项实验证明，人们在作出行为决策时，并不是把所有的支出项目在一个统一的账户中进行计算，而是要将不同类型的消费支出归到具有不同使用规则的账户中，并将自己持有的预算安排到相应的账户中。账户之间没有建立经济联系，彼此之间不会发生资金的替代使用，即使是同等数额的资金，由于不同账户的资金运用规则不同，也代表不同的使用心理价值。就是在不同的账户，同等数额的资金支出或流入具有不同的心理损失或收益效用。个体会按照不同的消费原则进行支配。比如说人们丢失价值500元的音乐会门票后，往往会选择取消音乐会的计划。但是如果丢掉同等价值的其他物品，人们不会取消音乐会安排以弥补损失。这就是心理账户的影响。

1984 年，丹尼尔·卡尼曼和阿默斯·特沃斯基将心理账户决策过程定义为：消费者将自己的收入按照一定的标准分配至不同的心理账户中，根据每个账户的特点和预设，按照不同的消费法则安排支出。1985 年，理查德·塞勒（Richard Thaler）在其具有里程碑意义的文章《心理核算和消费者选择》中提出心理核算的概念，在这篇文章中他详细阐述了心理账户的表现形式和运行规律。理查德·塞勒（Richard Thaler）将其定义为：心理核算就是决策者（包括家庭与个体）用来对自身不同的财务活动按照不同的心理规则进行分类、归集和使用并产生不同心理效用的集合运算。心理账户概念提出以后，诸多学者迅速在该领域展开了卓有成效的研究。比如特沃斯基（Amos Tversky）运用心理账户概念对金融市场问题进行了深入分析，并用心理幻觉概念解释许多不理性的投资行为，具有很强的解释力。还有的学者提出，心理账户实际上就是决策者个体对资产按照重要和不重要原则进行划分，划分的原则是财富的获得难易程度。这些研究成果使得心理账户理论的内涵和框架更加丰富。同样具有里程碑意义的是，理查德·塞勒（Richard Thaler）因为在心理核算方面突出贡献获得 2017 年诺贝尔经济学奖。

二、心理账户的运算规则

心理核算理论吸收了前景理论的基本要素。[①] 核算过程包括三个方面的

---

① 尼克·威尔金森. 行为经济学［M］. 贺京同等译. 北京：中国人民大学出版社，2012：75 - 130. 前景理论对心理核算的意义主要体现为四条原则：（1）分开评价收益；（2）合并评价收益；（3）将较小的损失与较大的收益合并；（4）将较小的收益与较大的损失分离。

内容：一是对结果的理解和决策的制定和评估；二是将活动分配至特定账户；三是决定不同的心理账户属于哪一期间。大量研究证明消费、收入、财富和时间的心理账户并不是可替代的，这违背了标准经济学模型的假定。心理账户关注三个因素：（1）收入来源。根据来源不同，对于付出较多劳动的收入，人们会将其分配到谨慎支出账户，使用该账户资金时人们的态度更为慎重，损失的感受也更为敏感。相反，对于偶然所得或者资本收益等收入，会归于较易安排支出的账户。对于不同的账户，人们具有不同的边际消费倾向；（2）关于支出。同上述原理相同，不同的账户之间支出的心理效用是不同的，安排支出的态度也是不同的，不同的账户之间支出资金不易发生替代性；（3）账户进行核算的频率。

按照理查德·塞勒（Richard Thaler）的心理核算理论，与经典经济学理论不同的是，人们在评估收入和支出效用时，并不是以收入和支出的经济价值作为标准，虽然也进行得失架构，即对收入的效益和支出的损失进行衡量，但是衡量标准并不是资金数额的大小，这种理性分析的方法在心理账户核算理论中是被一种情感核算所替代的。人们在对收入和支出进行评估时，是以其心理上的愉悦程度作为标准的，将不同的资金编码到不同的账户中去，是因为这一账户的享乐规则与该账户资金的来源与性质是匹配的。

心理账户的核算规则实际上是与前景理论紧密相关的，行为经济学的产生也是以前景理论和心理核算账户理论的提出为标志的。前景理论和心理账户核算在以下三个方面是具有相同理论基础的：一是损失厌恶带来的框架效应，即实质相同的行为如果被描述成不同的形式，很可能会影响决策者的偏好。二是不同的参考点会带来不同的效用，人们对决策结果的选择也可能会有不同。三是即使是同样的差额，如果原始价格是出于不同水平的，那么这种差额对决策者的影响也是大有不同的。理查德·塞勒（Richard Thaler）对心理核算的研究进行了应用层面的分析，许多心理培训课程或者其他相关培训课程中就指出要运用该理论指导人们的行为：首先，对于收益行为要分开计算，这样能够获得更大的享乐感受。其次，与之相反，对于损失行为要进行合并计算，这样能够减少情感上的享乐损失。再次，对于收益较大损失较小的行为，应当进行合并计算，目的同样也是获得更大的心理效用。最后，对于损失较小但是收益较大的行为，则要分具体情况分析，因为损失和收益可能归属于不同运算规则的账户，决策者的效用要参考对应账户资金的情感效应。

三、纳税人的心理核算

（一）税收遵从的心理账户的建立与归集

不同税种可能建立不同的心理账户。比如对于环保税和资源税类，由于企业生产经营消耗相关自然资源，纳税人缴纳此类税款时具有补偿心理，更倾向于税收遵从。而对于企业所得税、增值税、土地增值税等税种，由于在企业的生产经营行为中形式上并不涉及对资源的消耗。对于此类支出，由于没有相应的直接收益抵消，损失的负效应更加强烈，纳税人作出不遵从决策的可能性更大。

不同的征税方式可能建立不同的心理账户。比如，我国对于个人所得税中的工资薪金所得，采取个人所在单位代扣代缴的方式缴纳，纳税人对此税感不强烈，易归于支出原则并不严格的心理账户。对于有两处以上工资薪金所得纳税人，需要纳税人自行申报，从税收征管实践看，申报率较低，一般依靠税务机关通过信息核查并发放申报通知单的方式进行纳税申报，很少有纳税人自行向税务机关申报汇总缴纳个人所得税。

纳税和退税归于不同的心理账户。这个问题在前文已有所涉及，在此不作赘述。

（二）税收领域的禀赋效应现象

行为经济学家提出的心理核算理论体系中，有一个重要的发现就是禀赋效应。这一效应的内容就是人们在没有拥有一件事物的时候，往往会给予它相对较低的评价，但是如果该物品归其所有，则人们就会更大更高的效用评价。它也是由理查德·塞勒提出的。这一效应可以用前景理论中的损失厌恶理论解释，人们一旦拥有了一件物品，那么它对决策者的心理效用就体现在其损失时，损失时的心理效用敏感度要大于刚刚拥有这件物品时的收益心理效用。这也又一次说明前景理论与心理核算理论的相通共通之处。对于税收管理来说具有十分重要的启发意义，纳税人在进行税收遵从或不遵从的决策权衡时，对于经济利益的追逐和对可能性损失的考虑是具有不同情感效应的，由于人们担心因不遵从被处以更高罚款时的情感损失要大于同等偷逃税额的收益，因此人们往往会选择税收遵从，这也能够解释观察到的遵从水平要大于计算的遵从率的异象。另外，对于税收管理来说，大部分税种采取的是纳税人先取得经营收入，然后在规定的期限、以规定的方式申报缴纳税款，实际上是以纳税人损失的形式申报缴纳税款，在取得经营收入阶段，纳税人并不能将税后收入与应申报缴纳的税款分列不同的心理账户，造成不遵从问题较为普遍。这些应用都是心理核算理论对税收遵从的解释。

（三）税收遵从领域的交易效用

本书用交易效用来形容一件商品的标价和实际价格之间的差额所带来的效用。获得交易效用是消费者产生购买行为的根本原因，而交易效用的获得与消费者的参照物有密切关系。对商品或购物环境产生的第一印象就像"锚"一样很容易成为消费者的参照物，参照的结果决定消费者是否能够获得交易效用，进而影响购买决策。交易效用对税收管理的启示意义在于，税务机关应当在日常征管中营造良好的税收环境，一方面通过税法宣传促进纳税人对税收的理解，提升税收这种特殊商品在纳税人心中的含金量。另一方面要提升公共产品与服务的质量和水平，使纳税人能够将税收与政府提供的服务建立联系并作为参照依据。交易效用还有一个典型特征就是促销的作用。税务部门作为公共管理部门，不能照搬市场经济行为做法。但是应当重视交易效用的启发意义，创新税务管理方式，进一步优化税收管理制度，不断提高税收遵从水平。

第五章　税收遵从行为的
社会心理学分析[*]

第一节　理论基础与研究框架

一、传统理论中的异象与非传统理论的欠缺

研究方法中，对传统理论①的批评很多。无论是标准经济学模型还是个人有限理性模型，都无法准确预测和改进税收遵从水平。人们还必须从更深层次去关注人们关于税收的观念形成以及这种观点形成的原因和过程，并从中发现税务管理可能存在的问题以及可以作出的努力。因为这是指导人们行为的内因。② 而这些内容恰恰是社会心理学的主要研究对象，以社会心理学为理论框架全面研究我国税收行为可能而且迫切。

（一）期望效用理论的研究异象

如前文所述，标准经济学模型的税收遵从研究，在理论逻辑和现实观察

　＊ 本章主要内容已以《税收遵从行为的社会心理学分析》为题刊于《税务研究》2016 年第 7 期，收入本书时进行了扩展与丰富。
　① 斯塔默（Starmer，2000）提出的经济学理论广义分类法。传统理论接受完备性、传递性和连续性公理，但是允许对独立性的背离。非传统理论并不坚持偏好一定要是行为良好的。
　② Cullis J. G. , Lewis A. . Why people pay taxes：From a conventional economic model to a model of social convention ［J］. Journal of Economic Psychology，1997，18（2）：305 – 321.

中发现四个问题：（1）审计概率、罚金、税率和所得的影响十分有限，理性模型并没有达到新古典经济学的要求。研究发现，审计概率、处罚金额与税收遵从呈现正相关性，但是效果基本可以忽略不计。[①] 税率变化和所得多少对遵从的影响同样存在争议。（2）税收遵从困惑。按照 A-S 模型将变量现实水平代入逃税模型，计算出来的税收遵从度极低，与测度数据不相符。（3）税收预缴现象。预缴制度是各国普遍采用的征管方式，国外克洛特费尔特（Clotfelter，1983）、考克斯和普拉姆利（Cox and Plumley，1988），张和舒尔茨（Chang and Schultz，1990）以及国内许评（2007）等学者研究发现，申报时需要退税比需补缴税款的纳税人税收遵从度要高。（4）存在框架效应，遵从选择受到征税要素呈现方式的影响。标准经济学模型由于缺乏心理上的合宜性导致的幸福感三幕悲剧、客观原因与主观效应之间的差异等问题在税收遵从行为领域同样存在。

（二）前景理论的研究缺陷

（1）前景理论的心理学应用限于对个体的行为及精神过程进行分析，比如参考点概念涉及生物学的自身稳态和协同稳态机制，分析对象往往是个体的机体变量和秉性变量[②]，显然忽略了人特别是纳税人是社会人这一事实，对社会心理影响考虑不足。（2）在标准经济学模型中，政府一般仅通过预算约束和掌握的信息作出公共决策。但是随着行为经济学的发展，越来越多的观点提出，通过改变表述方式、洞察行为心理等渠道会使得公共政策更加符合政府预期和利益，这就给行为经济学的社会应用提供了可能性。[③] 但将这种行为研究引入公共政策实践存在争议，具体到税收行为中，税收制度设计如果完全遵循行为经济学研究成果，则存在将"税收干预"变成"缴税操纵"的危险和担忧，虽然这种结果的实现并不轻松。国外已经对此有所警惕，比如英国 2010 年成立的行为洞见团队（Behavioral Insight

---

① Andreoni J. , Erard B. , Feinstein J. . Tax compliance［J］. Journal of Economic Literature，1998：818 - 860.

② 心理学的解释通常承认大多数行为受到一些因素的共同影响，一些因素在个体内部起作用，比如基因构成、动机、智力水平或自尊，行为的这些内部决定因素叫作机体变量（organismic variables）和秉性变量（dispositional variables）。

③ 彼得·戴蒙德（Peter Diamond）. 行为经济学及其应用［M］. 贺京同等译. 中国人民大学出版社，2013：63 - 64.

Team），由于民众对个人自由威胁的极度敏感只能选择私有化。（3）参考点①不能内生。为评价损失厌恶的影响程度和效果，参考点的确定是十分必要的，但是现有税收遵从理论成果对参考点的确定十分不精准，对动态调整过程办法不多。

（三）社会学理论研究的分散和矛盾

（1）没有形成规范的理论体系。社会学理论对税收遵从行为的研究还处于简单的概念移用阶段，而且由于社会学理论的特点，借用的这些概念与社会现实相比精炼性不够，通过实验或者理论被证实且被学者关注的并不多。实际上笔者认为，与其将税收行为视为一种纯经济行为，还不如将其当作社会行为进行研究更为贴近实际，税收公平、税收归宿、税收负担等涉及到政府治理的多个层面。预算决定与其说涉及到市场作用，不如说是一种政治进程。②（2）研究结果很难形成一致意见。例如，有的研究发现纳税人感知到的社会整体逃税水平，对其自我报告的税收遵从影响很大，但是并不一定带来实际逃税行为，对这一问题产生的根源并没有给出解释。关于公共产品的供给，有的实验研究表明政府公共服务水平直接影响纳税人遵从选择，而一些学者却得出相关性并不明显的结论。（3）社会学研究的是群体，对个体的关注不够，缺乏对纳税人深层次的心理剖析。

二、税收遵从行为的社会心理学研究框架

（一）税收主体的社会思维

税收制度反映国家与纳税人之间的经济关系，税收主体如何看待税收，在税收关系中人们如何看待自我和社会角色，在税收决策中人们如何处理自我控制和自我服务偏见，人们对税收的信念与判断、行为与态度，这些税收行为领域中个体的社会思维对税收遵从的影响很大。斯莫尔德斯（Schmölders，

---

① 在前景理论研究中，结果的确定是与参考点相关的，参考点是价值尺度的零点，对于行为经济学视角的税收遵从行为研究来说是至关重要和基础性的，但对于这一问题目前仍然有多种解释和观点。

② 理查德·A. 马斯格雷夫等. 财政理论与实践（第五版）［M］. 邓子基等译. 中国财政经济出版，2003：92.

1960）通过对蓝领雇员、白领雇员、自雇人员、公务员、农民和退休人员等进行调查，大约有 10% 的调查对象对税收没有产生联想，1/3 调查对象的联想是税务机关、税收到期日等技术性概念，有 29% 的调查对象产生了负面的联想，集中在税种太多和税负较重，见表 5-1 所示。

表 5-1　　　　　　　　　　　对"税收"的自由联想情况

联想	总和	蓝领雇员	白领雇员	公务员	自雇人员	农民	退休人员
技术概念	39	43	39	42	27	33	31
负面印象	29	30	31	23	41	35	26
——不愉快	13	13	15	10	18	14	10
——税负过高	8	9	9	6	10	8	7
——坏税务局	3	3	2	2	5	9	4
——恶意表示	2	2	2	2	5	1	2
——税款使用	2	2	2	2	2	2	1
——令人生气	1	1	1	1	1	1	2
具有必要性	23	18	23	28	26	22	28
无答复	9	9	7	7	6	10	15

资料来源：Schmölders, G., Das irrationale in der öffentlichen Finazwirtschaft. Frankfurt am Main, D: Suhrkamp, 1960.

这些影响纳税人博弈行为的心理因素可以在可重复、可控制的实验条件下得到验证，可以总结为：（1）税收偏见。现实观察和实验研究显示，纳税人对税收的偏见是显而易见的[①]，关于税制、税收合法性、税款使用普遍存在负性的、先入为主的预先判断。税收负面评价的可能根源有情绪性联想、行为辩解需要、刻板印象等，这些现象的测量尤为重要。斯达姆派尔（Stamp Pyle）的模型[②]表明，逃税不仅是一国税制影响的结果，还取决于纳税人对税制的态度、对税收目的和税收公平的认知等。[③]（2）税收主观知识。虽然没有充分证据但仍然可以大胆假设，税收知识和概念影响纳税人对税收的直接感知并成为税收遵从的考量因素。关于纳税人税收概念的考察对

[①]　按照社会心理学研究框架，偏见是对个体认知进行研究的一个重要方面，泛指人们会被先入为主的判断影响行为，这与人们平时从文义上理解的偏见概念并不相同。后文会用税收情绪概括纳税人对税收的认知。

[②]　斯达姆派尔（Stamp Pyle）模型主要是，特别注重把税收认知和税收态度作为税制的自变量（例如边际税率）和税收遵从的因变量之间的中介变量来描述。

[③]　王海勇. 税收心理学的基本概念 [J]. 税务与经济，2008（6）：101-104.

从税制改善角度研究税收遵从具有重要意义。（3）税收态度与税收行为的关系。税收决策是融合经济考虑和心理活动的复杂决策，完全理性与完全非理性的假设显然与现实不符，具体到个体税收决策，态度和行为之间的关系可能是复杂但很有价值的研究主题。

（二）税收遵从的社会影响

社会影响是社会心理学的核心问题。税收遵从的社会影响研究主要考察税收规范、公平以及税收道德等对个体纳税人税收遵从与不遵从决策的影响。纳税人的税收行为并不仅仅基于自身对税收制度的认知和自我的心理行为过程，个体、社会群体、社会整体规范的影响重大。主要涉及以下研究领域。

1. 从众理论研究

基于人们的逐利思想，逃避缴纳税款对个体来说是正效用，但是纳税是社会运转的必需品，虽然并不是社会群体所喜欢的，但是仍然要遵从这样一种政府期望或者要求，是外在力量作用于内在态度上引起的。从众的释放效应、权威的接近性和合法性是比较重要的研究方向。从众作为社会学、社会心理学的重要研究领域，对于研究人的群体行为是非常重要的。税收作为将社会、个体与国家机关联系起来的一种媒介，对于税收决策中的从众现象应当有深刻的认知，才能有针对性的予以改进管理。

2. 税收公平的作用

研究表明，纳税人感知到税务工作者的帮助性建议关系到自我申报的遵从。① 主观的税收公平是影响纳税人遵从行为最为重要的因素，个体之间、阶层之间、区域之间的公平感知和测度，在情绪的共同作用下，影响税收遵从水平，如图 5 – 1 所示。

3. 税收规范与税收道德

在对企业纳税人、受雇人员、高校教师等群体进行的非正式随机访谈中发现，多数纳税人虽然没有承认自己存在逃税行为，但是认为这是一种普遍现象，税收不遵从不仅仅是个别现象，已经成为一种普遍认同。另外，随着

---

① Kirchler E. , Niemirowski A. , Wearing A. . Shared subjective views, intent to cooperate and tax compliance: Similarities between Australian taxpayers and tax officers [J]. Journal of Economic Psychology, 2006, 27 (4): 502 – 517.

税收法律关系的不断被再解释，越来越多的纳税人将逃税视同与税务机关的行为博弈，税收道德滑坡非常严重，以形式合法实质违法的手段少缴税款成为很多企业的选择。[①]

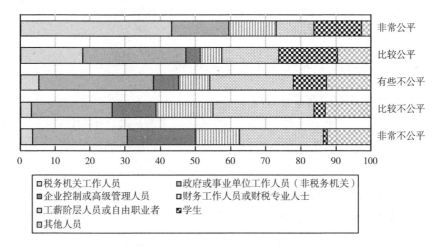

图5－1　不同人群对税收公平的感知

（三）税收的社会关系

基于新古典经济学理论的传统逃税模型假设纳税人做出的决定都是有意识的策略性安排，以此为出发点的研究仅仅是以得出结论为基本导向，并不考虑人和社会的因素，没有意识到这种思维本身对税收遵从的影响。近年来我国倡导税务机关与纳税人法律地位平等理念，努力营造相互合作的税收氛围，促进纳税人对税务机关的信任。如果纳税人持有合作而不是抵制的动机状态，他们就有可能会接受税务机关的合法性并信任税务机关。[②]

税收管理应当着眼于建立透明中立的程序、可信赖的税收制度以及对纳税人维持和增强自尊动机的保护。另外，许多研究已经证明公共品提供与税收遵从关系密切，这些研究假设政府是纳税人福利的受托者，纳税人向政府纳税是其自由行使所有者权利的一个次优结果。目前我国在这一领

---

① 实际上关于此类税收行为是否属于违法行为目前仍然属于争论焦灼的领域，这也说明在税收道德方面依然没有达到较高标准，这也使得税收遵从现状不容乐观。具体案例及笔者观点可见：赵磊. 股权式资产转让税收规避行为的法律评价与立法选择 [J]. 法学杂志，2016（2）：131－140.

② Braithwaite V.. Tax system integrity and compliance：The democratic management of the tax system [J]. Taxing Democracy：Understanding Tax Avoidance and Evasion，2003：271－290.

域还缺少规范的分析，财政资金使用的社会绩效可以作为其中一个研究切入点。

三、税收遵从行为的研究角度与应对策略

（一）从利他主义视角考虑税收遵从

1. 税收从业的职业道德管理

纳税人由于社会分工和专业知识的限制往往不是最直接的税收行为决策者，大量的逃避税行为是税务代理人、会计从业者作出的决策建议。最新证据表明，真正的利他主义者具有明显的人格特征和信仰，对税收从业队伍的心理训练和规范培训很关键。

2. 减少模糊性，提高责任感

社会心理学研究表明，凸显个人特征使旁观者提高了自我意识，从而更倾向于使自己与内在的利他主义观念相合拍。我国对税收不遵从的惩戒更多体现在对面具化企业的经济制裁，对决策制定者的个人惩罚标准要求严格，造成对利他主义的抑制，应当更加凸显对个人行为的关注。

3. 树立利他主义榜样

当前对偷漏税的惩戒宣传较多，可以考虑更多正面宣传，延伸纳税信用管理的范围和内容。比如目前实行的税收违法黑名单制度，一定程度上存在道德约束惩戒和科学性管理界限不明晰的问题，造成人们对黑名单制度的误解，影响社会信用体系建设的合规性。① 实际上，这也是传统经济学对税收遵从研究的一个现实悖论。

（二）关注税收决策的直觉判断现象

决策直觉判断法是指，人们做决定时往往使用直觉推断或简化的规则，其根源在于理性的有限性。直觉推断的工具包括代表性直觉判断、可得性直觉判断、1/n 原则、模糊痕迹理论和程序方法。直觉判断实际上是非常广泛地存在于经济决策和社会生活中去，很难想象如果没有直觉判断行为，人们的决策过程是多么的困难。虽然直觉判断迅速而有效，但是实际上它仍然符

---

① 张一培. 税收违法"黑名单"制度的思考 [J]. 税务研究，2017（5）：91－96.

合一般决策过程的逻辑，假设、权重、判断等每个环节都是必不可少的，但是决策者恰恰使用了源于本能和无意识的方法进行了跳跃式的思考，这种决策是对知识、经验和想象力的综合运用，实在是一种极为高级的决策方法。在税收行为领域，笔者发现纳税人对税法的遵从只有极少数的大公司可能使用标准经济学模型进行推导，也就是税收筹划的使用。更多的个体特别是中小企业主往往凭借对征税行为的感知，以及对其他人缴税情况的估测作出遵从决策，都把过去的经历作为预测未来体验的指南。① 实际上，纳税人往期缴税或逃税经历往往影响其下一次遵从选择。

税收实践中，人们表现出通过直觉判断将收入的固定百分比作为标准向税务机关进行申报，依据就是与过去的赋税比重相当，这里使用的直觉推断决策方法是 1/n 原则。这种个案决策方法是非常值得研究的，纳税人基于当前情况与之前税收决策环境的相似之处，评估过去情况中特定行动的平均结果极易根据之前与现在事情的相似程度赋予评估结果一定比重，选择判断相似点的合适标准，并利用这些标准进行评估，显然涉及直觉推断过程。直觉是很有力量的，但是也存在过度自信倾向、验证性偏见等局限性。②

（三）合理运用税收行为的有限理性

对税收领域有限理性的研究有助于有针对性地改进税收制度和税收征管。我国税收有限理性体现在税制设计、征税行为、纳税行为等方面。税制设计上，一些税收政策的出台遵循了某种成规，虽然使得税制设计者避免由于决策而耗费自身的稀缺资源，但是对现实的考察不够，理性应对不足。

同时，对经济行为认知不完全，可能存在对特定税收人群的排斥，而且掺杂自律失败等寻租行为。征税行为是按照税法规定履行征税程序的客观行为，但是税务人员作为社会群体中的个体，刻板印象、情绪影响、基本归因错误等社会心理学现象同样会发生在他们身上，加上知识不完备性、对行为结果预见的不确定性等，其作出税务具体行政行为也可能存在不理性问题。

---

① 尼克·威尔金森（Nick Wilkinson）. 行为经济学［M］. 贺京同，那艺等译. 北京：中国人民大学出版社，2012：355 - 356.

② 需要特别说明的是，本书此部分内容涉及的税收决策较多属于个体纳税人或纳税相关自然人的心理。经济学与心理学是相互依赖、相互促进的学科，本书内容在涉及经济学决策时侧重于公司纳税人，涉及心理学内容多是针对人之个体，在此予以说明。

纳税行为的非理性主观因素前文叙述较多，在这里要强调的是，经济主体知识的完备程度、信息的充分程度和思维的完善程度都是存在有限性的[①]，在税制设计以及税收管理中要客观认识这种现象的存在，并不是去迁就这种有限性，而是有针对性地做出改进决策。

（四）更深层次地提高税收公平

从社会心理学研究的特点来说，并不像经济学研究那样强调精细运算，参考点的交易、交易者得到的结果、不同交易条件下的环境是双边赋权理论的要素，对于税收遵从领域的研究来说，必须综合考虑纳税人缴税参考点、公共品提供水平和税收环境（主要是量能课税原则）等因素，这样的税收公平才能促进税收遵从。[②]

另外，国内外税收领域研究还没有真正关注社会偏好对税收遵从行为的影响，纳税人的不遵从决策也很少关注到社会福利问题，了解积极互惠和消极互惠的相对重要性以及两者与厌恶不均等的相对重要性是有用的。[③] 调查发现，为数众多的逃税人将不遵从行为与国家提供的公共服务比如社会养老金联系起来，认为政府的行为不符合大多数人的个人偏好，也未能体现社会的整体偏好。另外一个可能的视角是对内生激励的挤出效应，我国对税收不遵从行为采用罚金制度，使得税收遵从不再是完全出于道德动机，纳税人群体的偏好转向商品意义的遵从，完全契约挤出了不完全契约的内生激励作用。

（五）增强纳税人的税收主观认知

我国税收制度比较复杂，存在大量的税收减免优惠等政策，人们逃税的一个理由就是税务机关的征收行为和依据并不能完全被纳税人所理解。基于这一判断，我国财税体制机制改革的一个重点应当是简化税制明晰税法，引入新制度经济学的制度变迁理论，通过税收制度环境的不断建设，降低税收

---

① 崔志坤. 个税制度设计的一个前提考量：税收行为的有限性 ［J］. 经济与管理评论，2012（1）：116－122.

② Borck R. , Engelmann D. , Müller W. , et al . Tax liability-side equivalence in experimental posted-offer markets ［J］. Southern Economic Journal，2002：672－682.

③ 尼克·威尔金森（Nick Wilkinson）. 行为经济学 ［M］. 贺京同，那艺同译. 北京：中国人民大学出版社，2012：355－356.

遵从成本，引导纳税人自觉实行税收遵从的行为。（1）落实好税收法定主义，将其上升到宪法的层面，成为指导税收立法、执法和司法的基本原则。[1]（2）精简税制、明晰税法。可以考虑合并简化部分税种，同时优化立法技术、简明立法语言，使得纳税人对税收制度更加清晰明确。

第二节　直觉判断在税收遵从行为中的应用及检验

一、社会心理学中的直觉判断理论

社会心理学研究的是具有社会属性的人的心理与行为问题。在社会心理学理论中，人们如何认识自我和人们的社会信念与判断构成了基本的社会思维，并进而影响人的行为与决策。在税收遵从决策中，对涉税问题的思维与判断特别是对税收公平与整体遵从情况的判断是影响个体是否作出遵从决策以及遵从程度的重要因素。也就是说，纳税人往往会以自己对税收正义的认知以及对他人缴税情况的评估为标准，来就自己的纳税决策作出判断。前文笔者通过社会调查及一系列分析了解到，纳税人决策并不完全基于利益计算，而受个体对税收认知的影响较大，社会心理学中的判断理论能对此作出解释，同时人的认知机制也是影响其行为的重要因素。

社会认知和判断是一个融观察、期望、推理和热情为一体的混合体。[2] 传统理论认为人的认知是基于两个系统的共同加工：一个是基于理性分析的加工系统，一个是直觉系统，双系统在人们推理和决策判断时交替发挥作用。[3] 两种系统的一般特征见表 5 - 2 所示。

这就涉及本书要重点关注的直觉判断问题。直觉判断也就是借助右脑非逻辑智慧对问题寻求解释的习惯，影响人们的认知能力。对于直觉主义者来说，他们认为对于决策需要的重要信息和资源即使不经过深入思考也是能够

---

①　刘剑文，熊伟. 税法基础理论［M］. 北京：北京大学出版社，2004：100 – 106.

②　戴维·迈尔斯（David Meyers）. 社会心理学［M］. 张智勇等译. 人民邮电出版社，2006：78 – 89.

③　Sloman S. A.. The empirical case for two systems of reasoning［J］. Psychological Bulletin, 1996 (119)：3 – 22.

获得的，途径就是人们从其经历和经验中能够快速总结本次决策所需要的信息，并通过心理的应激反应获得有效的分析模式，从而对决策起到意识引导的作用。① 许多社会心理学家认为，人的思维只有一部分是受控制的，更多判断是自动化、无意识的，这种自动化判断发生在人的视线外，没有理性作引导。就中国文化而言，中国人习惯于非逻辑的直觉思维模式，这对于研究税收行为是颇有意义的。② 直觉判断存在以下几个特征。

表 5 - 2 两种系统的一般特征

直觉系统	推理系统
快速和无须努力	慢且需要努力
过程是无目的的，且自动运行	过程是有目的的并可控
过程是不可通达的；只有结果进入意识	过程是意识通达的并且可见的
不需要注意资源	需要注意资源，且是有限的
并列分布加工	系列加工
类型匹配；尽管是隐喻的，整体的	符号操作；尽管事实是保留的，分析的
所有的哺乳动物共同的	超过 2 岁的人是一致的，并且也许一些语言训练的类人猿也可以
背景依赖的	背景自由的
平台依赖的（依赖于大脑和身体贮存）	平台自由的（加工能够转换到任何伴随机能或机器的规则）

资料来源：Haidt J. . The emotional dog and its rational tail：A social intuitionist approach to moral judgment [J]. Psychological Review, 2001, 108：814 - 834.

（一）过度自信倾向

这种现象是指，人往往对自己的认知能力持有绝对信心，甚至现实生活中存在这样一种现象，就是越是能力不足反而会越存有过度自信的倾向。社会心理学理论认为，人是一种过度自信的动物，尤其对其自身知识的准确性拥有相对占优的信心，对有些信息容易过度高估，同时又低估其他信息，这

---

① Bargh J. A. , Chartrand T. L. . The unbearable automaticity of being [J]. American Psychologist, 1999 (54)：462 - 479.

② http：//www. 360doc. com/content/16/0601/08/421844_564097790. shtml, 2017 年 6 月 7 日访问。

很容易造成错误。① 社会心理学家从两个方面分析了过度自信之所以存在的根源：（1）人们很难认识到自己所犯的错误，特别是往往会在可能使得错误看起来是正确的时间和场景中对曾经所犯的错误进行回忆和评价，这就使得过度自信看起来是难以克服的；（2）验证性偏见，就是人们对于自己的判断，会有意识地选择能够证明自己决策正确的实例进行佐证，在验证自己的决策时人们往往会陷入信息选择盲区，不会主动去证伪自己的观点。研究表明，人们的决策会系统地受到该偏见的影响，而不是完全符合贝叶斯理性的。②

（二）直觉判断并不一定代表正确

直觉判断之所以被理性分析者称为非规范的研究，主要就是该分析方法很容易导致错误的出现。（1）代表性直觉。就是人们习惯于将某些具有典型特征或者让自己印象深刻的事物的特点误认为是同类型事物的共同特点，比如一个偶然的事件可能会让决策人估算的该类型事件发生的概率远远高于客观概率，可能发生的谬误是两个独立事件发生的概率不可能高于单个事件发生的概率。③（2）易得性直觉。就是指人们对事件发生的概率会受单次事件影响，人们会习惯性地认为某个例证往往有高可能性。（3）反事实思维④。人们还可能对已经发生的事件进行忽略，决策者希望发生但实际未发生的事情，却很有可能影响其心理活动。

（三）错觉思维

（1）错觉相关。人们很容易把随机发生的事件与自己的某种认知联系起来，或者用偶然事件支撑自己的观点，而这种相关很可能是不客观的。一些心理学家的实验证明，这种错误相关在现实生活中是大量存在的。

---

① 王晋忠，张志毅. 过度自信理论文献综述 [J]. 经济学家，2013（3）：94-99.

② 刘凤良，李彬. 预期更新过程中的验证性偏见与货币政策效果 [J]. 世界经济，2006（7）：65-73.

③ 我国税收管理中目前对于纳税信用的规范就存在代表性直觉的可能，对黑名单的惩戒在社会公众中产生广泛影响，某些具有高知名度的企业被列入黑名单很容易让纳税人产生思维错觉，就是逃避缴纳税款是广泛存在的，进而可能影响人们的税收行为。

④ 反事实思维（counter factual thinking）是美国著名心理学家、诺贝尔经济学奖获得者丹尼尔·卡尼曼（Daniel Kahneman）和阿默斯·特沃斯基（Amos Tversky）在1982年发表的一篇名为《模拟式启发（The simulation heuristic）》的论文中首次提出的。

（2）控制错觉。有些事件的发生实际上是偶然的，但是决策者如果对其表现了过多关注，很有可能将事件与其他不相关的因素建立联系，特别是与自己有关的联系。认为该事件的发生与自己的行为相关，人们会认为个体的努力可能影响事件发生的概率，而这种事件的发生实际上一般是随机的。

（四）情绪影响判断

普通心理学和社会心理学都非常关注情绪的作用，行为经济学的发展也将情绪作为人的决策中非常重要的因素而纳入研究视野，虽然此类研究尚未有显著的成果。但是不可否认的是，人们总会感受到情绪对人的行为所带来的影响。一个好的情绪可能会使得人们做许多正确的事情，但是当情绪不佳时人们也可能会作出在其保持理性状态时很难理解的事情。相关的研究也证明，幸福和悲伤对人的认知的影响是截然不同的。同时，情绪对人的影响还在于使得思考的深度和广度有所不同。[1] 从我国心理学研究成果看，有学者认为，情绪对直觉判断的影响呈倒 U 型的趋势，对直觉判断产生正效应的是适度的情绪状态。[2]

二、影响税收遵从直觉判断生成的因素

（一）税收认知水平

社会心理学理论认为，人们的社会信念和判断并不仅仅停留在认识层面，而是通过影响人的感觉和行动转化为证实自己的行动与决策。税收发挥调控作用依赖于纳税人和征税主体的行为，一定程度上也就决定于社会对税收的性质和作用的整体认知情况，社会公众对税收的接纳程度决定了税收遵从的整体状况。因此，税收认知就可以将其理解为所有个体对税收的认知经过社会表征构造而形成的整体意志和判断，是认知、判断、理解和接纳的集成。[3] 如前文所述，社会调查显示当前我国居民和征税主体对税收的认知程度普遍不高，在不同行业、收入水平、教育水平的居民之间差异较大，直接

---

① 戴维·迈尔斯（David Meyers）. 社会心理学［M］. 张智勇等译. 人民邮电出版社，2006：83 – 89.

② 张和云等. 情绪对直觉判断的影响［J］. 心理研究，2011（6）：44 – 49.

③ 杨国政. 税收认知对税收管理实践的作用［J］. 税务研究，2001（2）：61 – 63.

影响纳税人的直觉判断，如图5－2所示。

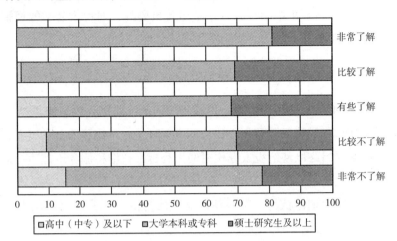

图5－2　不同学历层次群体对税制的了解程度

注：受访者学历占比情况为：高中（中专）及以下受访者占9.6%，大学专科或本科占60.9%，硕士研究生及以上占29.5%。

（二）纳税人对社会公平的判断

国外学者对此研究较早，斯莫尔德斯（Schmölders，1960）将人们对纳税公平的感知列为税收道德的重要内容，这种公平就包括税收负担公平、社会福利享有公平等方面。[①] 人们对社会公平的判断本身就存在直觉判断，同时又成为税收缴纳环节直觉判断的影响因素。有学者指出，来自30个国家的数据实证调查结果表明，在以经济自由度高、市场公平、竞争有效为特征的国家，税收遵从水平相对较高。对社会公平的感知与判断影响纳税人对税收道德的判断，逃避缴纳税款既可能被认为是不道德行为，也有可能被视为对抗社会不公平的正义行为。

从政治学社会契约论的观点看，税收可以被看成纳税人与公共管理部门订立的契约关系，税收关系是一种授权与被授权的关系，因此税收必须体现公平和平等的价值取向，税收征纳双方的权利义务是相对而存在的，税收权力实现的过程同样是纳税人权利实现的过程，这一权利实现过程必须以确保纳税人对此的正面感知为前提。正因为纳税人的价值取向影响其决策，一定

---

① Schmölders G. . Das irrationale in der öffentlichen Finazwirtschaft. Frankfurt am Main，D：Suhrkamp.

程度上纳税人对公平的认知与判断对其能否履行依法纳税义务具有十分重要的意义。这一问题对于中国税收管理是至关重要的，对税收公平的理解必须扩展到经济层面和社会层面。①

（三）税收执法与服务环境

环境对个体具有强烈的影响，税收环境②会对纳税人遵从决策产生很大影响，这其中包括纳税服务和税收执法两方面环境。从纳税服务角度看，所有的服务举措必须始终以使纳税人办税更便捷为标准，纳税服务不能附加对管理有利但对纳税人是增加负担的做法，充分发挥环境的力量，影响纳税人直觉判断。③ 社会心理学理论认为，某一种特定的社会情境通常会对不同人产生不同的影响，因此纳税服务必须着眼于个性化、自主化和可选择化服务。④

从公共管理角度来讲，随着经济社会的不断发展，对税收遵从的管理如果还只是停留在纳税人义务的层面，那么很可能导致税收遵从水平的下降。无论是社会层面还是纳税人个体层面，对纳税人权利的诉求越来越强烈。人们明显地意识到了纳税人意识的觉醒和诉求的强烈而且理智，纳税人能够明白国家与税收之间的关系，并对政府提供公共服务有了更高标准的要求。因此，对税收执法和纳税服务的要求会越来越多，特别是在权益遭到侵害时，很容易影响纳税人心理。从税收执法角度看，一方面应当严格执行法律法规，加大税收执法力度，抑制反事实思维。同时，根据易得性直觉理论，特别是对于税收管理领域来说，从某一个鲜明的例证归纳出一般公理是非常迅速的，因此约束执法人员的不规范和违法行为对于影响纳税人直觉判断是至关重要的。

（四）纳税人的经营情况

前文社会调查结果显示，纳税企业经营状况往往影响它对税收的态度，

---

① 周全林. 论"三层次"税收公平观与中国税收公平机制重塑 [J]. 当代财经, 2008 (12): 38 – 46.

② 税收环境一般是指税收制度赖以产生和发挥作用的各种外部影响因素以及构成经济运行环境的税收要素的总和，在税收管理中直接体现为税收服务和税收执法。

③ 乔家华. 完善我国税收环境的若干思考——美国税收环境考察及其启示 [J]. 涉外税务, 2001 (5): 32 – 35.

④ 谭韵. 税收遵从、纳税服务与我国税收征管效率优化 [J]. 中南财经政法大学学报, 2001 (6): 43 – 47.

经济效益越不好的企业越容易对税收作出负面评价，影响纳税直觉判断。社会心理学理论认为，人在对自己或他人作出解释的时候，往往面临归因因果关系：归因于个人还是情境。归因理论认为，人们在寻找事件发生的原因时，并不能总是在原因和结果之间建立起客观的联系，而是很可能出现一种基本归因错误的问题，这种错误发生的概率很大，而且具有一定的普遍性。人们对别人的行为进行分析时，会强调其个人特质对事件的影响，而忽视环境因素从而有失公允，而解释自己行为时正与此相反。这种现象在人的行为中是非常常见的。基本归因错误在税收遵从领域可能比较明显，企业经营情况良好时，企业更多将原因归结于企业经营策略，而较少关注税收优惠政策的作用。而当企业经营效益不好时，就会较多关注税负问题。这也能从一个侧面解释，经济运行压力比较大的时候，关于税收的争论比经济状况良好的时候要多一些。税务机关在税收管理中也应当尽量避免基本归因错误问题，对税收不遵从行为的分析与解决，应当全面综合地分析原因、提出对策，特别是注重征收税款和支持企业发展的关系与协调。

（五）纳税人的利益驱动力与风险偏好

与一般社会道德遵从不同，税收遵从直接体现为利益获得或损失，利益驱动也就成为纳税人不遵从的主观原因之一。纳税人对经济损失的痛感会影响其遵从与否的直觉判断。[①] 另外，纳税人风险偏好对纳税人直觉判断具有更直接的影响，纳税人在承担风险的种类、大小等方面的基本态度，对其税收遵从决策起到重要作用。传统经济学理论通过计算偷逃税的可能收益与损失来测量遵从水平时，与实际遵从情况相比明显偏低，最直接的原因是纳税人多数是风险厌恶者。

三、影响纳税人税收直觉判断因素的实验检验

传统经济学研究一般强调逻辑演绎和计量统计，较少涉及经济学实验，虽然这种研究方法也并不是完全不适用于经济学研究。行为经济学由于在传统经济学研究中引入了个体的心理因素，因此研究方法上也有拓展，这就是

---

① 王娜. 纳税遵从行为的影响因素分析 [J]. 现代经济，2007 (12)：27−28.

用实验的方法检验个体的行为决策。实验经济学[①]重复特性和控制特性使其具有独特的作用和魅力，受试者的行为以环境和制度为自变量，可以观察其偏好，如图 5 - 3 所示。

图 5 - 3　经济实验三要素关系

而就社会心理学来讲，其最主要的研究方法就是心理学实验，研究者通过受控的实验或是对受试者进行设问，可对其心理过程有更为深刻的洞察。本书作为经济学与心理学的交叉研究，除传统的研究方法外，同时将社会调查和心理学实验引入研究，这对于传统经济学分析是不常见的。前文通过社会调查对纳税人的税收认知、税收道德等问题进行了研究分析，得到了许多很有启发意义的结论。本章将进一步采用心理学实验的方法，对某些问题进行深入分析。

（一）检验内容

本实验主要通过设置不同场景，引导被试进入不同情境，形成特定的税收情绪后，回答"如果可以选择，你愿意拿出你收入的百分之多少用来缴税"的测试问题。为能够对纳税人直觉判断进行有效观察，本实验要求所有被试者必须在 30 秒钟内作答。为简化实验并确保测试结果有效，设置六个缴纳税收占收入比（以下简称税收占比）可选项，分别为 0%、5%、10%、20%、30%、40%。测试目标是通过实验观察被试在不同情境下的税收遵从选择，以观察其在不同情绪下是否能够完全理性决策，检验直觉判断的存在。目标一：税收认知的层次对被试支付税收占比的影响；目标二：政府提供公共产品的水平，对被试支付税收占比的影响；目标三：对社会公平的感知，对被试支付税收占比的影响；目标四：企业经营状况，对被试支付

---

① 实验经济学不同于其他大部分的经济学门类，它并不属于某个特定的研究领域，而是一种可用于任何领域的研究方法。

税收占比的影响；目标五：税收执法与服务环境，对被试支付税收占比的影响。

（二）被试与方法

对于不同的测试目标，本书通过情景模拟或引导被试形成实验需要的测试环境，然后由被试在此实验环境下对测试问题进行直接书面回答或通过微信等电子交流方式作出选择。与前文社会调查不同的是，虽然二者都采用问卷调查的方式，但是强调对环境和被试情绪的控制与调节。具体方法是：

对于研究目标一：选择两组被试，一组是天津财经大学和南开大学在校硕士研究生 10 人，为排除税收知识和工作经历对税收遵从的影响，选择全日制学生和非财税相关专业；一组为税务干部 10 人。两组被试分别代表对税收认知较低和较高两种类型。两组被试分别对测试问题进行回答，发现支付意愿比例的差异。为尽量排除年龄和性别等因素干扰，两类被试男女占比均为 50%，年龄介于 23～30 岁之间。

对于研究目标二：选择被试为在校硕士研究生 10 人（全日制学生和非财税相关专业），多数来自经济发达地区，即感知到的社会公共服务水平较高。同时，为确保公共服务因素更大程度地对被试产生情绪影响和调节，填写问卷前通过在手机微信群中推荐观看某市财政部门支持民生工作宣传片后，再请被试对测试问题进行回答，并与研究目标一中的第一组被试测试结果（该组测试结果为参照测试项）作比较。

对于研究目标三：选择被试为在校硕士研究生 10 人（全日制学生和非财税相关专业）。在请该组被试回答测试问题之前，通过发送微信群信息形式向被试推送两组新闻，并允许被试就两组新闻发表意见。一是《陈宝成事件始末》[①]，内容是网传财新传媒记者陈宝成 2013 年因拆迁维权被山东平度警方采取强制措施，造成广泛影响。被试主要围绕行政机关在此类事件中的失当之处以及拆迁的公平问题进行讨论，可能影响纳税人对社会公平的直觉认知。二是《宗庆后：中国税负确实太高，财政部门没有算

---

① http：//www.360doc.com/content/13/0816/20/13304822_307664686.shtml，2017 年 6 月 7 日访问。

好这笔账》①，主要内容是关于我国税负高低的纳税人观点。将该组实验结果与参照测试项进行比较。

对于研究目标四：选择两组被试，均为企业负责人或个体工商户业主：一组 10 人所经营的企业经济效益较好，税收贡献度较高；另一组 10 人所经营的企业经营状况不够乐观，从纳税情况看近期零申报或者申报税收较少。两组被试均以税务机关征管数据为标准进行选择。两组被试分别对测试问题进行回答，目的是发现支付意愿比例的差异。本组测试委托某市某区地税局税务工作人员代为测试。

对于研究目标五：选择被试为在校学生（全日制学生和非财税相关专业）或无税收工作及直接纳税经历的被试，两组各 10 人，分别给予正性和负性情绪干扰。主要测试被试感知到的税收环境对税收遵从的影响。由于模拟税收环境或在真实税收环境中进行实验难度较大，因此本实验采取了一种常用的心理学实验方法。纳税服务环境和对税收执法的感知会直接影响纳税人的情绪，因此此项测试在请被试对测试问题进行回答前，对纳税人情绪进行目的性干扰。对情绪的干扰主要以图片加音乐的方式进行正负两种情绪调动，当然实际上人的情绪形成是非常复杂的，笔者只能在有限的条件下进行适当的模拟。用于启动正负性情绪状态的图片参照中国情绪图片系统（CAPS）② 选取，共选中正负性图片各 20 张。音乐启动中，诱发正性情绪的音乐是土耳其进行曲，诱发负性情绪的音乐是假如爱有天意，都是心理学研究中经过检验的经典实验音乐。由于该测试对实验的条件要求比较高，本组测试委托相关机构代为测试。

（三）测试结果及数据分析

本书对相关实验数据进行了统计汇总，如表 5-3 所示。由于税收遵从水平并没有公认的研究标准作参考值，也没有理论上的最优遵从水平可以与之比较。因此，本书主要从各测试的结果差异上作比较分析。这恰恰可以观察到不同的变量在税收遵从中的作用。由于测试中的测试一组（全日制和非财税相关专业在校学生）具有较少的特殊被试特征，因此该组测试结果

---

① http://finance.sina.com.cn/chanjing/gsnews/2017-01-03/doc-ifxzczfc6702565.shtml，2017 年 6 月 7 日访问。

② 该情感图片系统由 852 张图片组成。这些图片全是按照内容清晰，含义明确，没有文字并尽量突出刺激物本身的原则从 2000 多张具有东方特色的图片中筛选出来的。

作为比较分析的主要参考值。

表 5 - 3　　　　　　　影响纳税人税收直觉判断因素的实验结果

		0%	5%	10%	20%	30%	40%	平均值
测试一	测试 1 组	1	2	4	2	1	0	12%
	测试 2 组	0	0	2	4	2	2	24%
测试二		0	1	4	2	2	1	15.5%
测试三		2	2	4	1	1	0	10%
测试四	测试 1 组	0	0	5	3	2	0	17%
	测试 2 组	0	2	4	3	1	0	15%
测试五	测试 1 组	0	0	5	3	2	0	17%
	测试 2 组	1	3	4	1	1	0	10.5%

资料来源：根据实验结果编制，对部分数据作了后期重测与修正。

1. 数据分析与结论

关于测试目标一的结论。通过比较测试 1 组与测试 2 组数据可以看出，1 组被试代表可以被认为属于税收知识较少、对税收意义认识不深刻的群体，其平均支付意愿占比为 12%，低于或等于 5% 支付意愿的有 3 人，比例相对较高。与之形成鲜明对比的是，2 组被试属于税收工作人员群体，对税收的认知较 1 组知识更为丰富、心理认同度更高，这在本书的社会调查中已得到验证。最低支付意愿为 10%，平均支付意愿达到 24%，与所得税名义税负较接近。因此，此项测试可以得出如下结论：税收认知层次对税收遵从影响较大。

关于测试目标二的结论。从测试结果看，10 名被试中不存在缴税意愿为 0 的人，支付意愿达到 30% 以上的为 3 人，平均值为 15.5%。与测试一中的 1 组实验结果相比，无论是人群分布还是整体支付意愿，倾向于缴税的被试更多，整体支付意愿与未观看宣传片、来自经济发达地区的被试相比提高 3.5 个百分点，与测试四中企业经营效益较差的企业代表支付意愿接近。因此，此项测试可以得出如下结论：纳税人对政府公共产品和服务的感知与满意程度影响税收遵从。[①]

关于测试目标三的结论。前文多次假设，税务机关的形象包括公众对国

---

① 国外学者测试结果也显示，感知政府可能把税收用于不恰当的地方，会预先影响人们去逃避税收（Vogel, 1974）；同样，对公共产品提供存在不同意见，也会预先影响人们去逃避税收。

家管理者的态度，以及在国家管理和税务管理中感知到的社会整体规范与公平，影响纳税人税收遵从水平，这一假设在社会表征分析中也得到了验证。本测试目标选取的两篇文章都是引起社会广泛关注的案例，陈宝成事件涉及社会矛盾较为突出的拆迁领域，记者、律师、法学学者都高度关注，案件处理结果也有很大争议，阅读讨论这一文章时被试很容易受影响和引导，而对社会公平产生极大不信任。第二个案例具体到税务问题上，关于税负轻重的争论历来都是争议的焦点，特别是 2017 年此种争议更是接连引起很大的舆论影响。条件设置引导关注的方向是社会负面舆论。从结果看，与参考项相比，被试的缴税意愿造成一定影响，平均值下降 2 个百分点，支付意愿为 0 的人数达到 2 人，均值在 5 个测试中处于最低值，可以得出社会公平感知对税收遵从具有一定影响。

关于测试目标四的结论。一是作为企业经营者，两类被试的缴税意愿均值分别为 17% 和 15%，均高于测试目标一中 1 组的支付意愿，可以从一个侧面反映出税收认知水平影响税收遵从意愿。企业经营者作为直接纳税人所有者和实际税负承担者，对待税收问题作出相对较高的税收缴纳意愿选择，与前文社会调查反映的群体税收道德水平较高的结果相印证。另一种解释是，本测试二组被试对税负有所感知，而且是税务机关工作人员测试，因此不会选择明显不合理的选项，有一定的掩饰性受测的可能。二是从本测试两组被试的数据看，经营效益较好的企业负责人缴税意愿稍高，两类人群的支付意愿均值相差 2 个百分点。但是与其他测试相比，差距较小。出现这种实验现象的可能性解释为，企业经营者在测试中可能对税收痛感有更直接感受，一定程度上抵消了企业效益因素的影响权重。因此，企业效益对税收遵从有一定影响，但效果不明显。

关于测试目标五的结论。由于执法和纳税服务测试的情境预设难度较大，直接描述可能会给被试带来先入为主的错觉，因此采用间接测试方法。这种实验方法在心理学研究中较为常见。从测试结果看，纳税人缴税时的情绪对税收遵从影响较大，正性情绪下支付意愿较负性情绪下高 6.5 个百分点，仅低于税收工作人员的缴税意愿，相差幅度也仅比测试一低，而负性情绪下较测试一中 1 组低 1.5 个百分点。结论是，纳税人情绪对其支付意愿影响较大，也证实直觉判断在税收遵从行为中的重要意义和研究价值。

2. 可能影响实验结果的因素

为使此次测试尽量排除其他因素干扰，尽可能获得被试的直接感受和直觉判断，主要有三方面机制对测试结果进行保障：一是所有人均匿名提交测试结果，即使通过微信等形式的实验也均不要求实名制，而且尽可能避免熟人效应；二是一般作答时间是不超过30秒钟，当然有些测试由于条件、被试配合度等问题，有时间控制不够严格的现象；三是被试除具有特定测试目的外，一般选取对税收认知较少的学生群体或其他群体。但是，由于条件限制，此实验较为简单，可能的干扰项也比较多，存在五个不足：一是大部分被测是在校硕士研究生，并不是直接纳税人员，对社会群体的代表性不高；二是为回避前期干扰问题，此实验五个测试的被测均不同，可能会有个体差异影响测试结果的问题；三是对可能影响因素的情境设置较为简单，实验的复杂性和科学性还不够高，有干扰因素存在不能产生有效作用的担心；四是部分测试委托不同人员代为实验，可能存在测试主持人的个体影响；五是样本量偏小，有些测试结果不具有可采用性，后期进行了修正测试。

四、直觉实验的不同维度启示

经典经济学研究对直觉判断是排斥的，但是这并不妨碍直觉的拥护者们对这种决策方法的青睐。事实上社会心理学家认为，精于计算的决策方法很可能是徒劳的，一方面很少有人会耗费如此之大的资源和精力去做生活中需要的无数决策行为，另一方面也从来都没有证据能够证明理性决策就比心理决策具有更强的优越性。直觉主义者坚持，这种决策方法并不是放任自流的决策，而是决策的信息由人的心理自动生成并迅速应用于即时决策。就税收遵从领域来讲，为数众多的是小微企业和个体纳税人，他们并没有足够的能力和条件去亲自作或者聘请税务中介机构作一个完整的税收遵从筹划，往往是根据自己的经验和观察以及理解，作出税收遵从或不遵从的直觉判断。前文论述了税收遵从领域的直觉，并通过实验的方式分析了五种可能影响直觉的因素，应该从中获得启发。

（一）纳税人层面

要大力培养纳税人意识。社会心理学家认为，态度和行为互相支持，态度在下列条件下可以有效预测行为：其他因素的影响最小、态度是针对具体行为的、当人们清楚地意识到态度是强有力的时候。税收认知的提升包括两个层面的努力：一是纳税人对税收知识、理解和接纳的不断深化，二是税收外在环境的不断优化。这两种因素的相互作用共同促进了税收认知水平的提高。因此，对于税务机关来说，提高税收遵从水平，必须认识到税法宣传和辅导的重要作用①，让纳税人在充分享受权利的同时，促使纳税人改变不适应税务管理的态度和行为，引导纳税遵从。实施国民税收教育，提供全方位、多层次、宽领域的税法宣传，努力营造一个良好的税收氛围。

（二）税务机关层面

目前，税务管理同样呈现直觉判断特征，税务机关凭借自己对税收和纳税人的理解来采取管理措施。比如，税务机关往往推定纳税人都是欢迎税收改革的，认为纳税服务都是促进税收遵从的，对税制公平和税负合理性往往是有过度自信倾向的。税务机关从事公共管理活动，要认识到纳税人在税收遵从中的直觉判断特点，并采取有针对性的措施加以干预。但是就税务机关的活动来讲，应当推进科学化精细化管理，无论是税收举措还是与纳税人的互动，都应当充分体现理性行为特点。要避免错觉思维、过度自信倾向、验证性偏见等直觉局限性。比如，税制影响税收遵从主要体现在纳税人对税负的反应非常敏感、同时也排斥较为深奥和复杂的税收制度两个方面，实际这两个因素是紧密相关的，复杂的税制结构往往给纳税人一种整体税负过重的感受。从改进层面讲，在当前的经济形势下和税制竞争环境中，进一步优化税制结构，使宏观税负整体下降是非常必要的措施，人们对税负的感觉认知已经根深蒂固，除非有较为明显的税负下降，纳税人因税负感知较重而影响税收遵从的问题就很难得到有效解决。要在保持现有税制框架的基础上，逐步简化税法与税制，在兼顾效率和公平的前提下，通过构建清晰、明确、可预知的简洁稳定税制，尽量降低纳税人直觉判断的差错影响。

（三）社会环境方面

人们在强调纳税人个体直觉判断特征的同时，必须认识到社会环境具有巨大的力量。个人因素是直觉判断的基础，但是个人因素的形成主要依赖于个体思维能力和外界环境的施加作用，行为必须用社会因素和个体因素进行双维度的解释，才能使得行为有足够的解释力。人作为社会中的人，意识的形成主要是从社会影响中获得，人既是社会的创造者，也是社会化的产物。

---

① 潘明星. 论纳税人的权利与义务 [J]. 当代财经，2000 (9)：31–35，80.

就税收领域来讲，税收管理环境和税收社会环境是两种主要的影响纳税人心理的因素，多种因素共同构造出的税收文化对税收决策的解释是有说服力的。这种影响可以说是微妙而不直观的，也可以说是根本性的。纳税人与税收环境的相互作用主要体现为三个方面：第一，税收决策者个体对税收环境的感知是有不同的，对税收管理的反应是有差别的。就如前文实验所验证的，因此税收管理必须因人而异、因事而异。第二，人们会选择对自己有影响的环境，企业搬迁和流动很可能是由于税收管理方面的差异，因此必须着眼于建立吸引纳税人进驻的管理模式。第三，纳税人会创造税收环境。力量根植于个人和环境之中，纳税人既被税收环境塑造行为，又反作用于税收环境使其更加强化。

从税收环境来看，要不断推进纳税便利化。纳税服务是税收征管的核心业务，对纳税人的心理具有较大影响，是纳税人了解税法的主要途径，是税收文化形成和施加作用的重要方式，对于税收遵从水平的提高具有重要意义。因此，税务机关必须正视这种权利意识觉醒的现实和对纳税服务的诉求，看到纳税人对税收服务的需求越来越强烈。同时必须看到，与整个社会的经济步伐，与社会的民主化进程，与对整个税务管理事业的要求相比，纳税服务的改进还任重道远。从社会大环境看，要进一步推进综合治税。从狭义税收治理层面看，税收管理的范围要进一步扩大，必须将税收信息的收集渠道延展至企业和税务机关之外，与企业经营相关、与应税行为相关、与税收管理相关的领域，税务管理必须设置必要的管理权限，税收治理必须实现集约化、精细化。从广义税收治理层面看，要不断提供政府治理水平，切实提升法治化水平，进一步提高公共产品供给的社会效应，推动经济社会秩序优化和税收秩序的不断规范。

第三节　纳税人群体意识与从众行为的实验研究

一、社会心理学中的群体与从众理论

（一）群体理论

"物以类聚，人以群分。"这句俗语所表达的内容正是社会学和社会心理学研究的重要领域。尤其是在人与人之间的交流及合作更加频繁和重要的当今，对群体效应的关注与研究显得更加重要和关键。

社会学家和社会心理学家都指出，人作为个体的表现与行为和人们共同的行为是显著不同的①，人并不是时刻都表现为按照纯粹理性学说来支配行为和采取行动。这种表现反映在群体行为中，就是当人们形成群体时，无论这个群体如何松散，都可能做出个体通常会感到不可思议的决策和行为，这对税收行为具有很重要的启示意义。

古斯塔夫·勒庞在（Gustaf Bon，1895）《乌合之众：群体心理研究》一书中给群体最早下过概念：一般意义的群体是众多个体的集合体，群体的形成并不以民族、区域、性别和职业为依据，也并不需要稳定的组织形式和体系，也并不以特殊的时机为必要条件。

心理学意义上的群体则有与众不同的要求，必须具备不同于组成群体个体的特征。毫无目的地偶然聚集在一起的人群组成并不具备群体的特点，不是社会心理学也不是本书研究的群体。勒庞将这种群体定义为"有组织的群体"，并指出这种群体受群体精神统一性的心理学定律（psychological law of the mental unity of crowds）的支配。②

群体最显著的特征是个体自觉性不复存在，个体的整体情绪和思想往往指向同一个方向，即使没有强制性约束机制发挥效用，个体们也会自觉地调整自己的思维和行动，使群体显著具备集体思维，而且这种思维当个体决策时一般被认为是低智慧的，这是心理群体表现出来最不可思议的特点。如果有人破坏了群体一致性，那么会降低其影响力。③ 如果不是组成了一个群体，一些想法和情感压根不会形成，更不用说付诸行动了。

这与前文所讨论的直觉判断也有直接关系，群体行为往往是无意识的，无意识现象不仅存在于有机体的生活中，而且在智力活动中也体现出其绝对

① 张亭玉，张雨青. 说谎行为及其识别的心理学研究 [J]. 心理科学进展，2008（4）：651 - 660.

② 古斯塔夫·勒庞（Gustaf Bon）. 乌合之众：群体心理研究 [M]. 段鑫星译. 人民邮电出版社，2016：33 - 121.

③ Allen V. , Willder D. A. . Impact of group consensus and social support on stimulus meaning: Mediation of conformity by cognitive restructuring [J]. Journal of Personality and Social Psychology，39：1116 - 1124.

的优势，与无意识因素相比，有意识因素的作用很小。[①]

一般认为，群体特征往往受三种因素影响。一是人的本能使然。一个简单的道理，群体由于人数众多会给个体带来更多的底气，个体内心存在的与社会道德不同且在个体行为时约束性更强的思想更容易因为众人行为而出现。[②] 二是相互间的传染。群体中最容易产生从众行为，特别是群体领袖或者多数人的行为，会对个体行为产生直接影响。三是心理暗示。这与相互间的情绪传染有关，是第二个因素的直接结果，也是最重要的影响因素。

贾尼斯（Janis）指出群体思维有八种有损理性的症状。一是无懈可击的错觉，群体往往表现得过分自信。二是群体中的个体倾向于对群体规则进行全盘接受，较少对群体道德提出不同意见，即使群体道德与一般的伦理道德存在明显的不一致。三是合理化，群体中的个体会选择顺从群体决策以减少挑战，而且这种顺从是源自内心的行为。四是群体对对手的印象较个体对对手的印象更加刻板和难以改变。五是群体中会明显存在从众行为，而使得个体的智慧无法发挥最大的作用。六是在群体中，人们会压制自己的想法和疑虑。七是一致同意错觉，使得是非判断的准则不够清晰。八是心理防御，会自觉维护群体的决策。[③]

（二）从众行为

税收遵从概念从根本上说来源于社会心理学的从众理论，而群体中最容易产生或者说群体的基础就是个体的从众。社会心理学的从众来源于社会学的社会控制，是指在任何社会里预防人为越轨行为的技巧和策略，在社会控制的作用下，大部分的人尊重并接受基本的社会规范。

从众并不仅仅指行动上的一致性，更强调心理认同的一致性，这种从众并不能用正确与错误、积极与消极进行评判，而是指个人受他人行动的影响，是根据他人而做出的行为或信念的改变。从理论意义分析，群体压力对个体决策的影响表现为两种形式，一种是顺从，另一种是接纳式从众。在税

---

① 古斯塔夫·勒庞（Gustaf Bon）. 乌合之众：群体心理研究［M］. 段鑫星译. 人民邮电出版社，2016：33 - 121.

② 顾杰善. 社会利益群体理论和利益群体分析方法简论［J］. 社会学研究，1990（3）：9 - 16.

③ 戴维·迈尔斯（David Meyers）. 社会心理学［M］. 张智勇等译. 人民邮电出版社，2006：225 - 229.

收决策行为中，既有顺从行为，也有接纳行为，但更重要的是接纳行为。顺从式从众往往表示个体对群体的意志并不认同，但是迫于各种原因而选择从众以保护自己或维护个体在群体中的身份。

接纳则是指内心对集体意志的绝对认同，并不仅仅迫于外在压力的影响。遵从主要是为得到奖励或者避免惩罚，如果个体的遵从行为是由明确的命令所引起的，那么就称它为服从。[①] 人们为什么会从众？这是社会心理学家非常好奇的事情，众多心理学实验也在逐渐揭开从众心理的神秘面纱，虽然这些观点并没有形成一致意见。有的观点认为，人们之所以从众主要出自两个原因：一是人是社会性动物，个体害怕被孤立于大多数人，人天生就有寻找群体的心理和习惯。二是人们需要群体为自己的行为提供依据，或者说并不是群体影响了个人，而是个人根据个体价值取向选择群体，以使得个体的决策能够有更充分的群体支撑，这能够使得个体的决策更加坚决和有力。规范和信息影响就是上述两个原因的总结。

关于从众的影响，最突出的问题是群体作出的决策往往是低智慧且损失大，存在群体极化现象，群体极化理论预测群体协商会强化群体成员的共同态度，而忽略理性分析，如图5-4所示。群体智慧并不是个体智慧的加总，甚至不是个体智慧的平均值，群体的总智慧很大可能会低于单独的个体，社会现实中有无数类似的例子。从正面效应来看，正是这种无意识行为反而容

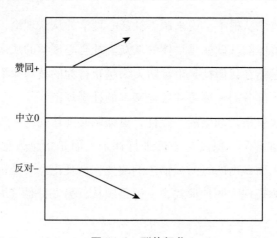

赞同+

中立0

反对-

图5-4　群体极化

---

① 戴维·迈尔斯（David Meyers）. 社会心理学［M］. 张智勇等译. 人民邮电出版社，2006：153-178.

易激发英雄主义，群体比个体看起来更果敢，历史的改写往往是群体行为的作用结果，人在群体中会更有荣誉感和胜利渴望。

二、纳税人适用群体与从众理论的合理性分析

本书用群体理论和从众理论研究税收遵从行为，一个首要前提就是纳税行为或者说纳税遵从行为可以归结为群体行为[①]，才能具有群体行为的特点和从众行为的体现，这是本节内容的基本前提。在当前中国经济社会中，纳税人不仅仅可以用群体来看待，而且是比一般群体更有统一心理和共同主张的心理型群体。至少，以下几点考虑可以支撑这一结论。

（一）纳税人具有成为群体的历史传统

一方面，税收历来就是极易产生群体行为的领域。中国历史上较大的社会变革都可以找寻到税收的影子。[②] 中国税收文化中历来有重民本的思想，政府采取休养生息的轻税策略往往会带来统治初期经济的繁荣和社会的稳定，但赋税过重也是引起社会矛盾最直接的因素之一，社会民众对税的感知是真切而直接的。不仅仅在中国，税收在西方资产阶级革命中具有更加深刻的意义和作用。无论是英国资产阶级革命[③]、法国资产阶级革命还是美国资产阶级革命，税收在其中都扮演了推动器的角色。本书无意于分析中西方税收在社会变革中作用的区别，只是为了说明纳税人成为群体的历史传统。另一方面，与前述内容具有一定的共性相比，中国的历史文化也是滋养税收群体行为的热土，中国历来把服从集体、与其他人保持一致看成忍耐、自我控制和成熟的象征，税收群体的行为往往不被看作低道德行为，而是具有一定正义性的社会行为。

（二）纳税人具有成为群体的经济基础

很显然，税收不同于其他领域社会行为的最显著特点是其经济性。《税

---

① 袁红兵．关于先进税收文化建设的思考［J］．财政研究，2013（10）：36－38.
② 刘永华等．社会经济史视野下的中国革命［J］．开放时代，2015（2）：11－80.
③ 王君．论英国资产阶级革命时期的税收变革［J］．首都师范大学学报（社会科学版），2007（S1）：157－162.

收百家史话》讲述了这样一个故事。北宋时期方腊，有一次偶然看见税吏正在向村民征收赋税，因税致贫的他怒火中烧，用敲锣的方式迅速组织起数百人，杀死了征税的官吏，但导致整个村庄被政府派兵烧杀洗劫一空。[①] 从这样一个故事可以看出，税收因其是对民众直接经济利益的剥夺，群体行为的产生不需要长时间形成共识和观点，组织者不需要向个体灌输价值形成认同就能迅速形成群体。

与一般的经济行为不同，税收作为对个体利益的剥夺并不需要支付明显对价且具有强制性，极易在人们心理上造成排斥感，纳税人形成群体后具有较高的凝聚力。当前税收问题成为社会热点，人们热衷于谈论税收话题、探讨税收问题，税收已然不仅是一种政府管理行为，税收理论也越来越在经济视角税收的一些重大问题上形成共识，这都无形中促使税收的经济性在税收群体中充当催化剂和黏合剂的角色。

（三）纳税人具有成为群体的社会条件

与以往任何时候相比，现代税收具有形成纳税人群体的条件和氛围。一方面是税收重要性的提升。传统观点指出，税收是以政治权力为保障的特定分配关系。[②] 但在现代税收管理中，税收管理者更加意识到提高税收遵从水平绝不仅仅靠税收的强制性，税收也绝不是单纯为了组织收入，而是成为国家存在的基础，也就是税收国家的概念。[③] 另一方面，纳税服务在纳税人群体意识觉醒方面也有重要作用。在税收管理中，纳税服务与税收执法成为同样重要的内容，在纳税服务中纳税人对税收的思考以及纳税人之间的联系沟通越来越深入，纳税人逐渐意识到自身存在的意义和重要性。这里只是列举了与税收相关的两个最直接因素，实际上税收群体的形成与社会发展进程、政治体制和制度、文化背景等因素紧密相关。在市场经济条件下，无疑一切条件都在推进税收群体的形成。

（四）纳税人权利意识增强的推动作用

虽然此内容与前述内容深度相关，但考虑到其重要性，此处还是将其单

---

① 赵恒. 税收百家史话［M］. 陕西人民出版社，2006：189－195.
② 国家税收修订本编写组. 国家税收［M］. 中国财政经济出版社，1984：3.
③ 张富强. 论税收国家的基础［J］. 中国法学，2016（2）：166－183.

列出来重点论述。税收理论的发展是否定再否定的。对于客观存在的不以人们意志为转移的税收，在资本主义自由经济时期税收交换说①具有更广泛的共识，但在垄断资本主义时代则发展成权利义务说，直到现在该理论仍然是主流税收认知之一。这些学说的发展对纳税人权利意识的提升起到重要作用，纳税人越来越关注税收的征收和使用，并不仅限于以下关注点的纳税人税收思维促进纳税人思想基础的形成。（1）税收公平，就是对任何人都没有偏袒，按适当的比例征税。在经济全球化背景下，税收公平的比较开始走出国界。（2）税收正义，宏观税负的水平越来越成为人们思考的重要内容，纳税人权利开始涉及税收立法。（3）税收征管，这与法治思维的提升紧密相关，纳税人更加注重在税收缴纳过程中所感知到的权利。（4）公共服务，税收的支出方向以及用于民计民生的比重，成为纳税人重点关注的内容。纳税人权利意识增强让其更习惯于对税收进行思考，并采取恰当方式维护权利，这无疑催生群体意识和群体行为。②

（五）纳税人群体权威和代表作用明显

在社会心理学理论中，权威的接近性和合法性对从众的影响是至关重要的③，一系列心理实验都证明，权威影响从众的水平和范围。权威效应的形成依赖于人们的两种心理：一是安全心理，人们会在潜意识里对权威人物的合法性和合理性产生过高信任，按照权威人物的方法行事会让人们增加安全感。二是赞许心理，权威人物作为社会楷模，往往是社会规范的代表，对权威的效仿和学习会带来更多的赞许。

税收具有很强的专业性，纳税人基于共同的利益诉求形成群体的条件要求并不高，但是形成规范的、具有明确诉求和社会影响力的群体则不能缺少群体权威和代表的作用。（1）财税学者。市场经济条件下，对财税问题的研究是热门领域，税收群体意识的形成，知名专家和学者的税收主张和观点带动作用明显。（2）知名企业代表。中国纳税人90%以上是中小企业，对税收性质的理解和认知并不深入，知名企业代表具备成为税收群体权威的条

---

① 谷志杰. 更新税收观念、重建税收理论［J］. 税务研究，1993（6）：2.
② 王敏. 新公共服务理论对推进税收征管现代化的启示［J］. 税务研究，2015（9）：101 - 104.
③ 戴维·迈尔斯. 社会心理学［M］. 张智勇等译. 人民邮电出版社，2006：153 - 233.

件。所以，前文提到，对知名企业负面纳税信用信息的公布要慎重。（3）税收代理人。税收代理人在为纳税人提供税收服务的同时，还起到税收宣传作用，基于利益诉求的同向性，更容易取得纳税人的信任。

三、纳税人群体从众行为的现实表现——基于实验的检验与结论

我国纳税人具有群体特征也极易形成群体。从税收管理的角度看，就必须从群体管理的视角去考虑税收工作。围绕群体行为的特点，有针对性地提出相应举措。同时，要正视纳税人群体可能出现的不公允认知。例如，在税收情境中，纳税人通过汇集个人的努力（纳税）以实现一个共同的目标（良好的公共服务），但是其中纳税人个体的努力却无法单独被评价。研究表明群体成员在完成这样的集体任务时，就不会那么努力了。这在税收治理领域是非常典型的问题。另外，纳税人在群体之中，会接受群体规范和观点，会出现去个性化现象，导致税收宣传教育在个体身上的失效。其结果就是自我觉察和自我约束减弱，纳税人在作出税收不遵从决策时道德感变弱。而且在日常情境中，群体交流会强化观点（见图5-4）。研究者证实了两种群体影响：信息影响和规范影响。纳税人接受收集的信息会有利于强化最初观点，容易产生心理共鸣和观点认同，当纳税人发现其他人都对自己最初的意向持支持态度，那么他们表现得就会比以前的意向更胜一筹。下面，将通过简单的心理学实验检验上述理论在税收遵从领域的表现。

基础实验场景设计。社会心理学实验一般可以采用两种方式，一种是在实际社会生活中观察和控制，这种方式能够最大限度地贴近现实，但难点是操作困难且有可能存在法律障碍和实验伦理等问题。[①] 本书采取的是另外一种实验方式，也是易于操作的常用方式，就是通过情境设计模拟出一种社会环境，观察和控制被试在模拟情境中的行为，进而观察得出实验结论，简化和模拟是这种实验的最重要特征。这种方式有两大缺陷：一是实验室永远不可能模拟出真实的世界；二是被试也许已经洞察了实验意图而产生反控制行为，即使没有察觉到实验目的，由于模拟行为并不产生实际代价，会出现掩

---

① 舒华等. 心理学实验方法：科学心理学发展的根本 ［J］. 中国科学院院刊，2012（S1）：199-208.

饰行为。这是此类心理学实验要解决的两大难题。此次税收遵从从众行为实验是以基础场景设计为开始，通过有目的进行场景控制和影响被试心理因素控制，按照预设路径进行模拟。实验以书面问答形式进行，基础场景以文字描述形式置于问卷最开始，记述如下。

"我们都听过这样一句话：生活不只是眼前的苟且，还有诗和远方。那么，此刻我们想象这样的远方：诸位共同生活在一个风景如画、四季如春的小岛上，而且只有在座五位以及一位工作人员，工作人员是大家雇佣来负责小岛管理和维护的，那么请问：你愿意为他支付多少薪酬？请以你的收入比来表示。当然想告诉大家的是，如果薪酬过低工作人员会选择辞职，而且再无其他人可雇，假设你们也肯定不愿意长期承担该项工作，或者不具备很好地完成该项工作任务的能力。"

此次实验被试者四名：被试1、被试2、被试3和被试4。参与实验的还有一名被四位认为其也是被试一员的实验甲，他隐藏身份，具体负责控制实验情境和因素。另设主持人一名，助手两名。为尽量消除被试固有税收思维对实验影响，实验不以税收形式表现，而是模拟上述场景，由于重点是测试从众现象，对税收场景模拟与现实出入对实验没有根本的否定性影响。本书通过实验对下列几个问题进行验证。

（1）税收遵从行为中存在从众行为吗？主持人请被试①在白纸上按照自己的意愿写下愿意支付比例，备选项是5%、10%、15%、20%。有实验设备可观测到，被试1为10%、被试2为15%、被试3为20%、被试4为5%，助手通过手机微信形式告知实验甲被试选择情况。主持人表示被试可以简单交流，实验甲以恰当方式表达自己的选择为15%，并得到被试2的认同。最终被试3和被试4将自己的答案修改为15%，被试1未作修改。本实验情境设计虽然缺少法律强制因素模拟，但以工作人员可能辞职并对岛上生活造成影响起到心理影响（强制）效应。通过上述实验笔者可以得出一个并不严谨的结论，在这样的税收模拟环境中，多数人的行为和选择（15%）确实对少数人（被试3和被试4）的选择造成了一定影响，并导致其修改了自己的答案，证明在这种类似税收行为中出现从众行为的可能性和比例并不低。但被试1并未对此作出改变，可以认为，从众并不是绝对的，受从众个体特征的影响较大，这与一贯理解一致。

---

① 为表述方便，四位被试和实验甲统称为被试。

（2）从众行为对税收遵从的影响有多大？实验甲未表达观点之前，四名真正被试的答案分别是10%、15%、20%和5%，平均支付意愿为12.5%。在实验甲的引导之下，四名真正被试的最终答案分别是10%、15%、15%、15%，平均支付意愿为13.75%，较出现群体行为前高出1.25个百分点。特别是对被试4，其选择由5%提高至15%，支付意愿增加了两倍。在此实验中引发了较大程度的从众行为，从众比率为67%。

（3）哪些因素影响税收从众行为？通过上述实验笔者验证，群体从众行为在类税收行为中是明显存在的。其实与所有人的行为一样，税收行为作为社会行为的一种，也符合社会行为的一般规则，规则中就包括人的从众行为，特别是作为群体一员的从众行为，实验只不过是验证一般规则在具体领域的适用而已。社会心理学理论认为，影响从众（包括服从和接纳）的因素主要有以下几种：①权威效应，就是权威者的带动和示范。②群体一致性，观察到其他人持有异议，即使这种异议是错误的，也会增强自己的独立性。③凝聚力，如果一个群体中的个体对群体意志的维护更加强烈，就说明这个群体的凝聚力更大，那么群体意志越可能被执行。④公开的反应，当人们公开作出选择后，执行力要远远大于只在自己内心作出的选择。⑤事前承诺，事前承诺也会抑制说服力。在这里需要说明两点：一是用实验的方法发现影响是税收从众因素的做法显然更科学，但是这受制于实验条件的原因，本书只采取了验证的方法；二是以下实验基于基础实验场景设计的控制，但是被试并不是完全相同的人，这很好理解，后文也不再特殊说明。

①权威效应。与基础实验的不同之处是：本实验并不以书面问答形式进行，而是公开表达自己的观点，每个人就自己的选择作出表态并说明理由。四名被试分别选择了5%、10%、10%、20%。另外一个不同是，实验甲在本实验中是以税务所专家的身份出现的，并发表了这样的观点：我无法在现有答案中作出选择，当然如果我把这当作一个游戏而已，选择并不难。但实际上不是，我们必须假定自己已经住在荒岛上，实际上这是一种税收关系的模拟。我在税务师事务所工作十几年了，如果从税收角度考虑这个问题，实际上我们每个人应该付出25%左右的收入，才能保障我们的生活环境和服务维持在健康和良好的水平上。人有时候只希望社会服务自己，其实忘了根本上来说是自己服务自己。主持人在实验甲说完这些话之后，采用举手的方式询问大家是否同意实验甲的观点，令人难以置信的是，所有人都认为实验甲的观点无疑是正确的，完全忘了这种观点实际上是从他们的口袋里拿出比

既定最高值还要多的东西。

②群体凝聚力和一致性。由于②和③具有关联性，可以在同一个实验中去检验它们的效果。凝聚力无非就是说，群体的共同观点对个体的影响力更大，人们一般不会被其他个体的观点影响，但是群体的观点必然会给群体中的个体施加非常重要的影响。在这个基础实验中，选择了具有上下级关系的四名被试，当然令人困惑的是，实在无法检验情感因素对被试的影响到底有多大，但是也可以对群体凝聚力的影响力窥见一斑。被试1是领导者，他最先发表观点并得到其他三名被试的认同，实验甲最后发言并提出了不一样的观点，这种观点不过是10%和15%的差别，谁又能讲出这种差别的理论性和符实性呢？但是正如大家可以预料到的，实验甲的观点只有自己一个支持者。一致性的理论并不需要再进行检验，笔者假设四名被试并不是领导者与被领导者的关系，假使他们开始观点完全一致，被试1对实验甲的观点产生了兴趣和认同，其他被试难免可能会做出改变。也就是说一个实验中如果有两个坚决的不同观点，从众必然会分化。

③公开反应。在基础实验情境下，四名被试分别公开表达了自己的观点，并让他们充分表达自己的理由。实验甲最后发言："其实我不知道大家有没有意识到，这很显然非常像缴税，我们居民是纳税人，工作人员是收税的政府，虽然实际生活中纳税人并没有这样的选择权。虽然你们刚才都作出了你们的选择，但是你们却是把它看成了慈善一样。"实验结果是，并没有人因为实验甲的这番话而做出改变，可以认为公开作出选择可以看作对群体及群体其他人的一种公开反应，除非在权威人士发表观点的前提下，人们有理由改变自己的选择，否则这种情况下，人们更可能坚持自己的原有观点。

④事前承诺。这个理论的依据就是，人们会出于维护自尊等需要，对于已经公开作出的选择会有更强烈的意志予以维护，即使这种决策在后来被证实并不是最佳选择，人们也会选择在以后的决策中做出更改而不会轻易改变此次决策。在进入基础实验场景之前，主持人加了一道承诺环节，每名被试需要签署一份承诺书，承诺自己会做出最遵从内心的选择，然后按照基础实验场景进行，实验结果是只有一名被试对自己的选择作出了改变。当然，社会心理学观点中关于从众的影响因素还有其他，但是鉴于与研究目的及研究能力了，本书仅就上述四个因素展开论述。同时，税收行为的特殊之处还在于存在征税者，笔者还要重点讨论征税者因素的影响。这是本书的重点，也是本书研究与分析的最终目的。纳税人的从众行为很显然具有社会心理学的

基础，但是征税者的行为对从众的抑制作用确定是存在的，正如前文在社会调查中看到的结论一样。

第四节　税收情绪

一、情绪与判断

本书在很多方面的论述都提及税收情绪和税收偏见问题。普通心理学侧重于从生物学和人类学角度考虑情绪的形成与外在表现，社会心理学则重点关注情绪对判断和行为的影响，提出要进行情绪管理。在行为经济学研究中，有些学者将情绪作为传统经济学模型分析的一个重要变量。人们已经认识到了情绪对人的行为的影响。人非草木。社会生活就是不断认识世界和改造世界的过程。作为社会生活的主要角色，总会遇到得与失、顺与逆、荣与辱、美与丑等各种情境。在不同的情境中，人们会产生不同的情绪，拥有不同的情感。情绪和情感在直觉上会支配人的行为。比如，人们有时会心情愉快，有时会情绪低落；有时会爱慕一个人，有时却有对另外一个人产生厌恶。这都是情绪和情感的表现形式。

人既有理性的一面，也有受情绪支配的一面。传统经济学研究对理性作了最详尽的分析和应用，但是一直以来却将情绪排斥在人的经济行为研究之外，认为科学的决策是理性的决策，并不将情绪作为因素进行考量。情绪和理性在传统经济学研究中一般被视为截然不同的概念，纳税人具有高能的认知能力，却不会犯冲动的错误。这种研究模式，前文所述的各种异象自然就是理所当然、不可避免的。19世纪以来，情绪在心理学研究中愈加重要和详尽。心理学家经过长期深入研究，对情绪实质提出各自的观点。情绪和情感极端复杂，又是难以精确测量的主观感受，至今仍没有得到一致的结论，关于情绪和情感的理论仍处于百花齐放的情况。

关于情绪和情感，心理学家认为这两个概念同属于对客观世界的主观感知，是环境在人的心理带来的情境的映射和激发。人们会以情绪和情感为导向，对客观世界作出相应的反应。情绪是对现实和期望进行衡量的心理活动和反应，作为社会情境和心理活动的媒介，当人的内心对社会现实产生认同时，就会因二者的契合产生愉悦和认同的情绪。当二者具有较大差距时，人的心理活动会呈现不认同、悲观等负面情绪。因此，情绪实际是表示人的内心与现实的契合状况的外在反应。如图5-5所示，Damasio事件基本秩序模型，对情绪、感觉、认知和行为相互作用进行描述，证明情绪在人的行为决策中是其中的重要程序之一。

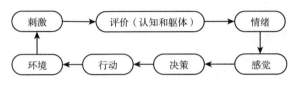

图5-5　Damasio事件基本秩序模型

按照心理学理论，情绪的内容由三部分构成：具有主观色彩的心理体验、情绪的外在表现形式、生理唤醒。具有主观色彩的心理体验是指个体对外在事物的自我感受，表示对该事物的主观认知和体验。外部表现是人的身体对情绪反应的动作量化形式（表情），生理唤醒则是自然产生的生理反应，如暴怒时心跳加速等。作为行为经济学研究，重点关注的是主观体验，一般不会涉及情绪的外在表现形式和生理唤醒。人们面对不同的社会情境和不同的事物，会有不同的主观感受。即使是面对同一种事物，不同的人也会有不同的心理感应，这也是人与人之间并不雷同的原因所在。情绪是每个人都会有的反应，是任何事物都会在人的内心留下或多或少痕迹的表现形式，因此对于税收管理这种特殊的社会关系，关注税收情绪是非常必要的。需要简单说明的是，情绪和情感在心理学研究中是作了区分的。但是行为经济学研究的侧重点是人的行为与决策，因此较多地统一使用情绪这一概念。人并不是冷冰冰的计算机，而是有感情的生物。一些最新的研究通过比较幸福和悲伤的个体，揭示出了情绪会影响人们认知活动的程度。不幸的人倾向于无精打采，社会行为退缩，甚至变得脆弱，更倾向于自我关注。快乐的人是异常的精力充沛、果断、有创造力和合群。情绪会渗透到人们的思维中，好的情绪和坏的情绪会对人的决策造成不同的影响，会指导个体作出认知判断和遵从决策，也会影响人们对事物进行更为深入的思考和有效率的分析。这对于税收管理无疑是有很重要借鉴意义的。

二、税收情绪的类型

如前文所述，对税收的认知和态度历来是影响政府与公众关系的重要社会情绪。税收是公权与私权对社会财富的分配，税收领域的社会情绪关乎国家治理基础和长治久安。近年来，关于我国税收制度和税务管理的争论和事件层出不穷，税收问题甚至成为一个重要的社会性问题。从税收舆情发生的过程及税务机关的应对处理，特别是普通民众的参与态度上，显示出社会公众对待税收具有情绪性表达，笔者将其称为税收情绪。税收情绪的表达有时是基于理性思考基础的表达，有时则属于情感型表达。为了强化对税收情绪的理解，可以按不同标准对其进行分类。

（一）按情绪的性质划分，可以分为税收正性情绪和税收负性情绪

按照心理学的分类，可以将人的情绪分为正性和负性两种。正性情绪表示人们积极乐观、肯定支持、愉悦幸福等能够对人的心理形成健康影响的状态，而负性情绪则是代表人们处于这种情绪状态时往往表现出一种否定、悲观、失落等心理状态。就税收情绪的分类而言，主要以能否促进税收遵从为标准，因此税收正性情绪和税收负性情绪并不带有道德评价和正义评判立场。税收正性情绪是指纳税人对税收的意义有较为深刻的理解，对税收遵从具有较高的服从并通过自己的行为按税法规定缴纳税收以尽社会责任。比如，格力集团领导人董明珠指出，该集团自 20 世纪 90 年代以来累计缴纳税收 800 亿元，2012～2016 年的纳税总额迅速提升，已经达到过去 20 年所交税款的 3 倍。她的一句话呈现的是典型的关于税收的正性情绪："如果企业家拥有良好的社会责任和担当胸怀，企业就没有理由做不大。"[1] 税收负性情绪则质疑税收及税收管理的公正与正义，并可能在负性情绪影响下减少遵从。比如，知名企业家宗庆后在受访时表示，中国税负太高，娃哈哈需要缴纳 500 多种税费。[2] 本书是基于为改进税收管理提出建议对策的目标的，关注重点是在税收负性情绪的解决上。税务机关要解决的，不是克制或者压制税收情绪，而是从税收情绪中寻找发现问题，通过改进税制、改善管理以去掉环境中不利因素，积极主动调整自己，以更好适应环境。

---

① http://finance.sina.com.cn/wm/2017-04-13/doc-ifyeimzx6112901.shtml，2017 年 12 月 15 日访问。

② 财政部、国家发改委有关负责人回应了调查结果，称娃哈哈集团所属 131 家企业 2013 年以来曾发生过的缴费项目共 533 项。经核实，2015 年有支出数据的实际缴费项目为 317 项。在核查过程中，尚未发现乱收费问题。此问题广受争议。

（二）按情绪的来源划分，可以分为知识性税收情绪和管理性税收情绪

知识性情绪是指纳税人由于对税收知识的掌握程度不同和理解不同，会形成建立在自己知识框架和认知框架基础上的税收情绪。这种情绪可能是促进遵从也可能是阻碍遵从的。管理性情绪是指因为政府的行为而对税收产生的情绪和态度，主要是负性税收情绪方面。近年来，只要是涉及税务部门的事件总会引起广泛热议，特别是涉及税务干部的舆情，总会引来社会公众对税务机关的一致指责。究其原因，目前公众对税务机关的征收管理有情绪表达成分，税务机关的形象、税收执法等方面，有些做法引起社会公众的不满，形成强大而稳定的认知。税收舆情很容易在社会上产生负面影响和发酵。比如2014年，湖北省某县的一名税务干部在公务接待中，因为饮酒过度导致死亡。如果该事件发生在普通公众身上，很难产生较大的舆论影响和社会讨论。但是，由于涉及税务部门，这一消息引发众多网友关注，关于税务机关的负面评价层出不穷。该事件调查结束后，相关人员被追究责任。当然，在涉及行政机关时类似负面情绪很容易出现。实际上，对税收情绪的此种分类只是出于理论探讨的意义，实际情况中任何纳税人税收情绪的形成都是综合因素作用的结果，但是对于税务管理的意义来讲，区分好知识性税收情绪和管理性税收情绪，更能够清醒地认识到税务管理存在的问题并加以改进。

（三）按情绪的内容划分，可以分为税负情绪、税种情绪、税款使用情绪、管理情绪等

税负轻重情绪是关于税务轻重的争论是焦点领域，几乎是每隔一阵就会因为某个热点被触发，在此不需要作过多解释。比如，2011年针对千户民营企业调查的结果显示，超过八成民企认为税收负担过重；2012年的一项调查显示由于税负过重，超过90%的小微企业存在逃税的操作。征税范围情绪，对于税制结构的争议也是层出不穷。特别是关系到纳税人切身利益的个人所得税、房产税等税种，在人们心中容易形成较大范围的恐慌和影响。比如，2009年国家税务总局就企业向职工发放交通通信补贴扣缴个税等相关问题进行明确，对于此类补贴收入职工需要缴纳个人所得税。《上海青年报》以中秋节月饼为例作了形象说明，意即单位发月饼也在个所税缴纳范围。江苏南京市地税部门在回答市民热线时，也告知单位发放月饼等任何实物均应并入个人工资薪金所得扣缴个人所得税，引起热议。税收使用之情绪，关于财政透明度的问题，纳税人对自己缴纳的税款非常关心其使用去向和效益，但是又具有很少的机会获得消息。近年来，关于税务信息公开的争议越来越多，其中很重要的原因就是纳税人对涉税信息的需求得不到有效满足，纳税人倾向于相信税款使用并不合理和透明。

（四）按情绪的范围划分，可以分为个体税收情绪和群体税收情绪

个体税收情绪是指基于纳税人个人特点的情绪，该情绪侧重于个人情感表达，并不具有广泛代表性。个体税收情绪具有应激性特点。群体税收情绪是指，在纳税人群体中广泛存在的，具有普遍共识的群体认知。比如关于税负的情绪就具有一定的群体性。群体税收情绪则具有一定的持续性。

三、税收情绪对税收遵从的影响

（一）形成税收偏见

偏见的本质是对一个群体及其个体成员的负性的预先判断。[1] 偏见让人们基于对某个群体或事物的认识而不喜欢和不配合。税收情绪是一种态度，是纳税人感情、行为倾向和信念的独特结合物。对税收存有情绪性偏见的人，会对税收产生不信任。对税收的负面评价是当前税收情绪的标志，它根植于纳税人情绪性的联想，或者基于纳税人行为辩解的需要。对税收的偏见和刻板印象会造成非常重要的后果，尤其是当它非常强烈的时候以及对不熟悉情况个体的影响上。税收偏见一经形成，就趋向于自行永久存在，并且拒绝改变。而且这种偏见还会通过自我实现的预言创造出相应的现实。

（二）影响税收道德

税收道德可以被感知为社会共享的税收问题方面的知识、信仰、评价，税收情绪通过对纳税人心理施加影响而引导其税收认知和评价，从而降低税收道德水平。从现实情况看，前文社会调查纳税人对税收的认识是具有较高

---

① 有些偏见定义也包含了积极的预先判断。

道德水平的，但是对税收管理给予负面评价较为严重（见图5-6），这与纳税人的税收感知以及在此基础上形成的税收情绪是有密切关系的。因此，税收情绪管理具有宏观层面的税收治理意义。

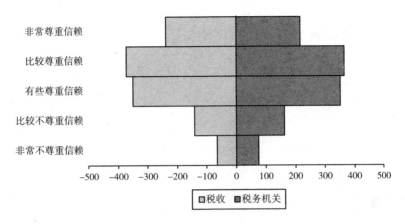

图5-6　受访者对税收和税务机关的评价

（三）诱发从众行为

从众行为既涉及个人选择的内因，又是群体压力作用于纳税人个体的反应，纳税人将与大多数人保持一致视为合理且安全的选择。有的学者将税收从众行为用示范人—模仿人模型进行解释，实际上，从众行为与模仿行为中的几何级数律有关。纳税人群体由于有同样的利益诉求和心理感受，会无意识向具有较大影响的纳税人行为进行模仿。由于目前我国税收宣传对纳税不遵从行为的关注较多，税收争议较多，纳税人能够较直接感受到社会整体税收情绪，并据此作出自己的遵从选择，可能会产生大规模的税收不遵从行为，形成群体性的税收不遵从。因此，加强大企业税收管理机构对"示范人"的税收征管，强化纳税人意识以健全社会心理是当前降低我国税收不遵从度的有效路径。

（四）影响税收信任关系

总体来说，当前我国税务机关与纳税人群体具有较为明显的对抗关系，这在本书所进行的社会调查中具有明显的数据支撑。分析原因，对税务机关来说，执法水平不高、管理效率较低、纳税服务不便利等自身不足是其重要原因。但是要看到一点，就是由于税收情绪的存在，使得税收管理努力往往效力递减。在这种情势下，无论税制如何优化，税收管理如何改进，总会被税收情绪抵消掉其很大效果，使得提升税务机关公信力是当前和今后一段时期税务机关面临的一项重要而迫切的任务。

四、最优税收界限：情绪理论与道德层面的解决方案

税务机关在信息不对称情形下，税制设计如何确保兼具效率和公平，在这一目标引导下提出了最优税制理论。这一理论属于经济学范畴的解决方案，但由于假设政府对纳税人群体的偏好和信息不完全了解，因此该理论更有实践意义。该理论假设，由于税务机关没有征税时的信息优势，因此无法通过标准经济学模型设计帕累托最优状态。因此，只能通过制度的安排，制定最优税制，以实现效率和公平的同步实现。效率原则要求税收不干预资源的配置，税收应当只有收入效应，而不能出现对个人行为造成扭曲而有替代效应。税收的公平性则主要体现在横向公平和纵向公平上。

最优税制理论改变了传统研究方法所设定的理想状态，将社会福利函数引入税收考察，从理论上运用数学方法探讨效率和公平的协调问题，是非常贴近社会现实的。标准经济学模型假定信息完全对称并据此建立理想中的最优税制，是不具备现实土壤的。最优税制理论正视信息不对称的现实，对社会福利因素进行整体考察，使得最优税制理论研究具有意义。但是也应该看到，最优税制理论对前提假设的要求仍然是非常高的，是一种基于理想状态的理论化模型，实际上往往越是逻辑结构非常严谨准确的模型，最大的问题就是很多结论在实践中不具备可行性。市场是非常复杂的，各种要素共同相互作用，最优税制理论所依赖的指标量化在某些方面是很难实现的，比如预期、偏好、心理、习惯等因素。就像本书所论述的核心，最优税制基于传统经济学的理性分析而建立起理论架构，主要还是出于对经济利益的考量和计算，也存在对税收管理、道德、文化、心理等相关因素缺少关注的传统经济学分析所共有的不足。实际上，最优税制理论更大程度是作为一种理论的存在和理念的指导，很难将最优税制理论应用到税制设计中去。

在税收大辩论的背景下，实际上争论中有一个或明显或隐含的争论就是税收伦理。税收涉及社会制度、政府机关、纳税人、公共服务等多方关系和

利益，伦理问题必然成为各个层面权益分配合理性探讨的最直接问题。[①] 还有的学者将视野转向人与自然的关系，提出必须在生态哲学观基础上设计税制，促进经济、社会和环境的和谐发展。[②] 李炜光教授指出："如果仍然只是维持目当前税制结构，那么即使实行了轻税政策，税收负担不公平、不公正的问题依旧难以得到解决。"[③] 结合本书的分析，税收情绪的产生从表面上看是税务机关管理存在不足，使得纳税人对税收制度的不满意日益上升，实质上还是社会财富的分配问题。因此，对税制进行必要的审视，考察当前的税制设计是否在国家与民众之间进行符合伦理道德要求的分配，这的确是个很重要的问题。

最优税收界限是笔者着眼于税收心理、税收道德和税收情绪等因素提出的解决方案。最优税收界限是指税务机关在税制设计和税收管理中应当在伦理道德原则的指引下，以调节纳税人群体税收情绪为约束，税收制度设计和税收管理举措保持在一定界限内，以期达到税收效率和公平的兼具，以消除纳税人群体对税收的负性情绪，推动建立良好的征管秩序，使得公民尊重税收、自愿遵从。主要包含四方面要求：（1）国家税权的界限，税种、税率和税收优惠等政策的制定要以纳税人接受度、公共产品提供能力等为依据，不能简单地以历史比较和国际比较判断税负的轻重，要保持理性的克制。（2）税收管理的界限，税务机关及税务工作者应当对权力行使保持约束和谨慎，税收管理行为应当尽可能减少对企业经营行为的干扰，应当本着有利于纳税人情绪的标准提供税收服务。税收强制和制裁应当保持在最小比例和最后选择的界限内。（3）税款使用的界限，对于财政收入的使用应当在公开透明科学节约的前提下进行，应当将税款更多用丁公民感受强烈的直接民计民生项目上。（4）税收情绪的界限，就是指税务机关必须着眼于建立良好的税企关系，主动消除征纳双方的对立情绪，即使对于不准确的批评要保持克制的态度。纳税人群体可以使用情绪性表达方式，税务机关必须在以理性的分析进行解释宣传。

---

① 王惠. "税收谦抑性"之伦理考证 [J]. 税务研究, 2013 (11)：47-50.
② 孙永尧. 论税收伦理 [J]. 财经问题研究, 2003 (8)：65-70.
③ 李炜光. 还利于民, 还税权于民 [J]. 南风窗, 2008 (7)：36-38.

第六章 互惠理论视角的税收
遵从治理策略

第一节 税收征管与纳税服务国际经验借鉴

一、纳税服务关系客户化和权利法律化

税务机关将客户关系管理理论（MRP，如图 6 - 1 所示）① 引入纳税服务成为近年来发达国家税收管理的典型特征。各国税收管理者们越来越形成这样的共识：税务机关对纳税人的法律定位以及对税企关系所秉承的理念对良好税收环境的形成和税收遵从意愿的提升具有十分重要的作用，甚至有些人认为这种作用是具有根本性和决定性意义的。所以近年来，OECD 所发布的税收管理年度报告中，税务机关与纳税人的关系报告是分量甚重的一部分内容。

在税收管理先进国家的税收征管制度中，纳税人权利和税企关系法律定位是最基本的立法内容。比如，在美国、澳大利亚、新西兰等国家，税务机关在税收法律语言中被描述为税收服务提供者，而纳税人则被描述为客户。在美国，良好的税企关系被作为税收战略计划长期执行。② 目前，我国税收

---

① 客户关系管理属于商业策略，要求企业经营行为以客户为中心，业务流程按照此原则设计，以提高客户满意度和盈利能力。该理论最早由盖特纳集团提出，目前已广泛应用于公共管理领域。
② 袁冰，李建军. 美国的税收征管制度及其启示 [J]. 公共经济与政策研究，2015（上）：88 - 110.

治理在技术层面处于世界较为先进水平，但是在税收理念层面尚有很长的路要走，当然这与国情是密切相关的。

图6-1　埃森哲客户关系管理能力模型

资料来源：黄秋爽，吴卫国，张武康. 客户知识管理问题研究［J］. 商场现代化，2011：（1）.

　　理念需要实实在在的举措作支撑。在这些国家，除将客户管理理念引入税收立法，企业管理中与客户管理有关的文化建设、诚信承诺、风险管理等经营举措亦被税务机关采用，税务管理企业化思维运作并将纳税服务摆在优先位置成为发达国家税收管理的最典型特征。比如，美国将纳税人的客户体验作为提高税收遵从的重要策略，如表6-1所示。实际上，这与企业经营紧密迎合消费者心理是同样的初衷。

表6-1　　　　　　　　　　客户导向税收策略

策　略	具　体　内　容
训练	对雇员进行服务训练和跨岗位训练，使他们对整个税收制度有所了解
公共关系	宣传税收制度是如何运作的，纳税人如何因遵从而受益，国内收入局如何处理滥用税收制度问题
自动化	应用于识别税收不遵从行为
简化与公平	简化税法，持续变化和复杂性对遵从有负面影响。税法应保持一致性
员工问题	需要训练有素员工，应具有适应多种岗位的能力，低技能员工应减少
组织结构	精心安排，使纳税人问题通过一个点接触就得以解决。专业化是必要的，以培养特定行业专家，提高应对纳税人的能力，同时还应提高客户服务
合作	加强与其他州、地方和外国政府的合作
纳税人服务与教育	对小企业提供更多的协助，帮助他们遵从税法。对公众进行预防性教育，并在学校加强对纳税义务的了解

续表

策　　略	具　体　内　容
协调	协调各种遵从努力
鼓励税收遵从	设计一些办法来识别遵从行为，奖励提高纳税申报和缴纳税款的人
影响立法	采取更加有组织的方法影响立法，税务机关应当在简化和公平立法方面成为面向纳税人的倡导者
灌输纳税责任感	公民必须理解接受遵从义务。有必要宣传遵从者实际税收负担和假如每个人都遵从情况下的可能负担。学生应尽早地接受纳税义务教育

资料来源：根据美国国内收入局官方网站（https：//www.irs.gov）资料整理。

　　总结起来看，税收管理较为成熟的国家在税务机关与纳税人关系上主要体现为纳税服务关系客户化及纳税人权利法律化，在具体举措方面主要有五个方面特点：第一，以成文法或制度形式明确纳税人权利义务，有些国家出台纳税人宪章。① 第二，采用明示方法规定税务机关职责和权力，坚决防止对纳税人权利造成侵害。第三，关于纳税人救济权的保障机制非常完善，对复议诉讼的规定十分详尽。第四，明确税务机关有提供纳税服务的责任，作为税务部门的基本职责不得转嫁或失职。第五，严格的税收执法与之相呼应。

　　具体来看，税务机关为客户服务理念渗透于税收管理全过程，税收制度设计以服务纳税人为基本出发点和核心目标之一。举个例子，所有发达国家都开发应用了税收管理信息系统，并对纳税申报程序不断予以优化，以确保推行更为简易便捷的申报方式。我国税收管理金税三期系统亦是较为成熟的信息化平台，但是在便捷纳税人方面仍有诸多不足，根本原因在于该系统仍是以强化税务机关管理为最重要使命的。另外，对纳税人实行税务审计强调尽量减少对企业经营的影响②，审计方式也与我国税务稽查有根本性差别。同时，税务代理较为发达，支持开展多渠道咨询与服务，税收中介在支持税收管理和促进税收合规等方面扮演着重要角色。③

　　OECD 多数国家强调，税收管理框架就是纳税服务加严格执法。实际

---

① 黄茜. 澳大利亚《纳税人宪章》对改进我国纳税人权利的启示 [J]. 法商，2010（2）：302.

② 我国 2016 年以来推行的税务稽查"双随机一公开"制度就是对这一原则的落实。

③ OECD（2017）. Tax Administration 2017：Comparative Information on OECD and Other Advanced and Emerging Economies，OECD Publishing，Paris. http：//dx. doi. org/10. 1787/tax_admin-2017-en.

上，这就是前文所论述的传统经济学理论与经济心理学策略的配合使用。在强调提升纳税服务水平、充分保障纳税人权利的同时，税收管理水平较高的国家同时对税收违法行为实行较为严厉的处罚。大多数国家税法明确规定，纳税人及其他相关涉税方必须依照税务机关要求提供有关涉税信息，税务机关可就相关情况开展交流协作与尽职调查。税收强制亦是发达国家普遍明确采取的税收管理基本措施，对于未依法缴纳税款的纳税人，税务机关可以采取审慎且有节制的方式强制其履行，以维护税法权威。

二、税收战略成为税收管理国际新趋势

税收战略将税收管理提升到系统性思考的层面。21 世纪以来，税收战略管理成为一些发达国家的税收管理选择且其影响呈现逐步扩大趋势。这是新公共管理运动的影响之体现。该类型管理模式使用战略管理工具，通过中期及长期规划持续改进税收管理决策机制和税务机构运作模式，目的是持续提高税收管理质量。税收战略目标管理将持续优化改善税务部门与纳税人关系作为重点，以提高税收自愿型遵从水平为目标，密切关注预测税收管理环境的变化并进行积极应对，具有长期性、长效性和延续性特点。

从税收战略规划的类型来看，常规的税收战略管理方式主要以短期为主、中长期为辅，但近年来长期规划越来越多被采用。实际上，中长期战略规划更能体现发达国家在税收管理方面的长远理念和基本思维，从中也能最清晰地捕捉到该国的税收管理取向和改革路径，因为中长期规划体现的是国家税收管理的焦点与重心。根据不完全统计，美国、俄罗斯、韩国、新西兰和南非等国家均已实施中长期规划。当然，短期规划基于实际需要也不可或缺，但是其操作性要求更高，战略性特点稍弱。[①] 税收战略规划的特点有以下几条。

（一）体现税收管理关系定位

纳税人与税务机关的关系是战略规划的主线。把尊重纳税人主体地位、把纳税人作为重要客户为其提供高质量服务，以将税收遵从度保持在较高水平，作为税收战略的根本并引领具体改革。2008 年金融危机以来，各国财

---

① 霍军. 税收战略管理的国际范式探究 [J]. 税收经济研究，2012（5）：14 - 21.

政收入锐减问题突出，政府支出压力很大。即使在此背景下，各国战略规划仍然将纳税服务和维护纳税人法律地位作为税收管理规划的基本价值取向，不得不说是非常难能可贵的理性战略选择。即使是在发展中国家，比如泰国等，也将维护纳税人权益作为税收管理的根本目标。就我国税收管理而言，有必要对现状进行反思，并加以改进。美国自1998年起制定的三项税收战略规划均坚持以纳税人为中心，如表6-2所示。英国税收战略目标是建立让客户感受到简单且易于掌握的税收制度。这与本节第一部分所述内容是紧密相关的。

表6-2 　　　　　　　美国联邦税务局2009～2013年战略规划

任务	具 体 内 容			
环境分析	(1) 税务管理工作日趋复杂；(2) 税务人员老龄化趋势明显；(3) 纳税人对信息化的要求更高；(4) 税收管理全球化加剧；(5) 税务中介的作用明显增强；(6) 企业经营模式发生重大变化			
战略目标	(1) 改进纳税服务，使纳税人遵从税法更容易；(2) 加强税收执法，确保每个纳税人依法履行其纳税义务			
具体目标	站在纳税人立场思考问题，改进纳税服务	及时、准确地解决纳税人的涉税问题	建立和谐税收征纳关系；为纳税人提供具有针对性、时效性的指导和外展服务	加强与第三方的合作，提高税收管理质效
执行举措	税务机关在作出有关决策前充分考虑利益相关者的意见；推出新的纳税服务项目之前，使用专题小组座谈和民意调查等方式征求意见；纳税服务项目尽可能分步骤实施；提高全体社会公众的税收意识	精简处理纳税人数据和税收业务流程；税务人员要换位思考，提供零距离纳税服务；积极创造条件，鼓励纳税人及时主动解决涉税服务；系统审查提供给纳税人的书面信息，确保简明扼要；改进业务流程，减轻纳税人和税务机关不合理负担	从纳税人和税务代理人处收集信息，对重要涉税疑难问题发布简明扼要的办税指南；深入了解不同类型的纳税人，有针对性地开展业务联系；积极推广纳税服务项目，使纳税人充分了解、正确选择服务渠道	及时解决中介机构的涉税问题，提供针对性的服务；为合作伙伴提供相关工具和信息，发挥其在提高税法遵从和防止错误方面的重要作用
绩效评估	通过美国客户满意度指数（ACSI）、电子申报率和纳税人对联邦税务局各类纳税服务方式的满意度，不断进行评估，并根据具体情况及时调整决定是否继续进行，或在必要时进行修改			

资料来源：国家税务总局纳税服务司. 国外纳税服务概览 [M]. 北京：人民出版社，2010.

（二）税收战略规划强调综合性

税收战略规划对国家税收管理之所以如此重要，因为其从更高层面、更深层次去思考和规划税收发展。在制定税收战略规划的国家，税务当局非常重视税收规划的综合性，统筹考虑战略愿景、环境预测、主要策略和保障机制等要素，一般涵盖税收管理的全方位事项，使得税收管理能够更为全面地改进质效。比较典型的有：美国 2000～2005 年税收战略规划、2005～2009年税收战略规划、2009～2013 年税收战略规划，澳大利亚 2006～2010 年税收战略规划、2011～2015 年税收战略规划，挪威 2005～2008 年税收战略规划，加拿大 2008～2011 年税收战略规划等，都具有综合性典型特征。① 我国税务管理根据国家发展规划，每五年制定一次税收发展规划，但是与上述国家的战略规划相比，在战略性和综合性方面都存在一定欠缺。

（三）税收战略规划具有溢出效应

中长期战略规划年限一般为五年左右。实际上，税收战略规划形式上是以维护纳税人权利为基本出发点，但之所以制定战略规划，除提高税收征管质量、提升税收遵从度的考虑外，更重要的作用体现在对经济发展和税收风险作出合理预测，提前谋划化解风险的准备，并对促进经济发展方面的税收举措予以安排。这样，既能防止陷入庞大的财政赤字，又能发挥税收在促进经济增长方面的调控作用。

三、税收风险管理的持续改进

目前国际流行的税收管理变革，形式上看体现出对纳税服务的高度重视，同时也是以提高税收征管效率、降低税收管理成本为重要目标的。税收风险管理毫无疑问应归于此类。20 世纪初，发达国家税务管理部门基于先进经验，将现代风险管理技术应用于税收管理实践，以使得税收制度能够丰富其应对税收风险的策略，实现提高税收遵从、节约税收成本的效果，达到纳税人与税务机关的合作共赢。这种管理方式与传统的税收管理模式有很大不同，个案式的税收管理演变成为自动化、信息化、系统化和周期性的应对

---

① 梁若莲，王明方. 税收征管的国际新趋势［J］. 中国税务，2015（10）：40－42.

模式。

2004 年形成的税收遵从风险管理流程，列明了风险管理的主要内容和关键步骤，将焦点从单个纳税人转移到从广泛的税收环境中去考量管理漏洞，根据风险识别结果进行风险排序，并合理安排应对策略。这使得税务机关可以从整体上对税收风险进行优先考虑，并根据风险信息及时调整征管策略，同时从更宽的视野提出规避风险的具体措施。2006 年，欧洲委员会制定出台了税务机关风险管理指引，成为各国税务当局风险管理的范本。[①] 总体来说，税收风险管理可以分为风险识别、分析、评估、处理和评价五个阶段，从锁定目标、查找原因、应对策略、实际处理和归纳总结等方面进行风险处理。风险管理自提出以来，就迅速成为世界各国税收管理的新方向和新模式。

世界政治经济的发展使得税收管理的环境发生了重大变化，但是即使税收遵从风险管理流程可以追溯至 2004 年，其管理原则和模式至今亦依然有效。但随着税收环境变化和管理需求变化，税收主体对税收风险管理提出了更多新要求，风险管理也呈现更多新趋势新变化。主要体现在：（1）用于识别、评估和处理风险的方法，以及发现税收风险的信息源，随着新技术新信息的发展而愈加丰富起来，税务机关的管理手段和方式更加完善有效。（2）识别风险的信息由传统的以纳税人经营信息为主转向以外部数据为主，其他政府管理部门的数据在税收风险识别中发挥越来越重要的作用，更加强调税务部门与其他相关部门的沟通协作。（3）对风险处理的效率提出了更高要求，风险管理呈现即时性特点，要求对风险进行最快速度的反应和处理，以降低损失。（4）风险处理方式更加自动化，越来越多的工作依靠税收管理系统来完成。（5）税收风险管理的系统性、战略性更强，对税收管理的整体效用更大。[②]

四、对大中型纳税人实行专业管理

税款征收存在典型的"二八"原则，即：80% 的税收来自 20% 的大中

---

① 夏智灵. 税收风险管理的理论和实践 [J]. 税务研究，2017（1）：117 – 120.

② OECD（2017）. Tax Administration 2017：Comparative Information on OECD and Other Advanced and Emerging Economies，OECD Publishing，Paris. http：//dx. doi. org/10. 1787/tax_admin-2017-en.

型纳税人，而其他20%来自占比为80%的中小企业。因此，对于多数纳税人采用风险管理的方式实行标准化流程，对大中型企业实行专业化管理，实现税收目标与税收资源的合理配置，成为当前税收管理的新趋势。

从组织机构看，管理效率上，对大中型纳税人实行专业管理需要相应的管理机构作支撑。据不完全统计，截至2016年全球已有50多个国家建立大企业税收管理机构，同时还有许多国家正在积极筹建大中型企业税务管理局，大企业税收专业化实体化管理，已经在世界范围内形成共识并被普遍采用。我国国家税务总局也顺应国际通行做法，已经在中央层面设立大企业税收管理司，同时设立专门的管理分局以提升大企业税收管理层级，各省市省级税务部门也普遍设立相应机构。大企业税收管理机构一般上下级间实行领导或指导配合关系，以保持大企业税收管理的专业化水准。比如，美国大企业税收管理部门负责统一管理大企业税收管理分局，并进行业务指导，确保能够对企业经营情况进行全面把握。

从管理职能看，大企业税收管理机构的职能设置主要分为两种类型：一种是该机构兼具征管、稽查、评估等职能，即通常所说的"全职能局"。比如，美国、西班牙、菲律宾、新西兰和泰国等国家均是采用此设置。优点是能够拥有更大的自主权，缺点是专业化水平一定程度上被弱化。另一种是大企业税收管理机构只具备管理职能或兼具部分其他职能，但并不承担具体征管任务。比如，我国大企业税收管理机构主要专门从事专业化管理，征收和稽查职责仍有相关部门负责。这种做法的优点是能够集中资源研究设计更有针对性的管理举措，缺点是与征管、评估、稽查等职能易产生管理冲突和交叉。

从资源配置看，美国税务部门专门从事大企业税收管理的人员2006年占比就已经达到50%。按照规定，"从事大企业税收管理的工作人员一般不调出，除非税务工作人员获得晋升，以确保最专业的人才留在大企业税收管理领域，税收专业化管理质量具有较好的人才保障机制"①。这种策略在许多发达国家都有类似做法。在德国，进入大企业税收管理部门工作必须经过严格的考试并经历相当长时间的专业培训和试用期，并且需要通过相关科目的资格考试。荷兰、新西兰则为大企业税务管理机关工作人员提供较好的薪

---

① 卢云，姜涛. 大型企业税收专业化管理的国际实践及借鉴［J］. 涉外税务，2006（1）：49－53.

酬待遇和升迁机会，在荷兰此种机会超出一般水平12%左右。我国大企业税收管理分局一方面从全国各地遴选业务骨干到该局工作，同时高频率抽调税务领军人才学员集中办公，同时每年从新招录公务员中择优选拔、长期培养，保证大企业税收管理的人才资源保障。另外，美国十分注重将信息技术手段应用于大企业专业化税收管理，体现出先进的管理理念和征管手段，税源监控质量和能力较强。[1] 2002年，日本的大企业税收管理就可以通过网络和计算机获取各种涉税信息并自动进行加工处理，征管效率随之提高。[2]

五、国际税收合作与竞争

全球经济不断加快融合发展，使得世界范围内商业环境发生了重大变化。特别是随着经济全球化和电子商务的兴起，以及资本在国际间流动得更加频繁，跨国公司的国际业务越来越多。这些跨国企业的生存在很大程度上取决于它们能否在竞争激烈的全球经济中取得成功，这导致许多企业积极考虑选择各种复杂的税务处理选项，通过减少税收缴纳以获得利润最大化。这种国际间避税的主要方式有难以估价的无形资产、跨境租赁安排、资本弱化、关联方和混合融资、重组和清算等。同时，常设机构的选择也是常用的避税方式之一，在世界范围内形成许多所谓的"避税天堂"。各国越来越认识到必须通过税收合作与税收秩序共建以解决此种问题，不然没有最后的赢家。对于一个国家来说，如何有效管理处于这种环境中的税收遵从，对于提升本国税收遵从度亦是至关重要的。

对于国际避税问题，涉及各国间需要强化协商合作的主要原因是税收管辖权争夺。在国际经济竞争中，跨国公司需要考虑的一个重要方面是各国的公司税率差异。为吸引企业到本国经营或在本国开展业务，各国在行使税收管辖权时，会有目的性地予以税收优惠或者饶让，以吸引国际投资和相应经济利益。这就导致国家间的税收竞争愈演愈烈，也通常导致国家间不协调的税收法规，有些国家存在以低税率为手段以扩大自身税收管辖权现象，从而威胁到各国税基。这个问题已经引起各国的普遍关注。

---

① 李飞. 大企业税收专业化管理的国际经验 [J]. 郑州大学学报（哲学社会科学版），2014（1）：97－100.

② 周清. 税收征管的国际比较与借鉴 [J]. 涉外税务，2012（2）：42－45.

BEPS 行动计划于 2015 年底获得 OECD 批准，其目的是旨在解决主动的国际避税策略造成的跨国公司不适当减少其纳税义务的问题。在过去几年中，各国税务管理部门之间的合作显著增加，目标就是共同解决国际逃税和积极避税问题。中国是这一计划的积极参与者与推动者。例如，在开展联合审计和风险评估方面，BEPS 行动计划能够提供更多不同的税收工具来解决这些跨境避税问题。BEPS 行动计划中尤为引人关注的是，关于转让定价的第 13 项行动文件，为各国税务部门利用转让定价国别报告（CbC）实施共同数据采集，并为合作开展风险评估提供新的机会。还有一个重要方面，就是通过对风险指标和特定行业问题的联合努力，进一步加强每个税务管理部门的风险评估过程控制，并确保数据以一致的方式加以解释。OECD 国际联合共享情报和协作小组论坛（JITSIC）网络，就致力于持续提高促进商业情报共享和加强税收征管来解决常见风险的能力。

OECD 认为，国际间税务合作的重要价值还体现在对企业税收风险评估特别是大企业税收风险评估方面，这一能力也是能够促进各国认识到税收合作价值的重要因素。必须提高自动化评估能力，需要更新老化的系统，利用新的系统如学习软件，提高对公司和其他纳税人团体之间关键关系的理解，收集到的信息对于风险评估大有裨益。税务工作人员必须学习新的技能，在大多数情况下，税务人员一般具有与审计相关的技能，然而风险评估、分析和通信领域的专门知识是需要开发或获得的新的重要能力。税务部门还必须获取和使用外部数据源，充分利用国内和国际数据源，不仅能够改进税务部门的风险监控，而且可以实现实时或接近实时的及时应对，这对于提高税收风险处理能力至关重要。因此，税务部门必须有机会能够利用各种数据源，发现并处理影响税收遵从的各方面原因。[①]

与国际税收征管合作如影随形的是全球性税改竞争。2017 年 12 月 2 日，美国参议院审议通过特朗普总统的税改方案，该方案预计未来 10 年将减免税收 1.4 万亿美元，尤为引人注目的是将公司所得税由 35% 降至 20%。日本政府对于积极进行投资及投资高新技术领域的企业，所得税将由 35% 降至 20% 左右。各国出于维护本国经济竞争力的需要，全球性税改竞争（主要体现为减税浪潮）可能性很大。实际上，2017 年德国、英国、法国均

---

① OECD（2017）. Tax Administration 2017：Comparative Information on OECD and Other Advanced and Emerging Economies，OECD Publishing，Paris. http：//dx. doi. org/10. 1787/tax_admin-2017-en.

已大幅度减税，美国只是减税大趋势中的一员。据统计，美国 2017 财年财政赤字创 2013 年以来新高，财政赤字占 GDP 的比重进一步上升至 3.5%。但是在这种情况下，美国政府仍然没有借助经济复苏的势头采取加税政策，而是反其道而行实施大规模减税措施，将低成本资金留给企业发展，能够起到增强经济增长的潜力和后劲的作用。同时，美国及上述其他国家的减税政策实际上已经引发新一轮的税制竞争，各项减税措施对要素流动的刺激作用将使得国际经济竞争更加激烈，因此中国的税改进程必须加快。

六、小结与启示

前文对税收管理先进国家特别是 OECD 国家的税收管理趋势进行了回顾和总结，体现为三方面典型特点：（1）在法律定位上，税务部门将纳税人视为顾客，纳税人与税务部门以服务关系为主，约束制约关系为辅。在西方发达国家的税收管理中，行政管理概念相对弱化，双方法律地位趋于平等，实际对抗中力量也较为均衡。（2）在税收负担方面，各国普遍加快税改进程，主要体现为降低纳税人税收负担，我国仍在激烈争辩税负轻重之时，发达国家的减税力度呈现前所未有态势。对这轮减税浪潮，无论如何分析其效应与影响，都必须看到其体现出一种对纳税人更有优惠的导向。（3）税务机关以服务纳税人为目标，不断研究改进对纳税人有利的管理举措，无论是信息系统应用还是对当前新技术的关注，包括国际间税收合作力度的加强，其目的是提高税收征管效率和服务便捷化水平。

实际上总结起来看，无论是征管努力还是税改取向，发达国家先进经验都表达出这样一种倾向：通过在税务机关与纳税人之间建立起一种互惠性关系以促进自愿遵从，从而通过溢出效应以提高纳税人的整体遵从意识和水平。从我国税收征管实践看，目前这些经验做法在我国税收管理中也都基本开展，有些方面还取得了很好的效果，甚至部分领域在国际税收管理中取得领先地位。但是，我们必须清醒地认识到，中国的税收管理理念仍深受传统思维影响，纳税人实质上还处于被动管理的地位，税务机关从纳税人角度改进管理的考虑较少，纳税人与税务机关在某些问题上还处于相对严峻的对立关系，必须以理念革新引领税企关系的重建，主要以增进互信与互惠为主要目标。

第二节 互惠偏好与税收遵从

一、互惠偏好对税收不遵从问题的回应

本书第二至第五章指出，人们决定税收遵从或不遵从除经济利益的考虑外，许多证据显示人们对税收的态度、社会其他人对税收的态度、税法体系的公平与复杂性等，都对遵从决策有很大影响，并从行为经济学和社会心理学两个维度对遵从异象进行了解释。按照社会心理学理论，个体会因为对方作出的行为而随时调整自己的反应。毋庸讳言，无论什么样的税收管理举措，其最直接的追求目标是促进纳税人税收遵从行为。对于税收不遵从行为，税务机关应当站在纳税人角度对税收管理进行反思，着眼于构建一种良好的税企关系，才能从根本上解决本书第二至第五章分析中所提出的诸多问题。税务机关和纳税人之间是一种特殊的社会关系，关系的性质取决于对对方策略的假设。比如，标准经济学模型假设纳税人是理性的，税务机关按照这一原则所应当采取的策略是提高处罚标准和稽查概率，以及其他涉及影响纳税人经济利益的举措，确保纳税人在强制性措施下实现税收"服从"。[①]这种"服从"式管理是不考虑纳税人主动遵从可能性的，而是通过使纳税人因逃税产生损失达到威慑目的。纳税人面对这种对自己不诚实的假设，也必然倾向于采取低税收道德的纳税态度。相反，如果税务机关以服务提供者的角色定位自己，就会采取相对平和的管理举措。税务机关和纳税人应当着力建立互惠关系，主要从以下三个方面考虑。

（一）经济惩罚有效性探讨

毫无疑问，税收经济惩罚能够从一定程度上影响税收遵从，但其影响程度、是否存在负效应临界点、是否会降低道德感等问题，存在颇多争议。有

---

① 比如，将涉嫌偷税走逃企业纳税人列入税收违法黑名单。面对涉案企业大量走逃失联的严峻形势，各地将走逃失联企业纳入税收违法黑名单并推送予以联合惩戒，推进税收信用体系建设进一步发展。据调研统计，截至 2017 年 10 月，调研地区国税部门共公布走逃失联企业 1199 户，其中陕西 771 户、福建 190 户、贵州 113 户、新疆 65 户、重庆 50 户。

的观点（主要是传统经济学家和法学家）认为，处罚是解决逃避税问题最有效的措施，也是税收管理的题中之义，没有罚则的规范是不完整的。但是越来越多的学者提醒：税务机关应该改变纳税人恶意的假设，多数人是诚信纳税者，税务机关不当行为甚至能够将纳税人推向低道德群体，权力是应受约束而不该无限扩张的，因此不能迷信惩罚的效用。

如图6-2滑坡模型所示，逃税的概率与税务机关执法严肃性、权力界限以及受信任程度紧密相关。另外，不能忽视的是，税收处罚有时在故意和过失判定上是无法做到完全准确的，使得处罚结果存在不公平问题，这对纳税人诚信纳税的积极态度是一个不小的影响。

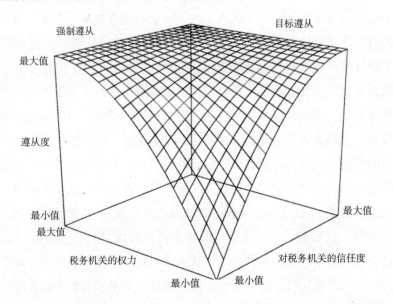

图6-2 取决于国家权力及对税务机关的信任度的遵从决定因素：滑坡模型

（二）国际经验的启示

前文对税收管理和服务的国际经验进行了回顾，这些做法都体现出先进国家的税务机关对纳税人地位的尊重和权利的保护。税务机关切实在以服务者的角色进行税收制度"营销"，让纳税人接受并习惯这种特殊的"产品"。诚然，税收管理的发展是经历过理性人假设阶段的，税务机关和纳税人扮演的是"警察"与"盗窃者"的关系。这种做法有其社会发展阶段的因素，与经济社会发展水平和纳税人群体素质有密切关系。在当前税收环境下，如果纳税人认为自己的权利和自尊受到损害的话，很可能会选择各种高智慧的方式规避税收，并充分利用税法的漏洞，这对于税务机关来讲，发现并予以纠正的难度是很大的。但是，如果税务机关相信纳税人会按照税法规定，依法足额缴纳税款，并通过实际举措给予其税收态度上的共鸣和待遇上的公平，纳税人选择回报以公平行为和税收遵从的可能性就更大。

（三）基于社会调查和现实的结论

第三章对税收的社会表征进行了问卷调查，调查结果有个很值得注意的问题：42.1%的受访者对逃税给予"非常不道德"的评价，认为确实存在道德问题的比例为82.5%，但有68%的人选择"有机会且没有风险时可能会选择逃税"。社会心理学理论认为，态度会影响行为，纳税人对逃税给予较低的道德评价，但又会在实际决策中选择此种做法。何以出现这种自相矛盾的结果？笔者认为，对逃税的不道德评价并不是对现实税收管理的评价，这在前文也作为重点进行了解释。比如，认为目前税收使用存在不合理问题的受访者占比为62.9%，其他类似问题的调查结果也反映出有不少纳税人对税务机关的不信任。社会表征是社会现实的反映，关于税收的事件亦是层出不穷，确实有必要对现行税收管理制度和效果进行必要的思考和改进。

二、社会偏好

标准经济学模型框架下，对税收遵从的研究是以将逃税视为纳税人追求个人利益最大化的行为为前提假设的[1]，纳税人有可能逃税成功而受益，也可能逃税不成功而遭到加倍惩处，需要承担更大的风险成本。[2] 纳税人通过对相关因素进行判断而作出税收遵从或不遵从的选择。但研究发现了诸多违反理性假设的现象，表6-3列出了一些并不体现理性决策的博弈实验类型。

---

[1]　Allingham M. G., Sandmo A.. Income tax evasion: A theoretical analysis [J]. Journal of Public Economics, 1972, 1 (3): 323-338.

[2]　Bernasconi M.. Tax evasion and orders of risk aversion [J]. Journal of Public Economics, 1998, 67 (1): 123-134.

表6-3 博弈实验

博弈类型	参考文献
最后通牒博弈	Guth, etc. (1962), Henrich (2000)
囚徒困境博弈	Dawes (1980), Axelrod (1984)
礼物交换博弈	Akerlof (1982), Fehr, etc. (1993)
公共品博弈	Yamagishi (1982), Ostro, metc. (1992)
带惩罚的公共品博弈	Fehr & Gächter (2000a, 2002)
第三方惩罚博弈	Fehr & Fishbacher (2004)
独裁者博弈	Kahneman, etc. (1986), List (2007)
信任博弈	Berg, etc. (1995), Burks, etc. (2003)

　　前文多处提到传统经济学模型分析的异象，这些异象既包括一般经济学类型，也有出现在税收遵从研究领域的特殊类型。这些异象证明这样的观点：人们并不是绝对自私得只以满足个人偏好为最大效用，在人的行为中非常普遍地体现出利他主义和合作行为。因为这种现象超越家庭和族群，试图用情感维系予以解释是难以服众的。

　　这些现象至少说明，人类并不完全是传统经济学假设中的理性群体，而人与人之间的合作是普遍存在的。论语记载："子贡问曰：有一言可以终身行之者乎？子曰：其恕乎！己所不欲，勿施于人。"[1] 人们会关心别人的幸福和感受，注重社会公平（不仅仅是对自己的公平），有怜悯之心，积极践行得体行为，维护良好形象，诸如此类。这些利他和互助行为，可以解释为人们在社会偏好驱使下自觉发生的行为。从概念上讲，社会偏好至少包括两方面：对他人福利的关注，关于伦理规范的愿望。

　　在各种类型的博弈实验中都证明了前文的推断。比如，最后通牒博弈是一次性匿名博弈。被试一是提议者，先得到一笔资金10元，实验者要求其将一部分给予被试二（回应者），回应者可以选择接受或拒绝这一提议。如果接受，则按照提议者的分配方案各自取得相应资金；如果拒绝，资金全部收回，博弈至此结束。按照经济理性人假设，只要回应者得到0元以上的资金，都应当选择接受，因为再少的资金数额比什么都得不到要具有更大的个体效用。但是，即使在可以得到1元及相近数额资金的情况下，也几乎没有回应者选择接受这种显失公平的分配方案。这类博弈反映

―――――――――――――

　　[1] 《论语》卫灵公篇二十三。

出，人们有对公平的追求，即使对自己利益有所损害，也会对不公平行为予以惩罚。

与最后通牒博弈相类似的实验都证明了相近结论。关于人性善恶自古以来就是基本哲学问题，关于人类是否是绝对自私的争论也足够多。此处不必讨论人类是否生而就有自私基因。即使人的身体内流淌的是自私贪婪的血液，但作为社会中的一员，人们不可能只有自私的行为，将人想象成绝对自私的动物并必然有自私的决策，是无比荒谬的，也是无法有效解释社会行为的。社会达尔文主义把自然选择看成是弱肉强食并由此塑造人类行为。但是演化不仅能够培养自利，也能够推进慷慨和道德行为，帮助人类逃离囚徒困境，避免公地悲剧，建立一个为所有人追求自由和正义的社会。

税收管理中，如果税务机关不对纳税人进行任何审计和处罚，纳税人应该如何决策？本书的社会调查结果显示，仍有 30% 以上的受访者选择依法缴纳税款。而按照期望效用理论，纳税人应当选择逃税，因为税收本身就是一个典型的公共品博弈。因此，充分将纳税人心中的社会偏好挖掘出来，构建和谐征纳关系，才是提升税收遵从水平的治本之策。前文的研究结果无疑都证明，对税务机关与纳税人的关系构建是非常重要的。

三、公平互惠理论

（一）理论基础

互惠理论起源于社会交换理论，具有较强的心理学基础，互惠偏好逐渐成为行为经济学研究的重要维度。实际上互惠性并未形成统一概念，对于互惠理论的认识也呈现多元化趋势。但是一般而言，互惠指的是人们基于公平对觉察到的友善回报以友善、恶意回报以恶意的交互行为，前者称为正互惠，后者称为负互惠。[①] 按照互惠的程度又可以将其分为弱互惠和强互惠。[②] 强互惠是指人们为了追逐公平正义可以放弃较大的代价，这种做法显然已经不再符合自利的理性假设。人们为了维护公平的规范甚至可以牺牲自己的个人利益，通过付出额外的成本来达到对不公平行为的惩罚，这种成本往往是

---

① Rabin M. . Incorporating fairness into game theory and economics [J]. The American Economic Review, 1993 (5): 1281 – 1302.

② 韦倩. 强互惠理论研究评述 [J]. 经济学动态, 2010 (5): 106 – 111.

得不到相对应补偿的。

互惠理论在经济学、企业管理、和谐社会建设等领域已有深入应用。特别是，近些年我国学者大量将其运用到组织理论研究中，关于组织内员工学习与激励的重要性被广泛认同。囿于行为财政学发展历史较短，对税收遵从研究特别是公共品供给、税收公平与遵从度的关系等研究，虽然已经充分体现互惠思想，但互惠性偏好与税收决策行为的内在联系以及研究范围还没有形成系统观点，笔者认为这是很有必要也很有前景的研究领域。

税收遵从行为涉及征税者和纳税人两方面的税收互动，税法及其执行、财政支出评价等因素对个人遵从决定影响的重要性不言而喻，税收关系是经济关系与行政管理关系的深度融合，从互惠性偏好角度思考税收遵从行为具有基础要素效应和重要意义。研究表明，社会偏好之所以能够在一个种群中变得显著，深刻地依赖人们的制度与生活方式塑造出社会交互和社会学习过程的方式，因此税收管理制度和文化对于激发纳税人的社会偏好是至关重要的，是必须引起高度关注的。

（二）经典模型：Bolton 模型（ERC 模型）

关于社会偏好的模型建构，有许多经典的范例。Bolton 模型认为，个人既可能被绝对的经济利益所激励，也会被公平等相对利益所驱使。因此，Bolton 提出一种特殊的期望效用函数——激励函数（motivation function），认为个人决策就是最大化自己的激励函数。该函数表示为：

$$w_i = w_i(x_i, \theta_i)$$

其中，x_i 为局中人 i 的绝对利益，θ_i 为相对利益，同时：

$$w_i = w_i(x_i, c, n) = \begin{cases} \dfrac{x_1}{c}, & \text{若 } c > 0 \\ \dfrac{1}{n}, & \text{若 } c = 0 \end{cases}$$

$c = \sum_{j=1}^{n} x_j, n$ 为局中人的个数。同时，关于该函数的假定：

（1）w_i 连续并在 (x_i, θ_i) 上二阶可导。

（2）$w_{i1} \geq 0$，$w_{i11} \leq 0$ 且如果 $w_i(x_i^1, \theta_i) = w_i(x_i^2, \theta_i)$，$x_i^1 > x_i^2$ 则局中人选择 (x_i^1, θ)。

（3）当 $\theta_i(c, x_i, n) = 1/n$ 时，$w_{i2}(x_i, \theta_i) = 0, w_{i22}(x_i, \theta_i) < 0$。

此外，θ_i 有两个阈值：

$$r_i(c) = argmaxw_i(cw_i, w_i), c > 0$$

$$s_i(c) : w_i(cs_i, s_i) = w_i(0, 1/n), c > 0, s_i \leqslant 1/n$$

假定确保有唯一的 $s_i \in [0, 1/n]$ 和 $r_i \in [1/n, 1]$，因而对于 $c > 0$ 有：

（4）$f^r\left(\dfrac{r}{c}\right) > 0, r \in [1/n, 1]$

$$f^s(s/c) > 0, s \in [0, 1/n]$$

其中，f^r、f^s 为密度函数。通过上述四个假定，能够对最后通牒博弈和独裁者博弈的试验结果予以验证。[1]

四、税收关系互惠假设理论与现实基础

税收关系是性质复杂的特殊形式经济关系，实质是国家权力介入私人经济领域，实现一定数量个体财产权无偿转移的过程。这既非纯粹的经济关系，也非纯粹的公权力关系。赋税是根据国家之总制权，遵照国家之经济政策，布定适当方法，所征收国家之财富。[2] 我国税收关系强调政治权力权威性，凭借公共权力征税并向社会成员和组织提供公共产品，具有正当性与合理性。因此，在对税收关系进行分析的时候，更容易强调双方地位的不平等，政治性和强制性在管理理念中的作用更为凸显。[3]

经济社会发展与公民意识提高对传统的税收关系理论提出了很大挑战，税收矛盾与冲突的根本原因正在于此。税收互惠关系则可以对纳税人形成内在激励，国家与纳税人通过互惠的形成而实现主动的而不是被动的、积极的而不是消极的税收合作。我国税收关系互惠假设有四个方面的理论与现实解释。

（一）税收债务关系理论

我国税收的基本概念深受财政理论研究成果的影响。目前我国主流财政

---

① 蒲勇健. 公平互惠的思想、理论与模型［J］. 重庆广播电视大学学报，2012（10）：3 – 10.

② 胡善恒. 赋税论［M］. 北京：商务印书馆，1934：13.

③ 国家税收修订本编写组. 国家税收（修订本）［M］. 北京：中国财政经济出版社，1984：3.

理论多是以国家分配论为基础，强调以马克思主义国家学说为依据，揭示财政与国家之间的本质联系，税收则被认为是以满足国家职能需要为基本原则，强调国家意志。税法学则从法律角度对税收权力关系进行了重新审视，纳税人基于缴纳税款行为实质享有一定以国家为主体的公债权。① 税收债务关系理论②对从互惠层面考虑税收管理有以下意义。

（1）税收是一种交换关系，纳税人出让私利以换取公共产品，政府应当提供稳定可靠且受益感较强的公共产品，考虑交换不等价且交付时间不同，无法用一般交易规则约束，需要建立互惠关系予以保障。③

（2）税收关系双方不是完全出于个人私利，债务人（纳税人）缴税不完全是理性利益考虑，还涉及社会以及道德因素影响，债权人（政府）则将税收用于公共安全、医疗卫生等社会事业，培养税收互惠意识对纳税人依法、更是依公共道德缴税以及强化政府社会责任都有重要意义。④

（3）税收关系双方处于利益共同体之中，政府通过提供公共品获取稳定管理秩序，纳税人享受良好服务和秩序并以付出部分经济利益为代价，建立良好的互惠关系对双方的长远利益都具有重要意义。因此，税收关系内在地蕴含着互惠利他的精神实质。

（二）税收领域信任博弈

经济契约是指人们在经济活动中订立的，对人们的经济权利和义务作出规定的制度安排。对于纳税人来说，税收关系的交易多数与未来收益相关，纳税人能否获得政府提供的公共产品以及公共服务水平能否弥补纳税人缴纳税款的损失感充满不确定性，因此税收交易涉及的是不完全契约，税收征纳双方必须基于某种信任完成税收缴纳与财政支出程序。由于税收关系不可能订立经济契约，信任的作用是降低征收及使用成本。对于税收关系双方来说，税收领域存在信任博弈关系，纳税人对政府的信任度影响税收遵从水平。⑤

---

① 刘剑文，熊伟. 税法基础理论［M］. 北京：北京大学出版社，2004 年：7 – 490.

② 叶金育. 债法植入税法与税收债法的反思：基于比例原则的视角［J］. 法学论坛，2013（3）：155 – 160.

③ 姚林香，李生巍. 公共品提供与税收遵从的关系探讨［J］. 江西社会科学，2014（2）：49 – 53.

④ 邓子基. 社会主义市场经济与税收基础理论［J］. 当代经济科学，1993（4）：3 – 9.

⑤ 李长江. 关于建设税收文明的几点思考［J］. 扬州大学税务学院学报，2008（3）：41 – 47.

假设纳税人实际收入 x，按照税法规定应当缴纳税款 y。纳税人按法律法规、出于获得政府公共服务的初衷向税务机关缴纳税款 y，则其剩余收入为 $x-y$。税款 y 未来可能获得收益比例为 r，则政府总收益为 $y(1+r)$。

那么接下来，政府如何分配这笔收入会对纳税人的收益带来影响，将分配方向确定为纳税人可以受益和纳税人不受益两种（主要是感觉受益），此时政府执行的是独裁者博弈。如果政府留下 z 并向纳税人偿付 $y(1+r)-z$，那么其最终获得的收益为 z，而纳税人将获得 $(x-y)+y(1+r)-z$，亦即 $x-z+ry$。

这样，就可衡量纳税人对政府的信任程度以及值得信任的程度各是多少，其中信任的程度由 y 来衡量，而值得信任的程度由偿付的金额 $x-y+ry$ 来衡量。这种博弈是重复博弈，单次博弈政府的互惠水平影响纳税人下一次博弈的策略，税收政策给予纳税人的互惠感以及互惠感水平影响纳税人遵从程度。

（三）税收社会表征和纳税人权利意识

纳税人在缴纳税款或政府开征新税时会考虑税收的社会作用，同时税负公平、财政支出效果以及税务机关对纳税人的态度等因素都会影响税收遵从水平，这都构成纳税人对税收的整体认识。如前文所述，纳税人和潜在纳税人对税收的主观认知，以及税收经过社会构造之后呈现的表征，往往是纳税人作出遵从决策的指南。[①]

税收互惠从以下几方面影响纳税人对税收的评价：（1）税收是国家与公民的交换关系，纳税人对财政支出的直观感受影响对税收公平的判断，政府支出无效率可能影响税收遵从度。（2）税务机关对纳税人的定位以及两者相互作用形式可能产生两种不同的税收氛围，即促进抵制税收以及个人利益最大化，或者是促进纳税人对政府机关的信任以及认可其合法性。[②]（3）税收负担的分配，特别是在穷人和富人之间的分配，这种层面的税收公平对纳税人评价税收具有较为强烈的影响。人们往往会将税收负担与个人收入情况进行比较，并不认为按照同样的税率征收税款是公平的。这涉及税收在收入

---

① Cullis J. G. , Lewis A. . Why people pay taxes: From a conventional economic model to a model of social convention [J]. Journal of Economic Psychology, 1997, 18（2）: 305 – 321.

② 蒋燕辉. 关于构建和谐税企关系的理性思考 [J]. 财会月刊, 2011（11）: 32 – 33.

分配方面的作用。

税收社会表征与纳税人权利意识的提高有直接关系，纳税人权利意识增强也要求税务机关以互惠思维对待税收关系。纳税人对税收权利的追逐包括法律权利和实践权利两个层面，法律权利主要依靠立法和严格的执法进行保障，而实践的权利则对应社会福利、生态环境、公平保障等综合层面的权利构成，这实际上体现的税收国家的两个主体的互动。这其中，税收互惠关系的建立具有重要作用。从税收管理程序上来讲，纳税人的权利不能只体现为在税款征收环节的程序性权利和要件性权利，不局限于税务机关直接与纳税人发生管理行为时的权利保障，税收立法和公共财政支出安排上对纳税人权利的考虑，同样是纳税人权利保护的重要内容。以此，纳税人权利意识①离不开以公平、互惠、合作的意识和理念推动税收关系改善。从保护纳税人基本权利角度看，税务机关征收税款必须征得纳税人的同意，当然这种同意可以通过税收立法的形式或者用脚投票的方式进行决定。同时，在财政支出也就是税款使用阶段，必须设计更为合理有效的方式，保障纳税人的同意权。

（四）税收职能的新扩展

税收是由于国家的产生而出现的产物。数千年的国家发展长河中，税收始终伴随着国家命运而沉浮。税收自产生起就具有其职能，税收的最初职能是为国家的存在和发展提供财力支持，这也是税收产生的最直接原因。但是从现代税收的职能看，无疑其能够发挥作用的领域在逐步扩展，经济发展的需要、社会管理的需求、政治理念的发展、国家性质的变化等，都对税收的职能产生直接的影响和需求。从西方税收的发展历程看，税收职能主要经过了以下几个阶段，每个阶段都体现了其时代特征。（1）资本主义之前的时期，税收的主要作用体现为收入职能。（2）亚当·斯密处于资本主义出现较快发展的时期，他将税收的作用定性为保障公务有序运转和为公民提供公共产品以维持生存。（3）垄断资本主义时期，代表经济学家瓦格纳（Wagner）将税收的职能由组织财政收入扩展至社会政策，将调节分配和干预居民生产消费纳入税收的调控目标。（4）大萧条时期，凯恩斯又为税收职能赋予了新的意义，就是税收必须服务经济发展，强化对经济的调控作用。这

---

① 许多奇. 落实税收法定原则的有效路径——建立我国纳税人权利保护官制度［J］. 法学论坛，2014（4）：54－61.

一理论被萨缪尔森作了总结发扬，强调税收必须起到"内在稳定器"和"相机抉择"作用。（5）市场经济时期，税收的作用被定义为与市场形成有效的互补关系，特别是要弥补市场失灵的问题，税收的职能更加全面、综合，税收的职能被归纳为财政、调节和监督三大职能。[①] 传统观点认为，组织税收收入是税收最为紧要的本质职能。但是在现代税收国家，对于这一职能的强调实际上已经开始弱化，而将财富在国家与公众之间进行合理分配被视为非常关键的问题。调节职能的用力范围正在逐步扩展，税收在经济调控的作用和方式都在不断发展，税收在激发市场发展活力和营造良好营商环境方面都有举足轻重的意义。监督职能则是与税收遵从最为直接相关的，税收制度必须成为人们经济行为的基本准则，这也是国家治理的需要。在当前税收治理中，对税收职能的强调体现为基础性和保障性作用，这一定位的确立将税收的职能予以扩展。除上述外，税收还有以下新职能，这对税收遵从度提出了更高要求，特别是对于我国的税收管理，具有十分重要的启发意义。

一是税收成为社会治理的基础。实际上，税收之所以越来越成为人们关注的焦点，并不是税收管理方面存在的问题，而是包括国家治理对税收的要求提高和公众对税收的期盼在内的诸多因素综合作用的结果。税收领域出现的问题实际上是社会矛盾的集中体现和反映，税收在社会治理中扮演的角色越来越重要，因为税收不仅是国家治理的基本手段，同时也是人们反映诉求和对政府提出要求的重要途径。税收正义是实现社会正义的必然要求。基于税收这一职能的扩展，社会公众对税收的关注更加聚焦，从互惠角度重新认识、定位和治理税收，成为一种社会发展的必然选择。

二是税收调控的作用必须更加精准。实际上，税收的职能不能再用割裂开来的视角进行分析。从收入职能和调控职能看，充足的财政收入能够确保政府用更大的空间和手段对经济发展进行调控，可以培养更多财源税源。从调控和监督职能看，调控的过程本身就是监督作用的体现。这就要求税收的作用需要协调推进，这无疑对税收职能提出了更高要求。同时，对税收作用的精准性要求越来越高，税收在科技、教育、人才等方面的作用越来越重要，而且要求税收对各领域的促进作用必须是有效率的。在此背景下，税收遵从必须是高水平的，才能确保税收政策不遭遇中阻梗和效力递减的问题。

---

① 董庆铮等. 税收理论研究［M］. 北京：中国财政经济出版社，2001：83－91.

三是税收调节收入分配的作用凸显。市场经济固有的问题就是造成贫富差距加大，要求税收必须对其进行调节。随着我国经济的快速发展以及人们对财富的享有越来越充裕，贫富问题就越来越成为一个影响社会公平的问题。从目前我国的税制设计上看，对收入分配的调节主要体现为税率的设计上，但是实际上由于税收遵从存在的问题，反而是高收入阶层有更多的便利逃避缴纳税款，这对税收正义来说是一个很大的问题。[1] 因此，从调节收入分配的角度看，税收遵从水平的提升是必要的，这无疑对互惠性税企关系的构建提出了更高要求。

第三节　征纳互惠关系构建：税收战略视角

一、互惠理论对税企关系的审视与改进

传统经济学通常采用自利假设，这一假设允许在策略情境下作出精确的预测。笔者用"自利公理"这一术语将其形式化，这一公理的意思是说，人们试图最大化他们的期望收益，并且相信别人也是这么做的。[2] 但是，本书写作的基本前提是人在经济学上的社会偏好，以及这一理论的心理学基础，也就是互惠和利他。无论是基于人类生存需要的生物性遗传还是以自利为目的的利他，社会现实告诉人们，人具有对他人福利的关心和维护伦理规范的愿望。在本书中，比起只基于自身状态的偏好，笔者更加强调他涉偏好和伦理偏好。笔者的基本假设是，人们之所以合作，是出于对他人福利发自内心的关注与维护、对社会规范的内心遵从与捍卫，还包括对符合社会群体规范的行为予以正面评价，对与社会伦理不相符行为的批评与负面评价。反映在税收管理领域，虽然税务机关越来越多地强调执法和服务两大层面，特别是，在纳税服务层面出台了诸如便民办税春风行动、电子税务局等举措，但是这些措施无疑更多是基于以人为本的社会治理在税务领域的实践、社会进步引起的管理手段更新等，传统的纳税不遵从经济

---

①　贾绍华. 国民收入分配与税收调节机制 [J]. 扬州大学税务学院学报，2010（5）：11 - 19.

②　塞缪尔·鲍尔斯等. 合作的物种——人类的互惠性及其演化 [M]. 张弘译. 杭州：浙江大学出版社，2015：11 - 14.

学模型假设在税务管理中依然占据主导，控制和处罚在提高税收遵从水平方面依然是税务机关的行动基础。① 税务机关目前还并未关注到纳税人行为的心理因素，在过多强调税收三大特征的理念指引下，税务机关和纳税人关系管理属性更强，命令控制式的管理过多关注提高税收征收额，而对纳税人、征税人、政府以及有关公平性因素之间的关系关注较少，征纳关系主要反映为控制、制裁与制定更高级的策略。

或许，可以把传统的税收管理模式形容为"警察与小偷"的思维模式。但是从国际税收管理理论发展来看，从 20 世纪 90 年代开始税收管理模式开始出现重大变化②，更多强调以说服和教育为特征的方法来提高纳税人内在遵从度，指出要充分发挥税务顾问和办税人员的专业知识作用。特别是，随着新公共管理理论的出现与迅速发展，主张以"客户"思维改进税收管理模式的建议越来越得到认可并在发达国家得以实践，税收法律关系更加具有私法性质和经济特征，同时以严厉的逃税处罚予以兜底，税收管理出现新模式，呈现新特征，这是必须清醒认识的新局面。

这种改变无疑是艰难的，我国目前强化征收的工具主要是依靠控制和惩罚，要建立一个相互合作的契约关系或者形成心理合同不是一件容易的事。③ 因此，对税企关系的认识不能仅仅停留在具体管理措施的改进和变化上，而是税收管理全过程的理念与手段优化，涉及社会文化和思维的变化，这也是本书提出具体建议的出发点和最终归宿。本节将关注税收战略层面管理，从立法、执法、服务等角度重新审视定位税收管理，主要侧重于宏观战略视角的考虑，后文再逐一就重要的微观治理内容提出细化举措。

二、构建可信赖的税收制度

广义的税收管理，可以分为税收制度建设和税收征管两个层面。当前，讨论税收遵从问题更侧重于从税收征管角度出发，对税收制度的合理性及纳

---

① Sanson A. . Punishiment and behaviour chang: An Australian Psycholgical Society postion paper [J]. Australian Psychologist, 31 (3): 157 – 165.

② Braithwaite V. . A new approach to tax compliance. In V. Braithwaite (Ed.), Taxing Democracy. Understanding Tax Avoidance and Tax Evasion (pp. 1 – 11). Aldershot, UK: Ashgate.

③ Durham A. M. . Crime seriousness and punitive severity: An assessment of social attitudes [J]. Justice Quarterly, 5 (1): 131 – 153.

税人对税收制度的认知影响遵从水平关注不多。信任是理解公民参与、与政府机关合作并遵从的起源和关键因素，构建可信赖的税收制度对于促进税企关系的互惠性具有重要意义。税收制度的设计实际上是从更深层次思考税务机关与纳税人关系。在世界范围内的税改大潮中，我国必然会加快下一步税制改革和制度设计，此次改革要将纳税群体反应充分考虑进去。税收制度应当是动态变化、调整即时、应对环境迅速的，因此税收制度没有优劣之分，重要的是与经济发展是否匹配，是否能够促进经济发展和企业发展。我国的税制结构和税收制度的制定并不能只是对他国经验的僵化拷贝，而是要考虑我国纳税人的心理接受能力，以公众认可和接受，以促进社会公平、保障社会公正为原则，这是符合我国社会管理国情需要的，能够体现纳税人的群体利益。① 目前，对税收制度的质疑主要体现在以下三个方面，这也是需要进行战略调整的内容。

（一）税负问题

由于税制具有复杂性，加上测量方法不同，税负的口径又比较多，因此关于税负轻重问题一直众说纷纭。税收负担的模糊化处理会加深纳税人对税收制度的偏见性认识，使得纳税人对税收负担不能清楚了解而影响遵从水平。从图 6-3 可以看出，1994 年税制改革以来我国中口径（公共财政收入/GDP）和小口径（税收收入/GDP）整体呈上升趋势。有的研究指出，我国宏观税负和企业税负较美国比较高，现行税收制度还存在改进空间。当前，我国经济发展处于新常态，经济中速增长会保持很长一段时间，必须实施大幅度减税政策，激发市场主体发展活力，确保经济保持平稳较快增长。图 6.3 反映出，我国宏观税负并不稳定，且呈上升趋势，纳税人对税负变化感受明显，也会影响税收遵从。

（二）税收立法民主程度不高

突出体现在税收立法过程对民意的关注不够。② 当前税收民主立法应当着重先解决两个问题：一方面，对重大税制改革、新税种开征、税率提高等

---

① 王敏. 合作信赖原则在税法中的应用 [J]. 中南财经政法大学学报，2007（3）：96-99.

② 刘磊. 税收立法的民主过程——公共选择理论及其借鉴意义 [J]. 扬州大学税务学院学报，2000（1）：3-8.

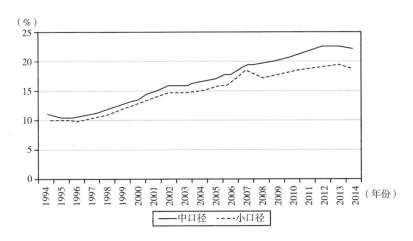

图 6-3　1994~2014 年以来我国中口径和小口径宏观税负变化趋势

资料来源：王江璐等. 新一轮税制改革应如何规避"宗羲定律"［J］. 当代财经，2016（4）.

涉及纳税人重大权益调整的，必须广泛征求意见，充分保障纳税人的选择权。引入公共选择理论，使纳税人能够针对税收方案充分表达选择意向，用最小的税收成本获得最经济的公共福利。另一方面，要规范约束税收行政立法，逐步杜绝通过出台财税规范性文件等形式制定政策，避免造成税收立法原则流于形式，确保税收政策具有选择善意。

（三）税收制度应当具有战略性和稳定性

当前，我国经济发展发生重大变化，供给侧结构性改革稳步推进，新发展理念对发展质量和效益提出了更高要求。税收制度建设必须聚焦发展问题、环保问题、民生问题等，对今后一段时期税收制度设计提出明确战略规划，形成稳定有效的普适性减税政策。要按照战略规划，研究构建最为合理的税制结构，逐步提高直接税比重，不断优化间接税征管模式，确保税制改革与世情国情相适应。近年来我国在税制改革方面采取了许多措施，其目标就是通过改革建立一个优良的税制结构。虽然目前我国的税种设计仍然不够合理，但是通过全面推开营改增，间接税税种已经从 3 个减到 2 个，而且直接税的税收占比也从原来的 30% 左右上升到 50% 左右，这都表明我国的税制结构正处于不断优化、不断完善的过程中。

未来，可通过继续降低间接税比重，逐步搭建直接税框架，为企业减负。对于已开征多年的个人所得税，应以强化征管为重点，向"综合与分项结合"方向转变。对于房产税，应通过扩大试点，挑选成熟经验适时向全国推广。同时，要保持税制稳定性，目前纳税人在应对税收制度变化方面花费成本过大，影响税法认知，这些问题在税收立法及今后税制改革中应当予以考虑。

三、新型税企关系的建立

纳税人在税收管理中对公平与权利的感知影响税企关系。当前，我国税收管理整体上仍然属于税务机关强制性管理偏重、纳税人主体地位偏弱的状态，非常有必要对当前税企关系进行重新定位和构建，促进纳税人对税务机关的信任和对税法的自愿遵从。在纳税人法治意识不断增强的情况下，构建和谐的税企关系对于税企双方都是十分必要的。笔者对某市地税部门2007~2016十年行政复议案件发生数量进行了统计。结果显示，近年来，涉税争议有逐步上升的态势，反映出纳税人与税务机关的争议与正面对抗在增多，税企之间需要建立一种互相信任和谅解的关系，如图6-4所示。

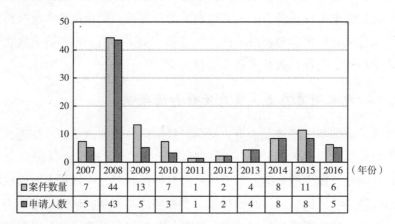

（年份）	2007	2008	2009	2010	2011	2012	2013	2014	2015	2016
案件数量	7	44	13	7	1	2	4	8	11	6
申请人数	5	43	5	3	1	2	4	8	8	5

图6-4　北方某市地税机关2007~2016年复议案件统计

（一）合作氛围和平等地位

合作的氛围是税务机关和纳税人感知对方善意的前提。目前我国的税收管理还是属于对抗性互动关系，虽然税务机关试图去营造一种友好的氛围。但是，囿于管理思维和理念的限制，自愿发生的税收遵从仍然还处于较低水平。税务机关必须着眼于打造一种合作的友好氛围，通过税收管理善意的释放取信于纳税人，那么依赖强制力进行税收管理的现状就能够得到改善。① 因此，如果双方能够共同营造一种互相信任的关系，可以增进纳税人对税法的主观理解以及对税务机关的态度，有助于提高税收遵从。特别是税务机关，必须将纳税人视同法律地位平等的主体，以服务客户的真诚态度赢得纳税人信任，在这种氛围下只对极少数逃税者行使行政处罚。纳税人将纳税视为公民责任，并为了社会利益（也符合个人利益取向）而与政府机关合作。

（二）纳税人权利保护之具体化

完善我国纳税人权利保护体系对构建互惠性税企关系非常紧迫。一方面，1689 年的英国《权利法案》首次明确税收法定的原则，自此之后该原则就成为税收领域的黄金法则。据有关统计，已经有超过 85 个国家和地区在宪法性法律层面将税收法定原则进行明确。② 目前，我国在《立法法》中明确了税收法定原则，特别是将税率的确定也纳入税收法律的保留事项中，无疑是一个很大的进步。但是，与各国对税收法定原则的普遍性重视相比，我国的税收法定原则在实际执行中还存在许多不尽如人意的地方。应当考虑将税收法定原则作宪法层面的约束和规定，同时明示纳税人对公共产品和服务的享有权和财政支出的监督权③等。同时，要在现有初步探索的基础上，制定专门的《纳税人权利保护法》，将纳税人的权利进行更为详尽、全面和具体化的规定。目前我国正处于纳税人权利初步觉醒的阶段，出台纳税人权利法案更具有现实价值和意义。另外，如前文所述，要规范税收授权立法，防止征税权的不当扩张对纳税人权益的损害。这对于目前的税收立法来说，是较为紧急又切实可行的选择。

四、健全征纳双方信息披露机制

在信息不对称和信任度不高的情况下，税务机关容易被纳税人予以不善意怀疑。比如说当前发生概率很高的税收舆情问题，税务机关就陷入一种不被信任、解释仍不被信任的尴尬循环状态。另外，税收用途的科学性与合理

---

① Bergman M. S.. Tax reforms and tax compliance：The divergent paths of Chile and Argentina ［J］. Journal of Latin American Studies，2003，35（03）：593 – 624.

② 翟继光. 赋税法原论 ［M］. 上海：立信会计出版社，2008：361.

③ 这也是国际公认的一项纳税人基本权。

性对于建立政府与纳税人之间的信任关系，打造互惠信赖的税企关系尤为重要，社会调查结果反映出纳税人对这两个方面的意见较为集中。

"对于税收支出的政府公共服务领域来讲，透明度、公众参与程度、满足主顾需要的程度和平易可近的程度对纳税人来说是重点关注的。"[1] 目前，预算公开存在完整性不够、细化程度不高等问题。预算公开与社会关注不相匹配，纳税人不能清晰确认财政部门是否将税收全部高效用于公共利益服务，更加信赖和支持政府的内心确信不足。[2] 实际上，财政透明度不高的一个直接结果就是影响纳税人对税务机关的信任和遵从，纳税人对中国税负的批评不仅是针对宏观税负和微观税负的轻重上，更为重要的层面是国家从社会生产中分配到的占比较高的收入，很大一部分用于支付庞大的国家机器的运转需要，而在公众可感知、可直接受益的社会福利方面，保障力度与其他很多国家相比还有不小的差距。因此，要完善税企信息畅通机制。税收问题专业性强，很容易造成信息不对称。必须创新税收信息产权归属管理方式，明确纳税人享有对本人涉税信息的所有权。税务机关作为信息管理代理人，有义务在对纳税人进行合理限制的前提下主动或依申请披露相关信息。应当进一步提升税务代理机构功能定位，引导企业和代理机构加强合作，发挥税务代理机构的专业职能，督促代理人规范运用税收、会计、审计、法律等有关知识帮助纳税人降低税收成本，在文书填写、账册制作等日常办税业务上，也可以由税务中介提供价格合理的服务。这种信息交流和沟通是十分必要的。

对于非纳税人个人信息的重要税收动态要及时主动公布。长期以来，许多广泛受到纳税人关注的税收信息不能及时主动公布，造成纳税人税收知识储备较少，在不知情的情况下极易产生对税收工作的不理解。因此，对纳税人关注度高的税收负担、税制改革方向、税收使用等方面的情况，要全面向纳税人公开，并征求意见。要推进纳税人对税收工作的理解和认同，营造税务机关坦荡真诚的形象，以取得纳税人信任。

五、打造透明中立税收执法程序

税务机关保留必要的税收强制手段对于促进税收遵从、维护税收秩序是

---

① 经济合作组织. 行政就是服务，公众就是主顾 [M]. 北京：法律出版社，1987：120.
② 王敏. 合作信赖原则在税法中的应用 [J]. 中南财经政法大学学报，2007（3）：96 - 99.

有必要的。税收执法领域是当前容易激发税企矛盾的焦点，合作税收氛围的营造需要税务机关提高执法水平。税收的强制性管理和惩罚性举措要取得纳税人的认同，才能确保税收执法达到预期效果。规范税收执法，是进一步推进依法行政、防范税务执法风险，以及保护纳税人合法权益的必然需求。做好规范税收执法工作是一个系统工程，需要从税务部门日常工作的方方面面入手。应当针对税务系统内部存在的问题，有针对性加以改进，从而达到规范税收执法，防范执法风险、打造和谐税企关系之目的。

税收执法直接面向纳税人，且多具有强制性和惩罚性特征，在税收管理中也是极易发生税收争议和复议诉讼案件的领域。目前税收执法中，存在部分执法人员法治意识不强，执法不公平问题；税法宣传不及时，透明度不高，造成纳税人不理解问题；等等。合作的税收秩序和氛围与税务机关行为合法性紧密相关。合法性是税务机关、税收制度和税务安排的心理属性，纳税人相信它是正当有依据的，则会促使其遵守税务机关安排和制度约束。这种遵守源于责任和信任，而不是出于对处罚的恐惧。因此，税收行为必须在法治框架内运行，执法主体必须有明确的法律授权，执法程序必须严谨准确，执法结果必须公开公正，同时对税收执法行为要有适当的监督制约机制，全面提升税收执法水平。

从透明角度来说，要大力推进执法程序记录、执法告知等做法，进一步公开行政处罚和复议诉讼案件，提高税收执法的透明度。在中立执法层面，要全面推行说理式执法，进一步扩大说理式执法的应用空间，用纳税人积极参与为前提的妥协性机制取代传统的强制性执法模式，最大限度地满足纳税人对程序正义的心理需求，并自觉接受税务机关行政处理，降低因行政处理而产生的对立感。同时，要保持税收执法的必要强度，对于坚决不执行税收法律、无正当理由不履行纳税义务的，应当严格按照规定予以处理。

六、其他

除上述层面外，互惠性税企关系的构建还有诸多可做的工作。如果政府机关必须不断地解释并证明其行为的合理性，那么他们有效管理公共事务的能力就会大大降低，这也是目前税收管理工作中面临的重大现实问题。由于监控成本的原因，政府机关不可能查明并处罚每一个不合作者。大到一个国家的绩效，小到税务机关的绩效，都取决于个人对社会义务的感受、遵从政府机关指令和规章的意愿以及自愿服从税务机关的意愿。①

正如前文已经解释过的，税务机关对纳税人的定位以及两者相互合作形式可能产生两种不同的税收氛围，即促进抵制税收以及个人利益最大化，或者是促进纳税人对政府机关的信任以及认可其合法性。后者产生的结果就是合作和自愿遵从。纳税人采取合作的态度与税务机关互动，那么他就有更大的可能性信任税务部门。② 构建信任、互惠的税收征纳关系，提高内心遵从水平，对于改善税收管理水平是根本性的举措。这不容易做到，但是又是必须努力实现的目标。

第四节　税收立法互惠考量与公平需求

一、税法及税法的复杂性

税收是一个容易让人产生分歧的话题，但所有人似乎都同意一点：税收过于复杂，应该被简化。从国际情况看，简化税法一直以来是税收制度改革的热点领域，是公众诉求较为强烈的领域。德国联邦宪法法院前法官、海德堡大学教授保罗·基尔希霍夫于 2011 年公布其税制改革方案，在德国税法领域产生极大争议。此次改革改变了传统上德国税收通则和单行税法相结合的立法方式，把 33 000 条国库法律简化为目前改革方案中的 146 条。③ 美国 2017 年提出的税改计划，其中一个重要目标就是简化税法，减少税率。英国、澳大利亚等国家也发起了简化税制运动，其中，澳大利亚税法删简了 30%。

我国税法体系过于复杂、变动频繁一直是颇受诟病的问题。一是税法体系层级多、范围广，税法体系架构臃肿。④ 据 2016 年统计，税收法律、行政法规、规章及规范性文件总数达到 20000 余件，这还不包括各省市自行出台的

---

① Kramer R. M.. Trust and distrust in organizations: emergin perspectives, enduring questions [J]. Annual Review of Psychology, 50 (1): 569 – 598.

② Braithwaite V.. Tax system integrity and compliance: The democratic management of the tax system [J]. Taxing Democracy: Understanding Tax Avoidance and Evasion, 2003: 271 – 290.

③ 张慰. 公平视野下的德国简化税法改革方案——基于保罗·基尔希霍夫教授税收正义理论的公法学思考 [J]. 西北政法大学学报, 2014 (2): 3 – 11.

④ 赵磊. 关于税法体系建设的重要性与建设路径的思考 [J]. 统计与管理, 2014 (11): 50 – 51.

具有税收实体法性质的政策文件。二是税法协调性差，囿于管理体制和方法，不同税种、不同层级规定之间没有保持足够的协调，税法概念、税法原则、征税标准等矛盾冲突问题比较常见，造成执行难度较大。三是税收优惠政策出台过多过杂，以财政返还形式破坏税法严肃性的问题在各省市招商引资工作中非常常见，使得税法体系更加臃肿甚至存在灰色税法地带。四是立法语言较为晦涩，税收政策的文字描述较为专业，普通纳税人了解掌握税法难度较大。除此之外，我国税法体系还存在诸多其他问题，对税法遵从水平的影响较大。

更令人担忧的是，如不采取必要的措施，税法体系还存在更加复杂化的趋势。随着企业跨国经营步伐的加快、新经济业态的复杂程度加深以及应对偷逃税措施的更加完善，税法的专业化程度还在呈加深态势。如果税法不能制定得简单，那么就不可避免出现很难理解和执行的问题。因此，简化税法也是当前税改的重要目标。（1）简化税制。税法复杂的根源在税制复杂，从我国税种设置来看，存在税种过多、税率档次过多等问题，有些税种设置存在重复、复杂问题。比如有的专家建议把土地增值税改为消费税，按销售收入征收，税率在 5% 至 10% 之间，仍由地税部门征收。（2）简化税法。一方面是提高税收立法层级，明确限制授权立法的范围，逐步减少以规范性文件形式出台税收政策；另一方面，提高立法技术、简洁立法用语，使税收规定具有较容易的理解度，促进税法不断提高可接受程度。（3）规范税收优惠政策。鉴于种类繁多的税收优惠政策，特别是各地为经济发展而出台的违反税收法定原则的地方优惠政策，必须抓紧进行一次全面的梳理和清理，在此基础上提高税收优惠的立法层次，制定统一目录清单，减少实施税收优惠时造成的不公平问题。

二、复杂税法对纳税人心理的影响

（一）税法复杂性增加纳税人成本

虽然有学者提出复杂税收给纳税人带来筹划可能性而带来益处，因此可以抵消筹划成本[①]，但一般观点认为税法复杂性会增加税收成本，主要体现

---

① Sandford C. T.. Tax Compliance Costs Measurement and Police ［M］. Fiscal Publications Bath，1995.

在三个方面：一是纳税人不得不转向税务代理，直接增加缴税货币成本。威廉·盖尔（William Gale, 1999）曾统计在美国为了完成税收申报单纳税人请税务代理的比例到 1997 年已达 51%。① 二是税法复杂性高导致申报单和申报程序同样复杂，增加缴税时间成本。三是经济成本和时间成本的增加会带来第三种成本，就是纳税人的心理成本，虽然这种成本很难测量，但是对税收遵从行为也非常重要。由于信息不对称，会增加纳税人对缴税预期的不确定及其心理成本，对降低税收遵从水平具有更加直接而深入的影响。②

（二）税收优惠政策不均等助推税收不遵从

一是优惠政策正当性。正当性可以分两个层面，第一个层面是有些税收优惠政策具有区域性，这方面的政策在激发经济发展活力、缩小区域发展差距方面确实曾经起到了很重要的作用，但随着企业经营业务的流动性提高，对优惠政策的质疑会更加突出。第二个层面是具体到享受优惠的个体，特别是对需审批的优惠，会对税务机关审批行为的正当性存有疑问。二是优惠政策公平性。在实际征管中，存在大量针对具体企业的税收减免政策，包括以财政返还形式实施优惠，纳税人对税收公平性的感受影响遵从。三是优惠政策延续性。享受税收优惠政策会带来惯性，对于有享受期限的优惠政策到期后，此种情况下缴纳税款比没有享受税收优惠政策直接纳税的损失感更强。

（三）税收筹划的事实不公平影响不遵从③

税收复杂性在提高税务代理比例的同时，也同时引起了人们对税收筹划的关注、实施和争议。相对主流的观点是，纳税人在符合税法精神和税法规定的框架内，可以通过利用优惠政策、税率、改变经营方式和范围等获得相应的税收利益，这种利益可能与税款减少、时间价值、风险降低等因素相关。税收筹划需要专业知识和相应人才来安排，具有一定的门槛，因此实力较强的大企业具有更大的可能性，造成盈利能力较强而实际税负较轻的悖论。目前，由于税收知识和认知水平较低，中小企业采取税收筹划方式获得

---

① William Gale. . Why are taxes so complicate? [J]. The Brookings Review, 1999, 17（1）: 33 - 36.

② 梁俊娇. 纳税遵从行为理论及其对我国制定纳税激励措施的启示 [J]. 税务研究, 2010（1）: 82 - 85.

③ 魏旭，王瑞. 税收筹划新论 [J]. 财经问题研究, 2012（11）: 94 - 99.

合法收益的意识还不够强，这样就会使得税收筹划可能形成偷逃税款泛滥的模糊印象，从而影响自己的遵从选择。

（四）税种和税率设置复杂影响税负感受

如前文所述，目前我国的税种设置较为复杂，但从税种数量上会给纳税人带来征税对象范围广、税负较重的主观感受，更为重要的是有些税种设计原理相同，比如土地增值税等与企业所得税的征税原理类似，会给纳税人造成重复征税的心理感受。类似问题还存在于，目前已经改征增值税的营业税，这些方面的问题在税负讨论和争议中较多被作为例证援引，成为形成我国纳税人主观宏观税负较重的原因。目前，我国有些税种税率设计层级较多，最高级税率较高，影响人们对税收负担的感受。①

三、公平原则在税收立法中的意义与具体化

公平在税收制度中是最受关注的内容②，这是涉及税法原则、社会道德、社会心理学等多领域的问题。在强调税收公平时，在实际税收实践中往往过多强调税收执行环节的公平，公平原则在立法环节还停留在理念性指导的层面，并没有一套行之有效的机制予以保障。我国的税收立法中，税法的立法原则和适用原则是相对统一的，这也是导致出现前述问题的因素之一。

从税法理论层面进行分析，税收法定、税收公平、税收诚信和实质课税四个原则是税收立法中被予以较多认可的基本原则，是税收制度建设中必须坚持和秉承的最为重要的理念。当然这些原则目前还主要停留在税法理论层面，税收立法体系中对此并无明显涉及。税收公平原则的意义就是，设计税收制度必须将保障国家机器运转的财力保障以合理的方式在社会公众中进行分配。这种分配不是简单的平均主义，而是要根据纳税人的实际负担能力进行合理分配，确保收入能力相同的纳税人最终税负也保持一致，负担能力不同的纳税人，必须在税负体现上也表现为不同的负担水平。从公平的角度考

① 黄立新. 税收遵从的影响因素探究［J］. 税务研究，2013（5）：58－62.

② Rawlings G.. Cultural narratives of taxation and citizenship：Fairness，groups and globalisation. Australian Journal of Social Issues，38（3）：325－341.

虑税收立法，不能将视野仅仅停留在税收管理的某一个环节。落实税收公平原则不仅体现在纳税人在遵守法律和适用法律方面的公平诉求，同时在要求税收立法环节就体现公平原则，法律规范和法律条文应当充分体现量能课税原则。法律内容的平等替代法律适用的平等成为平等权的核心内容。

目前我国税收立法中对公平原则的考虑不足，主要存在三个问题：一是并没有在税法中直接确立公平原则的地位，税收的正义性体现不够。二是税收公平感知度较低，如前文所述，通过社会调查得出来的结果可知，纳税人对税收立法的公平感知较低，这会对税收遵从水平带来较大的负面影响。三是目前对税收公平的认识还停留在管理角度的权利义务层面，用税层面的公平在财税法中更是较少涉及。

从税收立法技术角度看，在立法中充分体现感知度较高的公平原则，除了在税收程序法及实体法具体条文中明确规定或体现这一原则外，在税制和税收政策设计上也要体现公平原则。一是扩大累进税率的适用范围，量能课税原则要求征收的税款要和纳税人的支付能力相匹配，累进税率的使用能够进一步提高公平感知层级。二是提高直接税比重。间接税在重复征税、税负不公平、税收实际负担主体模糊等方面问题争议比较大，而直接税以纳税人实际收入能力为计税依据，更能体现税收公平，体现在收入分配环节的调控作用。三是清理规范税收优惠政策，降低税收特别措施对税收公平的干扰和影响。另外，用税制度目前在税收立法中较少涉及，对纳税人的遵从心理和水平造成了一定影响。

四、税收法律关系的私法化和协调性

如前文所述，税务机关应建立一种公平的税企关系，将税务机关和纳税人置于平等的主体地位之定位。税务机关和纳税人可以按照民事法律原则来安排自己的决策，税法的私法化也随之应当引起足够重视。同时，税法的私法化以及与其他部门法的协调，还可以产生正外部效应，就是对避税行为可以援引民事或行政规则予以处理。

（一）税法的私法化

对于税法的部门法属性，从不同的视角会有不同的答案，这也是税法性质争论的原因所在。比如，税收是国家宏观调控的重要方式，税法可以归于经济法范畴。同时，由于税收是税务机关行政管理的内容，税法又具有行政法的性质。按照法学研究的观点，经济法是典型的公私并行的法律部门，行政法随着市场经济的发展私法性质越来越浓厚，因此税法本身就具有私法化的前提条件。之所以强调税法私法化，无论是经济法还是行政法，其依据是以国家强制力或控制力为基础的，必然造成管理思维带来的不公平推定。

而私法强调的是在公平平等协商基础上的自由交易，税法作为经济利益在国家与市场主体及个人之间的让渡，如果推动税法的私法化，通过借用、协调等方式让税法实现民商法化，就可能避免一切以国家意志为出发点的"税收权力论"作为理论前提的错误结论。① 从我国税收的性质上看，虽然实体法律关系实际上仍然是一种权力服从关系，但形式上符合债权债务关系的特征，税收债法理论在我国财税法学界也已经形成共识②，《税收征管法》以及一些税收实体法的制度设计也遵循了这样一种理论，滞纳金、代位权、撤销权等税法概念都引入了民商法的内容。税法的私法化的意义还不仅仅在于此，对于强化税收管理同样具有促进作用。

比如，《公司法》第二十条规定，公司股东不得滥用股东权利损害公司或者其他股东利益，不得滥用法人独立地位和股东有限责任损害债权人利益，否则应当对公司债务承担连带责任。这种制度被称为公司人格否认制度，是指公司不具有独立于股东的实体时，限于公司与特定的第三人之间有问题的法律关系中，不承认公司的法人格，将公司与股东视为一人，从而向股东追究公司的责任，又称揭开公司面纱或刺破公司面纱。在实际税收征管中存在这样一种税收不遵从行为。如前文所述，股权式资产转让行为通过将资产包装成企业股权，以股权转让形式少缴税款，利用了公司人格独立这把双刃剑，将其作为逃避纳税责任的工具，是对公司人格制度的滥用，这种利用公司形式进行避税的行为屡见不鲜，股权式资产转让以及利用企业分支机构进行避税等行为就是典型例子。③ 如果将此制度引入税法，对于类似问题的处理就很明确。

---

① 王春婕. 我国税法私法化的变革环节及其价值探讨［J］. 山东经济，2003（5）：71-73.

② 刘剑文，熊伟. 税法基础理论［M］. 北京：北京大学出版社，2004：7-490.

③ 赵磊. 股权式资产转让税收规避行为的法律评价与立法选择［J］. 法学杂志，2016（2）：131-140.

（二）税法与其他部门法的协调

根据各类法律规范自身不同性质，按照一定方法可以将法律规范划分成不同的部门法。一般认为，把作为调整税收关系的税法体系简单地归并到行政法或其他法律部门是不够严谨的，在某种意义上税法是与现有部门法相并列的相对独立的法律领域，是一个诸多法律部门的综合体。税收活动涉及社会经济生活的各个层面，税法与其他部门法具有密切的联系。但是从我国法律体系看，没有任何立法确立税法与民法、刑法、行政法等部门法的衔接适用规则，导致对于违法行为是否应当予以课税出现不同观点和做法，影响税权的范围和运作方式。

违法行为是否应予征税问题可以分两个层次来看：对于抽象性质违法的行为比如毒品交易、贪污盗窃等，已经形成应当依法取缔并禁止的共识。[1]对于抽象性质合法但违反管理秩序而在法律上予以非法认定的行为，是否课征税收是长期以来就存在争议的领域，税收征管实践中做法也不一致，甚至在财税立法中也存在冲突之处。除股权式资产转让行为外，还有很多类似行为，比如我国建筑法律法规明确禁止再分包，但是营业税暂行条例规定纳税人将建筑工程分包给其他单位的可以差额征税。一种观点认为，对于行为是否违法，应当由该法的实施主管部门来判断，其他部门没有判定的权力，否则就是越权。

同时，也有人担忧会出现以合法缴税对抗违法性认定的问题。税法作为新兴部门法，与相关部门法的关系不应当只停留在借用概念、规则和原则上，不同管理部门对违法行为的认定也不应当出现两种观点，应当对税法与其他法律协调衔接问题进行立法明示，同时建立部门间沟通协调机制。

第五节　税收情绪管理：实践与微观视角

一、税收情绪专门化管理

我国目前的税收治理还处于粗放式管理阶段。税务机关税收管理的精细

化程度需要进一步提高，公众对待税收的情绪也是感性远大于理性，上述这些因素共同造成税收情绪问题的存在，频出的税收焦虑事件清晰地反映了这一点。比如，无论是新开征税种还是提高税率，甚至可能并不加重税收负担的常规税制改革，公众第一反应就是排斥，最大的焦虑就是担心增加税负。而税务管理者，可能对其行为的合理性论证并不充分。

我国税收制度改革，虽然履行了民主立法程序，但由于立法体制限制、意见征询覆盖面窄，以及税法执行中存在的偏差等原因，使得税务机构、纳税人、专家学者、公共媒体等方面，对同一问题有不同的观点，甚至碰撞激烈，公众的税收负情绪不利于财税体制改革，也影响其他相关社会改革的推进。从某种程度上讲，税收情绪管理不当已经成为制约税收体制健康发展的根本性障碍。税务机关肩负重要的社会公共职能，理应将税收情绪管理纳入税收管理领域中，作为税收改革的重要内容。

对税收情绪施行专业化管理是非常必要的，可以考虑设置专门管理机构。当前，税收情绪涉及征管、服务、执法和宣传等多个层面，难以形成具有战略性的整体举措。并且，税收情绪管理需要专业化的人员队伍予以支撑，目前税务部门尚无此类人才建设规划。设立专门管理机构，有助于正面应对公众税收情绪，从心理层面提出有针对性的工作建议，避免税制改革陷入僵局。税收情绪管理部门职能可以分为四个方面，如图 6-5 所示。

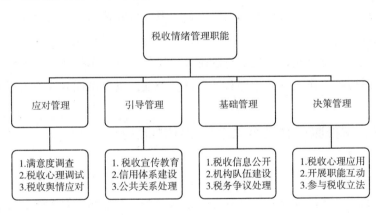

图 6-5　税收情绪管理职能

（1）税收情绪应对管理。①组织开展税收满意度调查。通过客观中立的税收满意度调查，充分了解纳税人对税收制度和税收管理的诉求，准确把握征纳双方关系状态，有针对性地提出改进意见建议。②开展税收心理调适。针对税收焦虑等现象，从心理学和社会心理学专业化视角进行公众心理调适，引导税收情绪在良性轨道运行。③突发舆情应对。对税收舆情进行预案安排，对税收事件能够及时准确发声，并采取专业化科学化的应对措施。

（2）税收情绪引导管理。①税收宣传教育。集中管理税收宣传与教育工作，深入研究将税收教育纳入国民教育体系的途径和方法，积极开展具有实效的税收宣传。创新宣传教育方式，按照传播规则进行宣传。②税收信用体系建设。集中管理纳税信用、黑名单、红名单等税收信用体系建设，在充分合理分析的基础上，采取能够最大激发税收遵从促进效能的激励方式。③公共关系处理。负责与专家学者、政府其他部门、媒体等方面关系的处理。

（3）税收情绪基础管理。①税收信息公开。加强税收信息公开工作的顶层设计，对税收信息进行分类分别处理，提高税收信息公开的感知度和时效性，促进纳税人对税务机关善意感知。②税收情绪管理机构和队伍建设。税收情绪管理机构可以考虑在税务总局和省级局层面设置，实行垂直管理。大力引进心理学、社会学等方面高层次人才，开展与专业心理咨询机构合作。③参与税务争议处理。实行重大敏感税收案件情绪部门参与处理制度，在案件处理中负责争议人心理调适和引导工作，确保案件处理不激发负情绪。

（4）税收情绪决策管理。①税收心理应用。开展税收行为与心理研究，充分运用框架效应、情绪效应、预缴效应等心理现象，提出有利于促进税收遵从的制度设计，注重研究道德税收。②与税收管理其他职能互动。积极与税收管理各环节管理部门进行沟通配合，发挥税收情绪管理的指导作用，共同形成税收情绪管理大格局。③参与税收立法。在税收立法各环节，注意用专业方法收集意见建议，提出税制设计的优化意见。④税务工作人员的情绪管理。对税收工作人员的心理和行为进行干预，以提供优良的税收服务。

二、纳税服务在税企关系构建中的应用

结合当前改革背景和时代发展特征，特别是在税收征管格局发生重大变化的情况下，纳税服务必须坚持更贴近纳税人、更有利于促进税企关系改善的原则，制定重大战略和策略。重点做好四个方面：一是集成化服务策略。由税收情绪管理部门统一负责或指导纳税服务工作，实现实体化、一体化运作，提高纳税服务专业化水平。二是社会化服务策略。坚持综合治税视野，将政府部门、中介机构和行业协会在纳税服务中的定位和作用厘清，明确基本职责和工作内容，形成整体合力。三是专业化服务策略。税务机关在做好

基本纳税服务的同时，要利用海量数据集中在税务部门的优势，生产高端税收服务产品，帮助企业优化经营策略，为政府重大决策提供支持。四是智能化服务策略。要紧跟信息技术发展步伐，推动纳税服务向智能化层面发展，体现数字时代特点。具体举措如下。

（1）大力推进依法治税。坚持"公平公正执法是对纳税人最好的服务"的理念，纳税人对税务机关的最重要预期是能够得到公平对待。依法治税是依法治国的重要组成部分，最核心的就是要落实好组织收入原则，既要坚持应收尽收，又要坚决防止和查处收过头税和空转等违规行为，依靠打击违法增收、堵塞漏洞增收、科技管理增收，促进经济税收协调增长，不断提高税收收入质量。坚持法定职责必须为、法无授权不可为，坚决纠正不作为、乱作为，坚决克服懒政怠政，坚决惩处失职渎职。坚持严格规范公正文明执法，完善执法程序，明确具体操作流程，重点规范行政许可、行政处罚、行政强制、行政检查等执法行为。严格执行重大执法决定法制审核制度，进一步健全行政裁量权基准制度，细化、量化行政裁量标准，规范裁量范围、种类和幅度。

（2）努力营造诚信纳税氛围。近年来，税务系统加大税务稽查力度，查补收入连年保持较高增幅。一方面，要堵塞征管漏洞，切实提高应收尽收水平。另一方面，也要采取有效措施，努力提高全社会依法纳税的意识。比如，要加快税务稽查现代化建设，规范高效地查处税收违法案件，全面清查沉案积案，彻底清理欠缴税款，重点监控长期无税户。要健全对外投资税收管理体系，提高国际避税防控能力，切实维护税收权益。要开展纳税信用级别评价，向社会主动公开 A 级纳税人名单和黑名单，确保税收信用相关政策得到贯彻落实。加快信用等级评价信息系统的建设步伐，逐步做到信用等级评价的智能化、推动部门间联合激励机制和社会信用信息平台建设。

（3）提升纳税服务便利化水平。税务机关要加强与市场监管、国土房管、公安司法等部门的沟通协调，完善协同联动工作机制，发挥源头控管、数据比对、失信惩戒等综合执法效能，切实减轻企业负担。加快建立网上税务局①，集成连接税收征管各个业务流程，简化程序、数据共享、便捷服务，努力打造纳税人足不出户即可办理涉税事项的信息平台。探索"互联网＋"技术，最终实现涉税事项通过移动终端自助办理。充分发挥税务部

---

① 邵凌云，徐伟．浅析如何打造纳税服务集成化新格局［J］．税务研究，2017（7）：126－129．

门信息共享优势，全面落实税务总局工作规范，创新窗口受理、内部流转、限时办结和窗口出件模式，提升一致性水平，提高工作效率。扩大自助办税覆盖面，节省纳税人纳税成本，减轻办税负担。要强化纳税情况调查，并加以持续改进。[①]

（4）切实做好税收宣传教育。政策宣传是税收管理的基础性工作，对提高税法遵从度和税务机关管理水平都具有十分重要的意义。要坚持"三个面向"，面向社会、面向税务干部、面向纳税人，做到"三个结合"，动静结合、点面结合、税民结合。要坚持税法宣传与税收业务、纳税人需求和各单位实际情况相结合，推进制度化建设和标准化建设。一是建立日常性宣传机制，税法宣传不是攻坚战、歼灭战，而是运动战、持久战，必须长期、不断、深入地进行基础性宣传教育。二是宣传必须自己先懂，要梳理明确宣传内容，制作简明易懂、喜闻乐见的宣传手册，做到精准宣传、完整宣传、个性化宣传。三是坚持标本兼治、舆论先行，充分利用公共媒体、新兴载体和系统内部媒介开展全方位宣传，切实提高税法宣传覆盖面。四是以纳税人需求为导向，开展分类宣传，主动送政策上门，主动对企业财务人员开展培训，使纳税人自觉、熟练地办理纳税事宜。

（5）合理把握纳税服务限度。坚持合理诉求应当满足同时又不能带来不现实预期的原则，把握好征管和纳税服务的关系。征收管理工作是税务机关组织收入、执行税收法律法规的基本行为，是税务机关依法履行法定义务的具体体现。纳税服务则属于税务机关在履行法定义务时，在不影响国家及第三方法定利益的前提下，为纳税人提供可选择的多元化办税需求、依法对纳税人合法权益主动实施的保护性措施和行为。因此，征收管理和纳税服务是税务机关行政的两个方面，征管和纳税服务工作都要抓好，要相互促进，相互提高。征管是基础，是根本。良好的征管基础，是促进纳税服务便利化的有效保障。

三、优化和透明公共产品供给

纳税人缴纳税收，必然对公共产品和服务具有期待。[②] 如果纳税人认为

---

① 张玮. 关于基层税务机关纳税服务效能监察的思考 [J]. 税收经济研究，2017（4）：45 –51.
② 范巧. 基于公共产品和服务提供的复合治理结构考察 [J]. 西部论坛，2016（1）：82 –89.

自己缴纳的税款没有用于或全部用于提供公共产品，税收负面情绪将会产生，进而消极对待自己的义务。因此，公共产品供给的优化和透明成为建立良好税收情绪的重要方面。

（1）建立透明预算制度。全面公开政府预算决算，财政支出全部细化公开到功能分类的项级科目。所有使用财政拨款的部门，除涉密信息外，均公开本部门预算决算，并细化到基本支出和项目支出。全面公开财政资金安排的"三公"经费。公开财政支出过程，向社会定期公布财政支出情况和重大财政事项进展情况，确保纳税人知情权、监督权和建议权得到充分行使，建立顺畅的信息交流渠道，增强政府用税的透明度。①

（2）加大民生投入力度。近年来，随着经济社会加快发展，财政用于民生领域的投入不断增加，但城乡居民收入与经济发展仍不匹配。今后要按照保基本、兜底线、建机制的原则，织密民生保障网，提高困难群体、弱势群体基本生活保障水平，推进基础设施和公共服务向基层、向农村延伸。调整财政支出结构，改进财政投入方式，公共设施建设资金更多通过市场化方式筹集，将更多的财力用于百姓直接受益的教育文化卫生等领域，切实提高居民收入水平，逐步实现建设财政向民生财政的转变。

（3）加强财政资金监管。坚持依法治税，做到应收尽收、不收过头税。坚持依法理财，全面落实新预算法，严格预算约束，严禁超预算、无预算拨款。坚持跟踪问效，完善第三方评估和绩效评价机制，提高财政资金使用效益。坚持依法监管，构建税收征管稽查、资金拨付使用全过程动态监控机制。加强政府债务管理，完善借用还和预警机制，建立风险隔离和保全追偿制度，严防财政运行风险。

（4）提高市场化运作水平。长期以来，公共产品和公共服务一直由政府部门直接提供，这不仅造成了竞争不充分，效率低下，而且滋生了一些权力寻租和腐败问题。在市场经济条件下，市场必须对市场要素的配置中享有支配地位和决定作用，同时政府要与市场形成补位状态，对于市场不能提供或者提供效率较低的公共产品，政府要担负起职责。因此，必须首先要强化市场意识，探索通过市场机制，解决公共产品和公共服务供给问题，比如通过政府购买服务、政府与社会资本合作，既能体现政府财政的公共属性，又

---

① 叶文辉. 城市公共产品供给的市场化与公共服务的效率改善［J］. 江西社会科学，2004（4）：130 - 133.

能借助市场力量提高供给效率。① 同时，通过公共资金的引导和撬动，还可以放大财政政策的乘数效应，更好地发挥政府在市场经济中的作用。

四、税收文化和共同价值培育

文化是人类创造的物质和精神财富的总和，包括物态、制度、行为和心态四个层次。② 税务文化包括纳税人文化和税务机关文化两个层面，同时两方面相互共生、相互促进。从社会化税收文化即纳税人文化的构建上，要更多强调税收社会效益和税收权利，培育纳税人社会贡献主体意识，弱化义务性要求和强制性责任。就税务机关内部而言，应做到以下几点。

（1）在价值导向上，更加注重现代文化元素。在以往的税务文化建设中，更多地强调团队凝聚和谐等共性价值元素。③ 税务文化现代化是税收现代化的重要组成部分，在价值理念导向上应更加突出现代文化元素，把率先实现税收现代化确定为共同愿景，在核心价值观中强调法治、廉洁、尽职尽责、追求卓越等理念，在税务精神上弘扬进取和创新精神，这些都是现代社会和现代税收管理中要遵循的重要价值元素，以努力打造税务良好形象。

（2）在文化打造上，更加注重整体引领。过去的税务文化建设侧重于文化传承，通过递进式主题教育活动来阶段性地倡导文化理念。税务文化现代化则是在此基础上，结合新形势、新使命、新愿景，更加系统的推动税务文化转型升级，提炼形成系统完善的核心价值体系，进行全面系统的文化宣教推广，发挥税务文化的整体引领作用。

（3）在建设模式上，更加注重科学规范。在以往的税务文化建设中，比较注重发挥基层积极性，通过示范点建设，培育了一批文化建设先进典型，形成各具特色的文化建设模式，以及百花齐放的文化建设格局。税务文化现代化建设，则是在基层探索和先行区试点的基础上，对税务文化现代化建设的目标、原则、路径、方法进行全面规范，同时也考虑到各基层单位的实际情况，为基层单位的文化建设留有自创空间，形成全系统整体规范为主，各单位特色文化为辅的文化建设格局。

---

① 叶美峰. 大力推广 PPP 模式——增加公共产品服务供给 [J]. 中国财政, 2016 (24): 40 - 41.
② 贾英姿, 贾绍华. 关于新时期税务文化创新的几点思考 [J]. 财政科学, 2017 (2): 64 - 69.
③ 龙和铭. 我国税务文化建设的现状分析与对策 [J]. 湖南税务高等专科学校学报, 2015
(1): 6 - 10, 13.

（4）在建设内容上，更加注重协同推进。以往的税务文化建设侧重于税务精神文化建设①，主要方式是活动式文化理念宣传，物态化文化理念展示。税务文化现代化则更加注重理念、制度、行为、物态文化四个层面的协同推进，突出价值理念的制度固化，行为方式的理念外化，以实现文化管理的目标。

税务文化建设目标是在全社会形成合作型、互惠性税收认知和税企关系，但是文化的构建必须从税务机关内部开始，税务机关是税务文化建设的主体也是客体。在税务机关文化建设成熟的同时和基础上，要降低税收运行成本，提高税收道德。加强税法宣传力度，是提高纳税遵从度有效方法。税收道德，是纳税人部分或全部在履行或忽略他们纳税义务这个问题上的态度，税收治理必须坚持依法治税和以德治税相结合。税收道德也是纳税人愿意遵从与不遵从的一种态度，它是固定在公民的税收心态与意识。因此，对纳税人加强教育和培训是提高税收道德的有效手段之一。

五、税收争议的合作型解决模式

（1）合作型审理理念。税务行政复议是纳税人解决涉税争议的主渠道。根据新修订的《行政诉讼法》第二十六条之规定，对于申请行政复议的案件，如果复议机关对被申请机关的具体行政行为作出维持的处理决定的，申请人不服该决定并向人民法院提起行政诉讼的，作出具体行政行为的原行政机关和复议机关应当列为本次行政诉讼的共同被告。这项规定重新定位了复议机关在"解决行政争议"时发挥的作用。行政复议不再是简单地去评判谁对谁错，而是要重点去解决纠纷，化解争议。当然，这必须是在合法的前提下，不是纳税人有争议了，税务机关就要妥协。这就需要一种案件处理的艺术，一种有心理学理论支撑的理念作指导。对于政策明确的，要耐心向纳税人解释。政策上有争议的，要积极与上级部门沟通。符合和解和调解规定的，要在合法前提下主动协调。在税务机关证据确凿、法律依据充分的前提下，也应做到耐心解释，以理服人，定纷止争，力求在"和谐"中化解争

---

①　李春根．税务文化管理的现状及实现路径探析［J］．经济研究参考，2016（38）：68－73.

议，在"和谐"中追求稳定，促进纳税人自愿遵从。①

（2）中立的审理立场。行政复议机关在审理行政复议案件中必须要保持中立性，不偏不倚地处理行政争议。复议机关是作出具体行政行为税务机关的上一级主管机关，在审理案件过程中，不能事先就认定申请人是具有违法行为的，要将申请人与被申请人双方置于平等的法律地位，公平、公正审查。同时，要充分考虑申请人的利益诉求，守护好税收执法的天平。要严格按照程序进行审理，充分运用复议调解等方式，在案件处理中注重税企关系构建，切实把税企互惠理念贯穿于税务行政复议处理的全过程。

（3）服务型救济渠道构建。渠道救济畅通是行政复议制度得以发挥作用的前提。税务机关要把畅通渠道作为加强行政复议工作的着力点和突破口。《税务行政复议规则》第五十条规定，行政复议机关决定不予受理的，纳税人可以在法定期限内提起行政诉讼。也就是说，不予受理行为是可诉的。但是，考虑到纳税人主观感受，税务部门复议机关在受理审查环节必须要谨慎对待，疏通进口，敞开大门，积极受理。对确实不符合受理条件的，也要妥善处理，不能简单一推了之。要向申请人说明情况，告知解决问题的渠道。要取消纳税复议前置规定。②

（4）税务机关自我控制和制约。要持续完善行政处罚自由裁量权基准制度，推行执法权力清单，清理税收规范性文件，不断提高重大案件审理质效，提升税收执法质量。正是由于依法行政的不断推进，行政相对人才能对整个行政行为过程有一个明晰的了解，也才能通过权利告知事项，明确知道自己享有的合法权益。依法行政在某种程度上促进了行政复议案件数量的增加，行政复议案件增加又倒逼税务机关依法行政的不断加强。二者相互作用，相互促进。同时，行政复议机关要不断建立和完善行政复议发现问题回应机制以及行政复议与诉讼衔接机制，努力实现既能维护纳税人合法权益又能防范和化解税收执法风险的双赢局面。

---

① 乔博娟. 税制改革中纳税人权利救济体系的反思与重构——以税务行政复议与税务诉讼的自由选择为中心 [J]. 现代经济探讨, 2016（9）：55 – 58，62.
② 翟继光. 论纳税前置对税务行政复议申请期限的影响 [J]. 税务研究, 2017（8）：56 – 59.

附　　录

税收社会表征调查问卷

尊敬的先生/女士：感谢您百忙之中参与本次调查，对您无私的支持和帮助表示衷心感谢！本调查完全基于科研目的，全部为匿名填写，不用作任何商业行为，对涉及的个人信息予以绝对保密。

1. 您的职业？

◎ 税务机关工作人员

◎ 政府或事业单位工作人员（非税务机关）

◎ 企业控制或高级管理人员

◎ 财务工作人员或财税专业人士

◎ 工薪阶层人员或自由职业者

◎ 学生　　　　　　　　◎ 其他人员

2. 您的性别？

◎ 女性　　　　　　　　◎ 男性

3. 您的年龄？

◎ 20 岁及以下　　　◎ 21 岁至 30 岁　　　◎ 31 岁至 40 岁

◎ 41 岁至 50 岁　　　◎ 51 岁及以上

4. 您的年收入水平（以人民币计算）？

◎ 6 万元及以下　　　◎ 6 万元至 20 万元　　　◎ 20 万元至 50 万元

◎ 50 万元至 100 万元　　◎ 100 万元以上

5. 您的学历程度？

◎ 高中（中专）及以下　◎ 大学专科或本科

◎ 硕士研究生及以上

6. 您是否有宗教信仰？

◎ 有　　　　　　　　　◎ 没有

7. 您是否曾经到税务机关办理纳税业务？

◎ 有　　　　　　　　　◎ 没有

8. 您是否能够自行填写纳税申报表？

◎ 能　　　　　　　　　◎ 不能

◎ 需要专业人士帮助　　◎ 未填写过

9. 您了解中国的税法与税制吗？

◎ 非常不了解　　　　　◎ 比较不了解　　　　　◎ 有些了解

◎ 比较了解　　　　　　◎ 非常了解

10. 您认为税收制度复杂吗？

◎ 非常不复杂　　　　　◎ 比较不复杂　　　　　◎ 有些复杂

◎ 比较复杂　　　　　　◎ 非常复杂

11. 您关心税收领域的事情吗？

◎ 非常不关心　　　　　◎ 比较不关心　　　　　◎ 有些关心

◎ 比较关心　　　　　　◎ 非常关心

12. 您认为税收的意义重要吗？

◎ 非常不重要　　　　　◎ 比较不重要　　　　　◎ 有些重要

◎ 比较重要　　　　　　◎ 非常重要

13. 您认为富人与大公司逃税（避税）能力更强吗？

◎ 非常不同意　　　　　◎ 比较不同意　　　　　◎ 有些同意

◎ 比较同意　　　　　　◎ 非常同意

14. 您认为税收优惠只让少数企业和个人受益吗？

◎ 非常不同意　　　　　◎ 比较不同意　　　　　◎ 有些同意

◎ 比较同意　　　　　　◎ 非常同意

15. 您认为税务机关征税公平程度如何？

◎ 非常不公平　　　　　◎ 比较不公平　　　　　◎ 有些不公平

◎ 比较公平　　　　　　◎ 非常公平

16. 您认为自己的税收负担重吗？

◎ 非常轻　　　　　　　◎ 比较轻　　　　　　　◎ 有些重

◎ 比较重　　　　　　　◎ 非常重

17. 您认为逃税是聪明人和富有冒险精神人的游戏吗？

◎ 非常不同意　　　◎ 比较不同意　　　◎ 有些同意

◎ 比较同意　　　◎ 非常同意

18. 您尊重和信赖税收吗？

◎ 非常不是这样　　　◎ 比较不是这样　　　◎ 有些是这样

◎ 比较是这样　　　◎ 非常是这样

19. 您尊重和信赖税务机关吗？

◎ 非常不是这样　　　◎ 比较不是这样　　　◎ 有些是这样

◎ 比较是这样　　　◎ 非常是这样

20. 您认为逃税是一件很不道德的事情吗？

◎ 非常不道德　　　◎ 比较不道德

◎ 有些不道德　　　◎ 与道德无关

21. 您认为税收有没有做到取之于民用之于民？

◎完全没做到　　　◎比较没做到　　　◎一般做到

◎比较做到　　　◎完全做到

22. 您认为税款的使用透明吗？

◎ 非常不透明　　　◎ 比较不透明　　　◎ 有些不透明

◎ 比较透明　　　◎ 非常透明

23. 您认为税款的使用合理吗？

◎ 非常不合理　　　◎ 比较不合理　　　◎ 有些不合理

◎ 比较合理　　　◎ 非常合理

24. 如果有更好的公共服务，您愿意缴更多的税吗？

◎ 非常不愿意　　　◎ 比较不愿意　　　◎ 有些不愿意

◎ 比较愿意　　　◎ 非常愿意

25. 您认为身边有多少人选择避税？

◎ 非常少　　　◎ 比较少　　　◎ 有些

◎ 比较多　　　◎ 非常多

26. 您认为大部分人喜欢税收吗？

◎ 非常不喜欢　　　◎ 比较不喜欢　　　◎ 有些喜欢

◎ 比较喜欢　　　◎ 非常喜欢

27. 您认为税务机关能够容忍避税吗？

◎ 非常不能　　　◎ 比较不能　　　◎ 有些能

◎ 比较能　　　　　　◎ 非常能

28. 您认为税务机关很难发现人们的逃税行为吗？

◎ 难度非常小　　　　◎ 难度比较小　　　　◎ 有些难度

◎ 难度比较大　　　　◎ 难度非常大

29. 您有过少缴税款的经历吗？

◎ 从来没有少缴　　　◎ 个别时候少缴　　　◎ 有时候少缴

◎ 经常少缴　　　　　◎ 从来不缴税

30. 您会因为身边人都选择避税，所以自己也会避税吗？

◎ 完全不会这样　　　◎ 多数时候不会这样　◎ 有时候会这样

◎ 多数时候会这样　　◎ 完全会这样

31. 您认为逃税是出于经济原因吗？

◎ 绝大多数人不是　　◎ 比较多的人不是　　◎ 有些人是

◎ 比较多的人是　　　◎ 绝大多数人是

32. 如果有机会又没有危险，您会选择避税吗？

◎ 肯定会　　　　　　◎ 很可能会　　　　　◎ 有可能会

◎ 可能性不大　　　　◎ 肯定不会

税收社会表征调查问卷情况统计表

1. 您的职业?

选　项	小计	百分比%
税务机关工作人员	134	11.5
政府或事业单位工作人员（非税务机关）	341	29.2
企业控制或高级管理人员	84	7.2
财务工作人员或财税专业人士	107	9.2
工薪阶层人员或自由职业者	243	20.8
学生	130	11.1
其他人员	130	11.1

2. 您的性别?

选　项	小计	百分比%
女性	685	58.6
男性	484	41.4

3. 您的年龄?

选　项	小计	百分比%
20 岁及以下	82	7
21 岁至 30 岁	348	29.8
31 岁至 40 岁	559	47.8
41 岁至 50 岁	139	11.9
51 岁及以上	41	3.5

4. 您的年收入水平（以人民币计算）?

选　项	小计	百分比%
6 万元及以下	447	38.2
6 万元至 20 万元	587	50.2
20 万元至 50 万元	110	9.4
50 万元至 100 万元	20	1.7
100 万元以上	5	0.4

5. 您的学历程度?

选　项	小计	百分比%
高中（中专）及以下	112	9.6
大学专科或本科	712	60.9
硕士研究生及以上	345	29.5

6. 您是否有宗教信仰?

选　项	小计	百分比%
有	114	9.8
没有	1 055	90.3

7. 您是否曾经到税务机关办理纳税业务?

选　项	小计	百分比%
有	400	34.2
没有	769	65.8

8. 您是否能够自行填写纳税申报表?

选　项	小计	百分比%
能	341	29.2
不能	291	24.9
需要专业人士帮助	255	21.8
未填写过	282	24.1

9. 您了解中国的税法与税制吗?

选　项	小计	百分比%
非常不了解	193	16.5
比较不了解	362	31
有些了解	458	39.2
比较了解	140	12
非常了解	16	1.4

10. 您认为税收制度复杂吗?

选　项	小计	百分比%
非常不复杂	25	2.1
比较不复杂	119	10.2
有些复杂	567	48.5
比较复杂	295	25.2
非常复杂	163	13.9

11. 您关心税收领域的事情吗?

选　项	小计	百分比%
非常不关心	95	8.1
比较不关心	291	24.9
有些关心	417	35.7
比较关心	266	22.8
非常关心	100	8.6

12. 您认为税收的意义重要吗?

选　项	小计	百分比%
非常不重要	42	3.6
比较不重要	65	5.6
有些重要	208	17.8
比较重要	321	27.5
非常重要	533	45.6

13. 您认为富人与大公司逃税(避税)能力更强吗?

选　项	小计	百分比%
非常不同意	61	5.2
比较不同意	137	11.7
有些同意	287	24.6
比较同意	285	24.4
非常同意	399	34.1

14. 您认为税收优惠只让少数企业和个人受益吗?

选　项	小计	百分比%
非常不同意	130	11.1
比较不同意	364	31.1
有些同意	338	28.9
比较同意	206	17.6
非常同意	131	11.2

15. 您认为税务机关征税公平程度如何?

选　项	小计	百分比%
非常不公平	88	7.5
比较不公平	160	13.7
有些不公平	380	32.5
比较公平	504	43.1
非常公平	37	3.2

16. 您认为自己的税收负担重吗?

选　项	小计	百分比%
非常轻	123	10.5
比较轻	347	29.7
有些重	456	39
比较重	149	12.8
非常重	94	8

17. 您认为逃税是聪明人和富有冒险精神人的游戏吗？

选　项	小计	百分比%
非常不同意	376	32.2
比较不同意	298	25.5
有些同意	241	20.6
比较同意	148	12.7
非常同意	106	9.1

18. 您尊重和信赖税收吗？

选　项	小计	百分比%
非常不是这样	66	5.7
比较不是这样	141	12.1
有些是这样	351	30
比较是这样	373	31.9
非常是这样	238	20.4

19. 您尊重和信赖税务机关吗？

选　项	小计	百分比%
非常不是这样	74	6.3
比较不是这样	163	13.9
有些是这样	351	30
比较是这样	365	31.2
非常是这样	216	18.5

20. 您认为逃税是一件很不道德的事情吗？

选　项	小计	百分比%
非常不道德	492	42.1
比较不道德	288	24.6
有些不道德	184	15.7
跟道德无关	205	17.5

21. 税收有没有做到取之于民用之于民？

选　项	小计	百分比%
完全没做到	107	9.2
比较没做到	295	25.2
一般做到	454	38.8
比较做到	268	22.9
完全做到	45	3.9

22. 您认为税款的使用透明吗?

选　项	小计	百分比%
非常不透明	324	27.7
比较不透明	303	25.9
有些不透明	341	29.2
比较透明	183	15.7
非常透明	18	1.5

23. 您认为税款的使用合理（有浪费）吗?

选　项	小计	百分比%
非常不合理	151	12.9
比较不合理	268	22.9
有些不合理	433	37
比较合理	295	25.2
非常合理	22	1.9

24. 如果有更好的公共服务，您愿意缴更多的税吗?

选　项	小计	百分比%
非常不愿意	133	11.4
比较不愿意	169	14.5
有些不愿意	302	25.8
比较愿意	465	39.8
非常愿意	100	8.6

25. 您认为身边有多少人选择避税?

选　项	小计	百分比%
非常少	202	17.3
比较少	258	22.1
有些	432	37
比较多	199	17
非常多	78	6.7

26. 您认为大部分人喜欢税收吗?

选　项	小计	百分比%
非常不喜欢	272	23.3
比较不喜欢	631	54
有些喜欢	200	17.1
比较喜欢	54	4.6
非常喜欢	12	1

27. 您认为税务机关能够容忍避税吗?

选 项	小计	百分比%
非常不能	445	38.1
比较不能	368	31.5
有些能	249	21.3
比较能	78	6.7
非常能	29	2.5

28. 您认为税务机关很难发现人们的逃税行为吗?

选 项	小计	百分比%
难度非常小	208	17.8
难度比较小	353	30.2
有些难度	438	37.5
难度比较大	139	11.9
难度非常大	31	2.7

29. 您有过少缴税款的经历吗?

选 项	小计	百分比%
从来没有少缴	864	73.9
个别时候少缴	135	11.6
有时候少缴	89	7.6
经常少缴	19	1.6
从来不缴税	62	5.3

30. 您会因为身边人都选择避税,所以自己也会避税吗?

选 项	小计	百分比%
完全不会这样	547	46.8
多数时候不会这样	249	21.3
有时候会这样	254	21.7
多数时候会这样	67	5.7
完全会这样	52	4.5

31. 您认为逃税是出于经济原因吗?

选 项	小计	百分比%
绝大多数人不是	258	22.1
比较多的人不是	186	15.9
有些人是	380	32.5
比较多的人是	183	15.7
绝大多数人是	162	13.9

32. 如果有机会又没有危险，您会选择避税吗？

选　　项	小计	百分比%
肯定会	263	22.5
很可能会	234	20
有可能会	298	25.5
可能性不大	195	16.7
肯定不会	179	15.3

参 考 文 献

［1］李胜良．纳税人行为解析［M］．大连：东北财经大学出版社，2001：7-191.

［2］梁朋．税收流失经济分析［M］．北京：中国人民大学出版社，2000：11-32.

［3］尼克·威尔金森（Nick Wilkinson）．行为经济学［M］．贺京同、那艺等译．北京：中国人民大学出版社，2012：1-363.

［4］科勒尔（Erich Kirchler）．税收行为的经济心理学［M］．国家税务总局税收科学研究所译．北京：中国财政经济出版社，2012：1-259.

［5］刘剑文，熊伟．税法基础理论［M］．北京：北京大学出版社，2004：7-490.

［6］安体富，王海勇．激励理论与税收不遵从行为研究［J］．中国人民大学学报，2004（3）：48-55.

［7］安体富，王海勇．企业主观税收遵从度研究——基于上海市企业的问卷调查［J］．涉外税务，2009（2）：10-16.

［8］白巧梅．对我国纳税人税收逆反心理的剖析［J］．湖南税务高等专科学校学报，2002（4）：22-23.

［9］晁毓欣，崔金平．纳税人与征税人的博弈——逃税行为的经济学分析［J］．财经问题研究，2001（10）：43-46.

［10］陈吉凤，吴斌．行为经济学视角的纳税遵从研究述评［J］．经济问题探索，2012（11）：151-154.

［11］陈金保，陆坤．企业纳税遵从意识及其影响因素实证研究［J］．中央财经大学学报，2010（7）：16-21.

［12］陈平路．基于行为经济理论的个人偷逃税模型［J］．财贸经济，2007（11）：60-64.

［13］陈平路，邓保生．纳税遵从行为心理因素分析［J］．涉外税务，2011（1）：66－69.

［14］程国琴．稽查约谈行为经济学透视［J］．广东财经职业学院学报，2006（6）：9－13.

［15］崔志坤．个税制度设计的一个前提考量：税收行为的有限理性［J］．经济与管理评论，2012（1）：116－122.

［16］邓保生．税收道德与遵从行为的关系研究［J］．价格月刊，2008（10）：83－85.

［17］东邑．对偷抗税心理的研究［J］．涉外税务，1990（9）：21－22.

［18］段义德．纳税遵从问题的思考——基于前景理论的两个重要函数［J］．知识经济，2012（23）：86－87.

［19］樊勇．我国个人所得税遵从行为与个体因素相关性的实证分析［J］．税务研究，2011（8）：61－64.

［20］冯绍伍．基于 A-S 模型的个人所得税逃税理论实证分析与逃税治理［J］．广东行政学院学报，2008（5）：71－74.

［21］谷成．税收遵从的理论分析与政策引申——基于 Allingham—Sandmo 模型的拓展［J］．社会科学辑刊，2009（1）：90－94.

［22］谷成．基于税收遵从的道德思考［J］．税务研究，2012（9）：67－70.

［23］郭庆旺，罗宁．税务稽查、税收优惠与税收流失研究［J］．财经论丛（浙江财经学院学报），2002（1）：31－35.

［24］韩晓琴．纳税遵从国外研究文献综述［J］．税收经济研究，2012（4）：60－68.

［25］郝硕博，张海英．税收违法行为经济学分析［J］．甘肃理论学刊，2010（4）：68－71.

［26］何红渠，肖瑛．基于期望理论的纳税遵从行为研究［J］．财经研究，2005（3）：100－108.

［27］何惠敏．对美国税务稽查制度的分析及其启示——基于纳税遵从理论［J］．当代经济，2014（12）：35－37.

［28］洪连埔．纳税遵从风险偏好影响因素实证分析［J］．税务研究，2014（3）：93－96.

［29］胡书芝，雷洪．富人逃税的社会心理动因［J］．福建论坛（人文社会科学版），2004（31）：115－117.

［30］黄寒燕．个人所得税遵从理论分析及政策启示［J］．价格月刊，2009（6）：90 - 92.

［31］黄桦．社会心理差异对税法遵从意识培养影响［J］．财政研究，2004（9）：15 - 17.

［32］黄阳，周亚，李克强．个人所得税纳税遵从行为的演化博弈分析［J］．北京师范大学学报（自然科学版），2011（4）：437 - 440.

［33］贾曼莹，王应科，丁子茜．浅议税收文化对税收遵从的影响［J］．税务研究，2009（10）：78 - 80.

［34］金鹏．不完美税收稽查与C2C电子商务税收遵从［J］．经营与管理，2014（6）：108 - 110.

［35］金瑛，宋英华．西方国家"税收遵从"的经验及借鉴［J］．经济研究导刊，2010（32）：95 - 96，103.

［36］雷根强，沈峰．简论税收遵从成本［J］．税务研究，2002（7）：41 - 43.

［37］李传玉．从税法遵从的视角考量纳税服务工作的优化和完善［J］．税务研究，2011（3）：84 - 87.

［38］李传志．促进纳税遵从的税收激励［J］．山西财经大学学报，2014（S1）：29 - 30.

［39］李大明，刘军．纳税遵从影响因素及其对策分析［J］．山东财政学院学报，2011（1）：19 - 23.

［40］李赫之，蔡芳宏．对提高税务代理率以提高税法遵从度的思考［J］．企业经济，2013（8）：189 - 192.

［41］李林木．促进纳税遵从［J］．福建税务，2003（10）：1 - 3.

［42］李林木，赵永辉．公共品供给效率对高收入者纳税遵从决策的影响——基于前景理论的分析［J］．财政研究，2011（10）：32 - 36.

［43］李鹏飞．强制性与自愿纳税遵从影响因素分析［J］．河南师范大学学报（哲学社会科学版），2010（6）：99 - 102.

［44］李坤，於鼎丞．从降低纳税遵从成本的角度看我国税收服务的取向［J］．财会研究，2004（6）：10 - 12.

［45］李松森，盛锐．税收不遵从中的激励与合谋防范分析——基于博弈论的视角［J］．燕山大学学报（哲学社会科学版），2013（3）：136 - 140.

［46］梁芬．纳税遵从国际借鉴及在我国的适用探讨［J］．特区经济，

2006（7）：39－41.

［47］梁俊娇. 纳税不遵从的因素分析［J］. 新疆财经，2008（4）：63－66.

［48］梁俊娇. 纳税遵从行为理论及其对我国制定纳税激励措施的启示［J］. 税务研究，2010（1）：82－85.

［49］梁云凤，李光琴. 税收筹划行为的不同经济学视角分析［J］. 中央财经大学学报，2007（10）：11－16.

［50］刘冰. 逃税、税务稽查与税收净收入：最优税务行政视角［J］. 财政研究，2010（1）：60－63.

［51］刘朝阳，刘振彪. 纳税人税收遵从行为博弈分析［J］. 财经理论与实践，2013（3）：84－87.

［52］刘成奎，李纪元. 直接税比重、税务检查与税收遵从度［J］. 当代经济研究，2014（10）：87－92.

［53］刘纯. 我国增值税遵从行为的影响因素研究［J］. 广西财经学院学报，2014（1）：38－48.

［54］刘东洲. 从新制度经济学角度看税收遵从问题［J］. 税务研究，2008（7）：75－77.

［55］刘华，阳尧，刘芳. 税收遵从理论研究评述［J］. 经济学动态，2009（8）：116－120.

［56］刘华，黄熠琳，尹开国. 我国个人纳税遵从决策中的框架效应研究［J］. 税务研究，2011（1）：89－92.

［57］刘剑文. 中国税务稽查的法律定位与改革探析［J］. 安徽大学法律评论，2007（2）：1－10.

［58］刘静，陈懿赟. 影响我国纳税人遵从的经济因素及实证研究［J］. 财政研究，2012（11）：52－56.

［59］刘静. 我国纳税不遵从影响因素及治理研究——基于范拉伊模型的纳税不遵从分析［J］. 财会通讯，2013（6）：119－121.

［60］刘京娟. 信息不对称下的纳税遵从问题研究［J］. 湖南税务高等专科学校学报，2008（4）：11－13.

［61］刘鹏飞，曾杨，李克强. 不同政府审查成本下纳税遵从行为的演化博弈分析［J］. 北京师范大学学报（自然科学版），2013（1）：95－98.

［62］刘蓉，黄洪. 行为财政学研究评述［J］. 经济学动态，2010（5）：131－136.

[63] 刘树鑫. 人性理论下的税收遵从度分析 [J]. 特区经济, 2013 (3): 195 – 196.

[64] 刘振彪. 我国税收遵从影响因素实证分析 [J]. 财经理论与实践, 2010 (3): 93 – 96.

[65] 陆宁, 杨磊. 以新制度经济学视角看税收不遵从问题研究 [J]. 云南财贸学院学报 (社会科学版), 2007 (1): 59 – 61.

[66] 陆宁. 纳税遵从的成本——效益分析 [J]. 税务研究, 2007 (3): 76 – 79.

[67] 罗春梅. 纳税遵从行为经济学分析 [J]. 广东财经职业学院学报, 2006 (1): 5 – 8.

[68] 罗光, 萧艳汾. 考虑遵从成本的逃税模型研究 [J]. 税务研究, 2007 (1): 82 – 84.

[69] 罗婧. 纳税遵从理论纳税遵从影响因素分析 [J]. 特区经济, 2013 (1): 77 – 78.

[70] 吕静宜. 税收文化视角下的税收遵从问题研究 [J]. 会计之友 (中旬刊), 2010 (8): 85 – 87.

[71] 马蔡琛, 赵灿. 公共预算遵从的行为经济学分析——基于前景理论的考察 [J]. 河北学刊, 2013 (4): 127 – 130

[72] 马杰, 马珺. 征税人违规行为的经济学分析 [J]. 财贸经济, 1996 (11): 29 – 34.

[73] 欧斌. 纳税人遵从度 "二元" 特征形成的税负差异及其治理 [J]. 税务研究, 2008 (1): 77 – 80.

[74] 秦德安, 王波. 从税收契约角度论纳税人遵从 [J]. 西部财会, 2010 (4): 25 – 28.

[75] 屈锡华, 杨继瑞, 李晓涛. 税收征纳博弈及其行为解析 [J]. 经济学家, 2003 (3): 82 – 90.

[76] 阮家福. 论我国税收不遵从的现状、成因与对策 [J]. 当代财经, 2005 (1): 30 – 34.

[77] 阮家福. 论税收行为的道德缺失及其治理机制 [J]. 税收经济研究, 2011 (4): 59 – 62.

[78] 宋丽颖, 李倩倩. 基于征税行为的 A-S 模型的探讨 [J]. 当代经济科学, 2014 (2): 118 – 123, 128.

[79] 宋良荣，吴圣静．论税收遵从研究的理论基础［J］．南京财经大学学报，2009（2）：44－47．

[80] 苏中月，向景．纳税遵从的心理学解释及相关政策建议［J］．财政研究，2007（8）：50－52．

[81] 苏中月．税法意识对纳税遵从行为的影响分析［J］．中山大学学报论丛，2007（8）：239－242．

[82] 孙丽英．"集约型"税务稽查与纳税遵从度提高［J］．财经界（学术版），2013（4）：241－243．

[83] 孙玉栋，李佳．我国税款预缴制度存在的问题及其对策［J］．涉外税务，2009（8）：30－33．

[84] 孙玉霞，珊丹．依行为经济学理论分析逃税现象［J］．涉外税务，2003（12）：24－27．

[85] 童疆明．社会公平感与税收遵从的实验分析［J］．新疆财经，2008（4）：57－62．

[86] 童疆明．税收遵从影响因素的实验分析［J］．税务与经济，2009（2）：81－87．

[87] 童锦治，舒逸之．行为经济学对税收决策研究的启示［J］．税务研究，2010（11）：22－25．

[88] 王国忠，刘骏民．经济行为研究的理性与非理性前提——经济学研究范式的演变及其在当代的整合［J］．天津社会科学，2004（5）：85－89，93．

[89] 王海勇．税收心理学的基本概念［J］．税务与经济，2008（6）：101－104．

[90] 王鲁宁．影响我国个体工商户纳税遵从的实证分析——基于纳税心理的样本问卷［J］．税收经济研究，2014（6）：39－47．

[91] 王娜．纳税遵从行为的影响因素分析［J］．现代经济（现代物业下半月刊），2007（8）：27－28．

[92] 王韬，许评．框架效应影响税收遵从实验研究［J］．税务研究，2007（12）：76－79．

[93] 王玉霞，纵凯．我国逃税行为经济学分析［J］．财经问题研究，2010（3）：79－85．

[94] 魏建．理性选择理论与法经济学发展［J］．中国社会科学，2002

（1）：101 – 113.

　　［95］魏旭. 原则引擎、隐性税收与税收遵从 ［J］. 山东财政学院学报，2012（1）：28 – 32.

　　［96］吴建，孙莉. 西方纳税遵从理论历史沿革与中国研究进展——纳税遵从理论研究评论与未来研究方向 ［J］. 现代财经（天津财经大学学报），2012（2）：13 – 21.

　　［97］吴旭东，姚巧燕. 基于行为经济学视角的税收遵从问题研究 ［J］. 财经问题研究，2011（3）：84 – 89.

　　［98］肖兴志，赵文霞. 规制遵从行为研究评述 ［J］. 经济学动态，2011（5）：135 – 140.

　　［99］许评，王韬. 税收遵从的行为经济学研究述评 ［J］. 财会月刊，2007（20）：30 – 31.

　　［100］薛菁. 税收遵从成本对企业纳税遵从的影响分析——基于企业逃税模型的视角 ［J］. 经济与管理，2011（2）：24 – 28.

　　［101］姚林香，李生巍. 公共品提供与税收遵从的关系探讨 ［J］. 江西社会科学，2014（2）：49 – 53.

　　［102］姚志勇. 基于实验经济学方法对委托——代理增值税逃税的研究 ［J］. 税务研究，2009（10）：83 – 86.

　　［103］杨得前. 自愿税收遵从影响因素的实证分析 ［J］. 税务研究，2009（10）：74 – 77.

　　［104］杨得前，何春联. 信任、付税意愿与税收遵从——基于 Probit 模型的实证研究 ［J］. 华东经济管理，2009（11）：153 – 156.

　　［105］杨磊，陆宁. 从行为经济学视野看税收不遵从问题 ［J］. 云南财贸学院学报（社会科学版），2007（2）：56 – 58.

　　［106］杨燕英，梁俊娇. 纳税人税收遵从行为研究 ［J］. 财会月刊，2005（30）：24 – 25.

　　［107］杨杨，杜剑. 示范人——模仿人模型下的税收不遵从行为研究 ［J］. 广西财经学院学报，2010（2）：31 – 34.

　　［108］袁红兵. 企业税收遵从行为影响因素研究：公司治理的视角 ［J］. 特区经济，2012（10）：246 – 247.

　　［109］张贵. 纳税遵从意识若干影响因素评析 ［J］. 内蒙古财经学院学报，2008（1）：86 – 89.

［110］张守文. 税收行为范畴的提炼及其价值［J］. 税务研究，2003
（7）：42－48.

［111］张文春，魏金剑. 纳税人的遵从行为分析：一种文献评述［J］.
经济与管理评论，2014（3）：60－68.

［112］赵存丽. 基于性格特质视角的税收不遵从行为剖析与识别［J］.
税收经济研究，2011（6）：31－33.

［113］赵永辉. 税收公平、纳税意愿与纳税人遵从决策——基于有序
Probit模型的实证研究［J］. 云南财经大学学报，2014（3）：50－59.

［114］赵永辉，李林木. 威慑机制、遵从激励与面向高收入者的最优
税收执法［J］. 当代财经，2014（2）：29－39.

［115］赵治法. 个体户偷抗税心理分析及对策［J］. 心理学探新，1992
（1）：51－53.

［116］郑树旺，何姗姗. 纳税行为动机视角下的纳税遵从度研究［J］.
学术交流，2013（4）：79－82.

［117］钟小玲. 企业税收筹划的绩效分析［J］. 商业会计，2012（6）：
104－105.

［118］周承娟. 基于宏观视角的税收遵从研究［J］. 税务研究，2011
（8）：54－56.

［119］周建新. 对纳税人进行心理训练的几种方法［J］. 经济论坛，
1998（19）：30.

［120］周琦深，徐亚兰，王婷，陈力朋. 个人纳税遵从实验研究方法
述评［J］. 税收经济研究，2014（5）：62－68.

［121］朱旭. 澳大利亚税务局"让纳税遵从更容易"规划的启示［J］.
税务研究，2009（3）：94－97.

［122］Abery E.. Taxing non-fixed trusts［J］. eJournal of Tax Research，
2005，3（2）：274－287.

［123］Abrie W.，Doussy E.. Tax compliance obstacles encountered by
small and medium enterprises in South Africa［J］. Meditari Accountancy Re-
search，2006，14（1）：1－13.

［124］Adams C.，Webley P.. Small business owners' attitudes on VAT
compliance in the UK［J］. Journal of Economic Psychology，2001，22（2）：
195－216.

[125] Agell J. , Persson M. . Tax arbitrage and labor supply [J]. Journal of Public Economics, 2000, 78 (1): 3 - 24.

[126] Ahmed E. , Braithwaite V. . Understanding small business taxpayers issues of deterrence, tax morale, fairness and work practice [J]. International Small Business Journal, 2005, 23 (5): 539 - 568.

[127] Ajaz T. , Ahmad E. . The effect of corruption and governance on tax revenues [J]. The Pakistan Development Review, 2010: 405 - 417.

[128] Alabede J. O. , Ariffin Z. Z. , Idris K. . Determinants of tax compliance behaviour: A proposed model for Nigeria [J]. International Research Journal of Finance and Economics, 2011, 78.

[129] Allingham M. G. , Sandmo A. . Income tax evasion: A theoretical analysis [J]. Journal of Public Economics, 1972, 1 (3): 323 - 338.

[130] Alm J. . A perspective on the experimental analysis of taxpayer reporting. The Accounting Review, 1991, 66 (July): 577 - 593.

[131] Alm J. , Jackson B. R. , McKee M. . Estimating the determinants of taxpayer compliance with experimental data [J]. National Tax Journal, 1992: 107 - 114.

[132] Alm J. , Jackson B. R. , McKee M. . Fiscal exchange, collective decision institutions, and tax compliance [J]. Journal of Economic Behavior & Organization, 1993, 22 (3): 285 - 303.

[133] Alm J. . What is an "optimal" tax system? [J]. National Tax Journal, 1996: 117 - 133.

[134] Alm J. , McClelland G. H. , Schulze W. D. . Changing the social norm of tax compliance by voting [J]. Kyklos, 1999, 52 (2): 141 - 171.

[135] Alm J. , Torgler B. . Estimating the determinants of tax morale [C] //Proceedings. Annual Conference on Taxation and Minutes of the Annual Meeting of the National Tax Association. National Tax Association, 2004: 269 - 274.

[136] Alm J. , McKee M. . Audit certainty, audit productivity, and taxpayer compliance [J]. Andrew Young School of Policy Studies Research Paper, 2006: 06 - 43.

[137] Alm J. , Torgler B. . Culture differences and tax morale in the Unit-

ed States and in Europe [J]. Journal of economic psychology, 2006, 27 (2): 224 – 246.

[138] Alm J. , Jackson B. R. , McKee M. . Getting the word out: Enforcement information dissemination and compliance behavior [J]. Journal of Public Economics, 2009, 93 (3): 392 – 402.

[139] Andreoni J. . The desirability of a permanent tax amnesty [J]. Journal of Public Economics, 1991, 45 (2): 143 – 159.

[140] Andreoni J. . Irs as loan shark tax compliance with borrowing constraints [J]. Journal of Public Economics, 1992, 49 (1): 35 – 46.

[141] Andreoni J. , Erard B. , Feinstein J. . Tax compliance [J]. Journal of economic literature, 1998: 818 – 860.

[142] Armstrong R. W. . An empirical investigation of international marketing ethics: Problems encountered by Australian firms [J]. Journal of Business Ethics, 1992, 11 (3): 161 – 171.

[143] Arrington C. E. , Reckers P. M. J. . A social-psychological investigation into perceptions of tax evasion [J]. Accounting and Business Research, 1985, 15 (59): 163 – 176.

[144] Azmi A. A. C. , Perumal K. A. . Tax fairness dimensions in an Asian context: The Malaysian perspective [J]. International Review of Business Research Papers, 2008, 4 (5): 11 – 19.

[145] Baldry J. C. . The enforcement of income tax laws: Efficiency implications [J]. Economic Record, 1984, 60 (2): 156 – 159.

[146] Barber B. , Odean. The courage of misguided convictions: The trading behavior of individual investors [J]. Financial Analyst Journal. 1999, November/December: 41 – 55.

[147] Bazart C. , Pickhardt M. . Fighting income tax evasion with positive rewards: Experimental evidence [J]. Document de Recherche, 2009, 1: 01 – 36.

[148] Bell D. E. . Regret in decision making under uncertainty [J]. Operations Research, 1982, 30: 961 – 981.

[149] Benjamini Y. , Maital S. . Optimal Tax evasion & optimal tax evasion policy behavioral aspects [M] //The economics of the shadow economy. Springer Berlin Heidelberg, 1985: 245 – 264.

[150] Bergman M.. Who pays for social policy? A study on taxes and trust [J]. Journal of Social Policy, 2002, 31 (02): 289 – 305

[151] Bergman M. S.. Tax reforms and tax compliance: The divergent paths of Chile and Argentina [J]. Journal of Latin American Studies, 2003, 35 (03): 593 – 624.

[152] Bernasconi M.. Tax evasion and orders of risk aversion [J]. Journal of Public Economics, 1998, 67 (1): 123 – 134.

[153] Bernheim B. D., Rangel A. Behavioral public economics: Welfare and policy analysis with non-standard decision-makers [R]. National Bureau of Economic Research, 2005.

[154] Berenson M.. Becoming citizens: attitudes toward tax compliance in Poland, Russia and Ukraine [C] //Annual Bank Conference on Development Economics (ABCDE), Bled, Slovenia. 2007.

[155] Besley T., Preston I., Ridge M.. Fiscal anarchy in the UK: modelling poll tax noncompliance [J]. Journal of Public Economics, 1997, 64 (2): 137 – 152.

[156] Bevacqua J.. Australian business taxpayer rights to compensation for loss caused by tax official wrongs—a call for legislative clarification [J]. eJournal of Tax Research, 2012, 10 (2): 227 – 249.

[157] Bhattacharyya D. K.. On the economic rationale of estimating the hidden economy [J]. The Economic Journal, 1999, 109 (456): 348 – 359.

[158] Bird R. M.. The administrative dimension of tax reform in developing countries [J]. Tax reform in developing countries, 1989: 315 – 346.

[159] Block M. K.. Optimal penalties, criminal law and the control of corporate behavior [J]. BUL Rev. 1991, 71: 395.

[160] Bloomquist K. M.. Multi-agent based simulation of the deterrent effects of taxpayer audits [C] //Proceedings. Annual Conference on Taxation and Minutes of the Annual Meeting of the National Tax Association. National Tax Association, 2004: 159 – 173.

[161] Bloomquist K. M.. A comparison of agent-based models of income tax evasion [J]. Social Science Computer Review, 2006, 24 (4): 411 – 425.

[162] Blumenthal M., Christian C., Slemrod J.. The determinants of in-

come tax compliance: evidence from a controlled experiment in Minnesota [J].
Ann Arbor, 1998, 1001: 48109 - 51234.

[163] Blumenthal M. , Christian C. , Slemrod J. , et al. . Do normative appeals affect tax compliance? Evidence from a controlled experiment in Minnesota [J]. National Tax Journal, 2001: 125 - 138.

[164] Bobek D. D. , Roberts R. W. , Sweeney J. T. . The social norms of tax compliance: Evidence from Australia, Singapore, and the United States [J] . Journal of Business Ethics, 2007, 74 (1): 49 - 64.

[165] Borck R. , Engelmann D. , Müller W. , et al. . Tax liability-side equivalence in experimental posted-offer markets [J]. Southern Economic Journal, 2002: 672 - 682.

[166] Borck R. . Income tax evasion and the penalty structure [J]. Economics Bulletin, 2004, 8 (5): 1 - 9.

[167] Bosco L. , Mittone L. . Tax evasion and moral constraints: some experimental evidence [J]. Kyklos, 1997, 50 (3): 297 - 324.

[168] Boylan S. J. , Sprinkle G. B. . Experimental evidence on the relation between tax rates and compliance: The effect of earned vs. endowed income [J]. Journal of the American Taxation Association, 2001, 23 (1): 75 - 90.

[169] Braithwaite V. . Tax system integrity and compliance: The democratic management of the tax system [J]. Taxing democracy: Understanding tax avoidance and evasion, 2003: 271 - 290.

[170] Caballé J. , Panades J. . Tax evasion and economic growth [J]. Public Finance/Finances Publiques, 1997, 52 (2): 318 - 340.

[171] Cadsby C. B. , Maynes E. , Trivedi V. U. . Tax compliance and obedience to authority at home and in the lab: A new experimental approach [J]. Experimental economics, 2006, 9 (4): 343 - 359.

[172] Castel P. , To T. T. . Informal employment in the formal sector: wages and social security tax evasion in Vietnam [J]. Journal of the Asia Pacific Economy, 2012, 17 (4): 616 - 631.

[173] Chander P. , Wilde L. . Corruption in tax administration [J]. Journal of Public Economics, 1992, 49 (3): 333 - 349.

[174] Chang O. H. , Nichols D. R. , Schultz J. J. . Taxpayer attitudes toward

tax audit risk [J]. Journal of Economic Psychology, 1987, 8 (3): 299 –309.

[175] Chen B. L.. Tax evasion in a model of endogenous growth [J]. Review of Economic Dynamics, 2003, 6 (2): 381 –403.

[176] Chen K. P., Chu C. Y. C.. Internal control versus external manipulation: A model of corporate income tax evasion [J]. RAND Journal of Economics, 2005: 151 –164.

[177] Cline R. J., Neubig T. S.. Masters of complexity and bearers of great burden: The sales tax system and compliance costs for multistate retailers [J]. Ernst & Young Economics Consulting and Quantitative Analysis, 1999, 8.

[178] Coolidge J.. Findings of tax compliance cost surveys in developing countries [J]. eJournal of Tax Research, 2012, 10 (2): 250 –287.

[179] Coricelli G., Joffily M., Montmarquette C., et al.. Cheating, emotions, and rationality: An experiment on tax evasion [J]. Experimental Economics, 2010, 13 (2): 226 –247.

[180] Cowell F. A., Gordon J. P. F.. Unwillingness to pay: Tax evasion and public good provision [J]. Journal of Public Economics, 1988, 36 (3): 305 –321.

[181] Cowell F. A.. Tax evasion and inequity [J]. Journal of Economic Psychology, 1992, 13 (4): 521 –543.

[182] Cowell F. A., Gordon J. P. F.. Auditing with "ghosts" [J]. The economics of organised crime, 1997: 185.

[183] Cowell F. A.. Carrots and stieks in enforcement [J]. The crisis in tax administration, 2004, 230.

[184] Cremer H., Gahvari F.. Tax evasion, concealment and the optimal linear income tax [J]. The Scandinavian Journal of Economics, 1994: 219 –239.

[185] Cullis J. G., Lewis A.. Why people pay taxes: From a conventional economic model to a model of social convention [J]. Journal of Economic Psychology, 1997, 18 (2): 305 –321.

[186] Cullis J., Jones P., Lewis A.. Tax framing, instrumentality and individual differences: Are there two different cultures? [J]. Journal of Economic Psychology, 2006, 27 (2): 304 –320.

[187] Cullis J., Jones P., Soliman A.. "Spite effects" in tax evasion ex-

periments [J]. The Journal of Socio-Economics, 2012, 41 (4): 418 – 423.

[188] Cummings R. G. , Martinez-Vazquez J. , McKee M. , et al. . Effects of tax morale on tax compliance: Experimental and survey evidence [J]. Berkeley Program in Law & Economics, Working Paper Series, 2006.

[189] Cummings R. G. , Martinez-Vazquez J. , McKee M. , et al. . Tax morale affects tax compliance: Evidence from surveys and an artefactual field experiment [J]. Journal of Economic Behavior & Organization, 2009, 70 (3): 447 – 457.

[190] Das-Gupta A. , Mookherjee D. . Tax amnesties as asset-laundering devices [J]. Journal of Law, Economics, and Organization, 1996, 12 (2): 408 – 431.

[191] Davis J. S. , Hecht G. , Perkins J. D. . Social behaviors, enforcement, and tax compliance dynamics [J]. The Accounting Review, 2003, 78 (1): 39 – 69.

[192] De Bondt W. , Muradoglu G. , Shefrin H. , et al. . Behavioral finance: Quo vadis? [J]. Journal of Applied Finance, 2008, 18 (2): 07 – 21.

[193] De Juan A. , Lasheras M. A. , Mayo R. . Voluntary tax compliant behavior of Spanish income tax payers [J]. Public Finance = Finances Publiques, 1994, 49 (Supplement): 90 – 105.

[194] De Kam F. . Tax reform: Dreaming about tough realities [J]. Journal of economic psychology, 1992, 13 (4): 679 – 686.

[195] Devos K. . The attitudes of tertiary students on tax evasion and the penalties for tax evasion—a pilot study and demographic analysis [J]. eJournal of Tax Research, 2005, 3 (2): 222 – 273.

[196] Dhami S. , Al-Nowaihi A. . Why do people pay taxes? Prospect theory versus expected utility theory [J]. Journal of Economic Behavior & Organization, 2007, 64 (1): 171 – 192.

[197] Dhami S. , Al-Nowaihi A. . Optimal taxation in the presence of tax evasion: Expected utility versus prospect theory [J]. Journal of Economic Behavior & Organization, 2010, 75 (2): 313 – 337.

[198] Dubin J. A. , Wilde L. L. . An empirical analysis of federal income tax auditing and compliance [J]. National tax journal, 1988: 61 – 74.

［199］Dubin J. A. , Graetz M. J. , Wilde L. L. . The effect of audit rates on the federal individual income tax, 1977 - 1986 ［J］. National Tax Journal, 1990: 395 - 409.

［200］Dwenger N. , Kleven H. J. , Rasul I. et al. . Extrinsic and intrinsic motivations for tax compliance: Evidence from a field experiment in Germany ［P］. Unpublished Paper, May, 2014.

［201］Eck R. , Kazemier B. . Features of the hidden economy in the Netherlands ［J］. Review of Income and Wealth, 1988, 34 (3): 251 - 273.

［202］Edlund J. , Aberg R. . Social norms and tax compliance ［J］. Swedish Economic Policy Review, 2002, 9 (1): 201 - 231.

［203］Eichfelder S. , Kegels C. . Shifting of red tape? The impact of authority behavior on tax compliance costs ［R］. Working Paper, 2010.

［204］Eide E. . Rank dependent expected utility models of tax evasion ［M］. International Centre for Economic Research, 2001.

［205］Elffers H. , Weigel R. H. , Hessing D. J. . The consequences of different strategies for measuring tax evasion behavior ［J］. Journal of Economic Psychology, 1987, 8 (3): 311 - 337.

［206］Engström P. , Holmlund B. . Tax evasion and self-employment in a high-tax country: evidence from Sweden ［J］. Applied Economics, 2009, 41 (19): 2419 - 2430.

［207］Erard B. . Self-selection with measurement errors a micro econometric analysis of the decision to seek tax assistance and its implications for tax compliance ［J］. Journal of Econometrics, 1997, 81 (2): 319 - 356.

［208］Erard B. , Ho C. C. . Explaining the US income tax compliance continuum ［J］. eJournal of Tax Research, 2003, 1 (2): 93 - 109.

［209］Eriksen K. , Fallan L. . Tax knowledge and attitudes towards taxation: A report on a quasi-experiment ［J］. Journal of economic psychology, 1996, 17 (3): 387 - 402.

［210］Evans C. , Carlon S. , Massey D. . Record keeping practices and tax compliance of SMEs ［J］. eJournal of Tax Research, 2005, 3 (2): 288 - 334.

［211］Fagbemi T. O. , Uadiale O. M. , Noah A. O. . The ethics of tax evasion: Perceptual evidence from Nigeria ［J］. European journal of social sciences,

2010, 17 (3): 360 – 371.

[212] Feld L. P. , Frey B. S. . Trust breeds trust: How taxpayers are trea-
ted [J]. Economics of Governance, 2002, 3 (2): 87 – 99.

[213] Feld L P. , Tyran J. R. . Tax evasion and voting: An experimental
analysis [J]. Kyklos, 2002, 55 (2): 197 – 221.

[214] Feld L. P. , Frey B. S. . Tax compliance as the result of a psychologi-
cal tax contract: The role of incentives and responsive regulation [M]. Centre for
Tax System Integrity, 2005.

[215] Feld L. P. , Frey B. S. , Torgler B. . Rewarding honest taxpayers? Evi-
dence on the impact of rewards from field experiments [J]. Center for Research in
Economics, Management and the Arts (CREMA) Working Paper, 2006, 16.

[216] Feld L. P. , Frey B. S. . Tax compliance as the result of a psychologi-
cal tax contract: The role of incentives and responsive regulation [J]. Law & Pol-
icy, 2007, 29 (1): 102 – 120.

[217] Finn D. W. , Chonko L. B. , Hunt S. D. Ethical problems in public
accounting: The view from the top [J]. Journal of Business Ethics, 1988, 7
(8): 605 – 615.

[218] Fiorio C. V. , D'amuri F. . Workers'tax evasion in Italy [J]. Giornale
Degli Economisti e Annali di Economia, 2005, 64 (2/3): 247 – 270.

[219] Fisman R. , Wei S. J. . Tax rates and tax evasion: Evidence from
"missing imports" in China [R]. National Bureau of Economic Research, 2001.

[220] Fjeldstad O. H. , Semboja J. . Why people pay taxes: The case of
the development levy in Tanzania [J]. World Development, 2001, 29 (12):
2059 – 2074.

[221] Fjeldstad O. H. , Tungodden B. . Fiscal corruption: A vice or a vir-
tue? [J]. World Development, 2003, 31 (8): 1459 – 1467.

[222] Freedman J. . Tax and corporate responsibility [J]. Tax Journal,
2003, 695 (2): 1 – 4.

[223] Frey B. S. , Bohnet I. . Identification in democratic society [J]. The
Journal of Socio-Economics, 1997, 26 (1): 25 – 38.

[224] Frey B. S. . A constitution for knaves crowds out civic virtues [J].
The Economic Journal, 1997, 107 (443): 1043 – 1053.

[225] Frey B. S. , Holler M. J. Tax compliance policy reconsidered [J].
Homo oeconomicus, 1998, 15: 27 - 44.

[226] Frey B. S. , Jegen R. . Motivation crowding theory [J]. Journal of
economic surveys, 2001, 15 (5): 589 - 611.

[227] Frey B. S. . Deterrence and tax morale in the European Union [J].
European Review, 2003, 11 (03): 385 - 406.

[228] Friedland N. , Maital S. , Rutenberg A. . A simulation study of in-
come tax evasion [J]. Journal of Public Economics, 1978, 10 (1): 107 - 116.

[229] Fortin B. , Lacroix G. , Villeval M. C. . Tax evasion and social inter-
actions [J]. Journal of Public Economics, 2007, 91 (11): 2089 - 2112.

[230] Fuest C. , Riedel N. . Tax evasion, tax avoidance and tax expendi-
tures in developing countries: A review of the literature [J]. Report prepared for
the UK Department for International Development (DFID), 2009.

[231] Fukukawa K. . Developing a framework for ethically questionable be-
havior in consumption [J]. Journal of Business Ethics, 2002, 41 (1): 99 - 119.

[232] Gahramanov E. . The theoretical analysis of income tax evasion revisi-
ted [J]. Economic Issues, 2009, 14 (1): 35.

[233] Gangl K. , Hofmann E. B. , Pollai M. , et al. The dynamics of pow-
er and trust in the slippery slope framework' and its impact on the tax climate [P].
Available at SSRN 2024946, 2012.

[234] Gauthier B. , Reinikka R. . Shifting tax burdens through exemptions
and evasion [J]. An Empirical Investigation of Uganda, World Bank Policy Re-
search, Washington, DC, 2001.

[235] Gershuny J. I. . The informal economy: its role in post-industrial soci-
ety [J]. Futures, 1979, 11 (1): 3 - 15.

[236] Gërxhani K. , Schram A. J. H. C. . Tax evasion and the source of in-
come: An experimental study in Albania and the Netherlands [M]. Tinbergen In-
stitute, 2002.

[237] Gërxhani K. , Schram A. . Tax evasion and income source: A com-
parative experimental study [J] . Journal of Economic Psychology, 2006, 27
(3): 402 - 422.

[238] Gino F. , Ayal S. , Ariely D. . Contagion and differentiation in un-

ethical behavior the effect of one bad apple on the barrel [J]. Psychological Science, 2009, 20 (3): 393 –398.

[239] Goerke L. , Runkel M.. Profit tax evasion under oligopoly with endogenous market structure [J]. National Tax Journal, 2006: 851 –857.

[240] Goerke L. , Runkel M.. Tax evasion and competition [J]. Scottish Journal of Political Economy, 2011, 58 (5): 711 –736.

[241] Gordon J. P. F.. Evading taxes by selling for cash [J]. Oxford Economic Papers, 1990, 42 (1): 244 –255.

[242] Don R. H.. Can capital income taxes survive in open economies? [J]. The Journal of Finance, 1992, 47 (3): 1159 –1180.

[243] Gorodnichenko, Yuriy, Jorge Martinez-Vazquez, and Klara Sabirianova Peter. Myth and Reality of Flat Tax Reform: Micro Estimates of Tax Evasion Response and Welfare Effects in Russia. (2007).

[244] Gottlieb D.. Tax evasion and the prisoner's dilemma [J]. Mathematical Social Sciences, 1985, 10 (1): 81 –89.

[245] Graetz M. J. , Reinganum J. F. , Wilde L. L.. The tax compliance game: Toward an interactive theory of law enforcement [J]. Journal of Law, Economics, & Organization, 1986: 1 –32.

[246] Grasmick H. G. , Scott W. J.. Tax evasion and mechanisms of social control: A comparison with grand and petty theft [J]. Journal of Economic Psychology, 1982, 2 (3): 213 –230.

[247] Gratch J. , Marsella S.. A domain-independent framework for modeling emotion [J]. Cognitive Systems Research, 2004, 5 (4): 269 –306.

[248] Groenland E. A. G.. Developing a dynamic research strategy for the economic psychological study of taxation [J]. Journal of economic psychology, 1992, 13 (4): 589 –596.

[249] Hai O. T. , See L. M.. Intention of tax non-compliance-examine the gaps [J]. International Journal of Business and Social Science, 2011, 2 (7): 79 –83.

[250] Hamilton S.. New dimensions in regulatory compliance-building the bridge to better compliance [J]. eJournal of Tax Research, 2012, 10 (2): 483 –531.

[251] Hanke M. , Huber J. , Kirchler M. , et al. . The economic conse-
quences of a Tobin tax—an experimental analysis [J]. Journal of Economic Be-
havior & Organization, 2010, 74 (1): 58 – 71.

[252] Hanousek J. , Palda F. . Why people evade taxes in the Czech and
Slovak Republics: A tale of twins [J]. The Informal Economy in the EU Acces-
sion Countries: Size, Scope, Trends and Challenges to the Process of EU En-
largement. Sofia: CSD, 2003: 139 – 174.

[253] Hansford A. , Hasseldine J. . Tax compliance costs for small and me-
dium sized enterprises: the case of the UK [J]. eJournal of Tax Research, 2012,
10 (2): 288 – 303.

[254] Harriss-White B. . Liberalization and corruption: Resolving the para-
dox (A discussion based on South Indian material) [J]. IDS bulletin, 1996, 27
(2): 31 – 39.

[255] Hasseldine J. . Gender differences in tax compliance [J]. Taxation:
Critical Perspectives on the World Economy, 2002, 3: 125.

[256] Hasseldine J. , Hite P. A. . Framing, gender and tax compliance [J].
Journal of Economic Psychology, 2003, 24 (4): 517 – 533.

[257] Heineke J. . Economic models of criminal behavior: An overview [J].
North-Holland Publishing Company, 1978.

[258] Henrich J. , Boyd R. . Why people punish defectors: Weak conform-
ist transmission can stabilize costly enforcement of norms in cooperative dilemmas
[J]. Journal of Theoretical Biology, 2001, 208 (1): 79 – 89.

[259] Hessing D. J. , Elffers H. , Robben H. S. J. , et al. . Needy or
greedy? The social psychology of individuals who fraudulently claim unemploy-
ment benefits1 [J]. Journal of Applied Social Psychology, 1993, 23 (3):
226 – 243.

[260] Hite P. A. . An application of attribution theory in taxpayer noncom-
pliance research [J]. Public Finance = Finances publiques, 1987, 42 (1):
105 – 180.

[261] Hofmann E. , Hoelzl E. , Kirchler E. . Preconditions of voluntary tax
compliance: Knowledge and evaluation of taxation, norms, fairness, and moti-
vation to cooperate [J]. Zeitschrift für Psychologie/Journal of Psychology, 2008,

216 (4): 209.

[262] Horst T.. The theory of the multinational firm: Optimal behavior under different tariff and tax rates [J]. The Journal of Political Economy, 1971: 1059 – 1072.

[263] Hyun J. K.. Tax compliances in Korea and Japan: Why are they different? [P]. Preminilary version for APEA, 2005.

[264] Isachsen A. J., Strøm S.. The hidden economy: the labor market and tax evasion [J]. The Scandinavian Journal of Economics, 1980: 304 – 311.

[265] Ivanova A., Keen M., Klemm A.. The Russian "flat tax" reform [J]. Economic Policy, 2005, 20 (43): 398 – 444.

[266] Iyer G. S., Reckers P. M. J., Sanders D. L.. Increasing tax compliance in Washington state: A field experiment [J]. National Tax Journal, 2010, 63 (1): 7 – 32.

[267] Jackson B. R., Milliron V. C.. Tax compliance research [J]. Taxation: Critical Perspectives on the World Economy, 2002, 3: 56.

[268] James S.. Behavioural economics and the risks of tax administration [J]. eJournal of Tax Research, 2012, 10 (2): 345 – 363.

[269] Janeba E., Peters W.. Tax evasion, tax competition and the gains from nondiscrimination: The case of interest taxation in Europe [J]. The Economic Journal, 1999, 109 (452): 93 – 101.

[270] Jo'Anne Langham N. P., Härtel C. E. J.. Improving tax compliance strategies: Can the theory of planned behaviour predict business compliance? [J]. eJournal of Tax Research, 2012, 10 (2): 364 – 402.

[271] Joulfaian D., Rider M.. Tax evasion in the presence of negative income tax rates [J]. National Tax Journal, 1996: 553 – 570.

[272] Joulfaian D., Rider M.. Differential taxation and tax evasion by small business [J]. National Tax Journal, 1998, 51 (4): 676 – 87.

[273] Kahan D M. Trust., collective action, and law [J]. BUL Rev., 2001, 81: 333.

[274] Kahneman D., Tversky A.. Prospect theory: An analysis of decision under risk [J]. Econometrica: Journal of the Econometric Society, 1979: 263 – 291.

［275］ Kanbur R. , Pirttilä J. , Tuomalam. . Non-welfarist optimal taxation and behavioural public economics ［J］. Journal of Economic Surveys, 2006, 20 (5): 849 – 868.

［276］ Kaplow L. . Optimal taxation with costly enforcement and evasion ［J］. Journal of Public Economics, 1990, 43 (2): 221 – 236.

［277］ Kasipillai J. , Aripin N. , Amran N. A. . The influence of education on tax avoidance and tax evasion ［J］. eJournal of Tax Research, 2003, 1 (2): 134 – 46.

［278］ Kastlunger B. , Kirchler E, Mittone L. , et al. . Sequences of audits, tax compliance, and taxpaying strategies ［J］. Journal of Economic Psychology, 2009, 30 (3): 405 – 418.

［279］ Keen M. , Smith S. . The future of value added tax in the European Union ［J］. Economic Policy, 1996, 11 (23): 373 – 420.

［280］ Kerr J. . Tax return simplification: Risk key engagement, a return to risk? ［J］. eJournal of Tax Research, 2012, 10 (2): 465 – 482.

［281］ Kerschbamer R. , Kirchsteiger G. . Theoretically robust but empirically invalid? An experimental investigation into tax equivalence ［J］. Economic Theory, 2000, 16 (3): 719 – 734.

［282］ Kim Y. . Income distribution and equilibrium multiplicity in a stigma-based model of tax evasion ［J］. Journal of Public Economics, 2003, 87 (7): 1591 – 1616.

［283］ Kirchler E. , Maciejovsky B. , Schneider F. . Everyday representations of tax avoidance, tax evasion, and tax flight: Do legal differences matter? ［J］. Journal of Economic Psychology, 2003, 24 (4): 535 – 553.

［284］ Kirchler E. , Niemirowski A. , Wearing A. Shared subjective views, intent to cooperate and tax compliance: Similarities between Australian taxpayers and tax officers ［J］. Journal of economic psychology, 2006, 27 (4): 502 – 517.

［285］ Kirchler E. , Muehlbacher S. , Kastlunger B. , et al. . Why pay taxes? A review of tax compliance decisions ［J］. International Studies Program Working Paper, 2007, 7: 30.

［286］ Kirchler E. , Hoelzl E. , Wahl I. . Enforced versus voluntary tax compliance: The "slippery slope" framework ［J］. Journal of Economic Psychology, 2008, 29 (2): 210 – 225.

[287] Kirchler E. , Wahl I. . Tax compliance inventory: TAX-I voluntary tax compliance, enforced tax compliance, tax avoidance, and tax evasion [J]. Journal of Economic Psychology, 2010, 31 (3): 331.

[288] Klassen K. , Lisowsky P. , Mescall D. . Corporate tax compliance: The role of internal and external preparers [R]. Working Paper. University of Waterloo, 2012.

[289] Klepper S. , Nagin D. . Tax compliance and perceptions of the risks of detection and criminal prosecution [J]. Law and society review, 1989: 209 – 240.

[290] Kleven H. J. , Knudsen M. B. , Kreiner C. T. , et al. . Unwilling or unable to cheat? Evidence from a tax audit experiment in Denmark [J]. Econometrica, 2011, 79 (3): 651 – 692

[291] Kolm A S. , Larsen B. . Does tax evasion affect unemployment and educational choice? [J]. 2003.

[292] Kopczuk W. . Tax simplification and tax compliance: An economic perspective [J]. Bridging the Tax Gap. Addressing the Crisis in Tax Administration, 2006: 111 – 143.

[293] Kornhauser M. E. . Tax Morale Approach to Compliance: Recommendations for the IRS, A [J]. Fla. Tax Rev, 2006, 8: 599.

[294] Kornhauser M. E. . Normative and cognitive aspects of tax compliance: Literature review and recommendations for the IRS regarding individual taxpayers [J]. Washington, DC: Internal Revenue Service, 2008.

[295] Koskela E. . A note on progression, penalty schemes and tax evasion [J]. Journal of Public Economics, 1983, 22 (1): 127 – 133.

[296] Krishna A. , Slemrod J. Behavioral public finance: Tax design as price presentation [J]. International Tax and Public Finance, 2003, 10 (2): 189 – 203.

[297] La Pierre D. B. . Enforcement of judgments against states and local governments: Judicial control over the power to tax [J]. Geo. Wash. L. Rev. , 1992, 61: 299.

[298] Lee K. . Tax evasion, monopoly, and nonneutral profit taxes [J]. National Tax Journal, 1998: 333 – 338.

[299] Levin J. , Widell L. . Tax evasion in Kenya and Tanzania: Evidence from missing imports [R]. 2007.

[300] Lewis A. . An empirical assessment of tax mentality [J]. Public Finance = Finances publiques, 1979, 34 (2): 245 - 57.

[301] Lindsey L. B. . Individual taxpayer response to tax cuts: 1982 - 1984: with implications for the revenue maximizing tax rate [J]. Journal of Public Economics, 1987, 33 (2): 173 - 206.

[302] Loo E. C. , Mckerchar M. , Hansford A. . Understanding the compliance behaviour of Malaysian individual taxpayers using a mixed method approach [J]. Journal of the Australasian Tax Teachers Association, 2009, 4 (1): 181 - 202.

[303] Lunt P. K. , Furnham A. . Economic socialization: The economic beliefs and behaviours of young people [M]. Edward Elgar Pub, 1996.

[304] Maciejovsky B. , Kirchler E. , Schwarzenberger H. . Misperception of chance and loss repair: On the dynamics of tax compliance [J]. Journal of Economic Psychology, 2007, 28 (6): 678 - 691

[305] Marrelli M. , Martina R. . Tax evasion and strategic behaviour of the firms [J]. Journal of Public Economics, 1988, 37 (1): 55 - 69.

[306] Matthews K. , Lloyd-Williams J. . Have VAT rates reached their limit?: an empirical note [J]. Applied Economics Letters, 2000, 7 (2): 111 - 115.

[307] McBarnet D. . Whiter than white collar crime: tax, fraud insurance and the management of stigma [J]. British Journal of Sociology, 1991: 323 - 344.

[308] McBarnet D. . Legitimate rackets: Tax evasion, tax avoidance, and the boundaries of legality [J]. The Journal of Human Justice, 1992, 3 (2): 56 - 74.

[309] McCaffery E. J. , Baron J. . Framing and taxation: Evaluation of tax policies involving household composition [J]. Journal of Economic Psychology, 2004, 25 (6): 679 - 705.

[310] McKerchar M. . Why do taxpayers comply-past lessons and future directions in developing a model of compliance behaviour [J]. Austl. Tax F. , 2001, 16: 99.

[311] Mellers B. , Schwartz A. , Ritov I. . Emotion-based choice [J]. Journal of Experimental Psychology: General, 1999, 128 (3): 332.

[312] Mittone L. , Patelli P. . Imitative behaviour in tax evasion [M]// Economic simulations in swarm: Agent – based modelling and object oriented programming. Springer US, 2000: 133 – 158.

[313] Mittone L. . Dynamic behavior in tax evasion: An experimental approach [J]. The Journal of Socio-Economics, 2006, 35 (5): 813 – 835.

[314] Moore M. , Phylaktis K. . Black and official exchange rates in the Pacific Basin: Some tests of dynamic behavior [J]. Applied Financial Economics, 2000, 10 (4): 361 – 369.

[315] Morales A. . Income tax compliance and alternative views of ethics and human nature [J]. Journal of Accounting, Ethics & Public Policy, 1998, 1 (3): 380 – 399.

[316] Murphy K. , Tyler T. . Procedural justice and compliance behavior: The mediating role of emotions [J]. European Journal of Social Psychology, 2008, 38 (4): 652 – 668.

[317] Murray M. N. . Would tax evasion and tax avoidance undermine a national retail sales tax? [J]. National Tax Journal, 1997: 167 – 182.

[318] Nam C. W. , Parsche R. , Schaden B. . Measurement of Value Added Tax Evasion in Selected EU Countries on the Basis of National Accounts Data [R]. CESifo Group Munich, 2001.

[319] Niemirowski P. , Baldwin S. , Wearing A. J. . Tax related behaviors, beliefs, attitudes and values and taxpayer compliance in Australia [J]. J. Austl. Tax'n, 2003, 6: 132.

[320] Nordblom K. , Žamac J. . Endogenous norm formation over the life cycle-The case of tax morale [J]. Economic Analysis and Policy, 2012, 42 (2): 153 – 170.

[321] Nur-tegin K. D. . Determinants of business tax compliance [J]. The BE Journal of Economic Analysis & Policy, 2008, 8 (1).

[322] Orviska M. , Hudson J. . Tax evasion, civic duty and the law abiding citizen [J]. European Journal of Political Economy, 2003, 19 (1): 83 – 102.

[323] Park C. G. , Hyun J. K. . Examining the determinants of tax compliance by experimental data: A case of Korea [J]. Journal of Policy Modeling, 2003, 25 (8): 673 – 684.

［324］Pickhardt M. , Prinz A. . Behavioral dynamics of tax evasion—A survey ［J］. Journal of Economic Psychology, 2014, 40: 1 – 19.

［325］Plamondon R. E. , Zussman D. . The compliance costs of Canada's major tax systems and the impact of single administration ［J］. Canadian Tax Journal, 1998, 46: 761 – 785.

［326］Pommerehne W. W. , Weck-Hannemann H. . Tax rates, tax administration and income tax evasion in Switzerland ［J］. Public Choice, 1996, 88 (1 – 2): 161 – 170.

［327］Pope, Jeff and Jabbar, Hijattulah. Tax compliance costs of small and medium enterprises in Malaysia: policy implications, School of Economics and Finance Working Paper Series: no. 08: 08, Curtin University of Technology, School of Economics and Finance, 2008.

［328］Poppelwell E. , Kelly G. , Wang X. . Intervening to reduce risk: Identifying sanction thresholds among SME tax debtors ［J］. eJournal of Tax Research, 2012, 10 (2): 403 – 435.

［329］Posner E. A. . Law and social norms: The case of tax compliance ［J］. Virginia Law Review, 2000: 1781 – 1819.

［330］Pyle D. J. . The economics of taxpayer compliance ［J］. Journal of Economic Surveys, 1991, 5 (2): 163 – 198.

［331］Rablen M. D. . A reference-dependent model of tax evasion and exchange equity ［J］. Public Finance Review, 2010, 38 (3): 282 – 305.

［332］Reckers P. M. J. , Sanders D. L. , Roark S. J. . The influence of ethical attitudes on taxpayer compliance ［J］. National Tax Journal, 1994: 825 – 836.

［333］Reinganum J. F. , Wilde L. L. . Income tax compliance in a principal-agent framework ［J］. Journal of Public Economics, 1985, 26 (1): 1 – 18.

［334］Riahi-Belkaoui A. . Relationship between tax compliance internationally and selected determinants of tax morale ［J］. Journal of International Accounting, Auditing and Taxation, 2004, 13 (2): 135 – 143.

［335］Richardson G. . Determinants of tax evasion: A cross-country investigation ［J］. Journal of International Accounting, Auditing and Taxation, 2006, 15 (2): 150 – 169.

［336］Richardson M. , Sawyer A. J. . Taxonomy of the tax compliance literature: Further findings, problems and prospects [J]. Austl. Tax F., 2001, 16: 137.

[337] Riedl A., Van Winden F.. Does the wage tax system cause budget deficits a macro-economic experiment [J]. Public Choice, 2001, 109 (3 – 4): 371 – 394.

[338] Ritsema, Christina M., Deborah W., Thomas, and Gary D., Ferrier. "Economic and behavioral determinants of tax compliance: evidence from the 1997 Arkansas Tax Penalty Amnesty Program." *IRS Research Conference* (accessed April 20, 2011), http: //www. irs. gov/pub/irs-soi/ritsema. pdf. 2003.

[339] Robben H. S. J., Webley P., Elffers H., et al.. A cross-national comparison of attitudes, personality, behavior, and social comparison in tax evasion experiments [M] //Understanding economic behaviour. Springer Netherlands, 1989: 121 – 134.

[340] Ross S.. A Neoclassical Look at Behavioral Finance [C]. Closed End funds, The Princeton Lectures in Finance III, 2002. 5.

[341] Roubini N., Sala-i-Martin X.. A growth model of inflation, tax evasion, and financial repression [J]. Journal of Monetary Economics, 1995, 35 (2): 275 – 301.

[342] Ruiu G., Lisi G.. Tax morale, slippery-slope framework and tax compliance: A cross-section analysis [C]. Universitas Casinas Studiorum, Working Papers. Dipartimento die Scienze Economiche. Retrieved from http: // dipse. unicas. it/files/wp201105. pdf, 2011.

[343] Sanchez I., Sobel J.. Hierarchical design and enforcement of income tax policies [J]. Journal of Public Economics, 1993, 50 (3): 345 – 369.

[344] Sandmo A.. The theory of tax evasion: A retrospective view [J]. National Tax Journal, 2005: 643 – 663.

[345] Sanyal A., Gang I. N., Goswami O.. Corruption, tax evasion and the Laffer curve [J]. Public Choice, 2000, 105 (1 – 2): 61 – 78.

[346] Sapiei N. S., Abdullah M.. The compliance costs of the personal income taxation in Malaysia [J]. International Review of Business Research Papers, 2008, 4 (5): 219 – 230.

[347] Schneider F., Braithwaite V. A., Reinhart M.. Individual behavior

in Australia's shadow economy: facts, empirical findings and some mysteries [M]. Centre for Tax System Integrity, 2001.

[348] Schnellenbach J. . Tax morale and the legitimacy of economic policy [J]. Available at SSRN 753884, 2005.

[349] Schnellenbach J. . Tax morale and the taming of Leviathan [J]. Constitutional Political Economy, 2006, 17 (2): 117 – 132.

[350] Scholz J. T. , Lubell M. . Adaptive political attitudes: Duty, trust, and fear as monitors of tax policy [J]. American Journal of Political Science, 1998: 903 – 920.

[351] Scotchmer S. , Slemrod J. . Randomness in tax enforcement [J]. Journal of Public Economics, 1989, 38 (1): 17 – 32.

[352] Sears D. O. , Funk C. L. . The limited effect of economic self-interest on the political attitudes of the mass public [J]. Journal of Behavioral Economics, 1990, 19 (3): 247 – 271.

[353] Sik E. . From the second to the informal economy [J]. Journal of Public Policy, 1992, 12 (02): 153 – 175.

[354] Slemrod J. . Why people pay taxes: Tax compliance and enforcement [M]. University of Michigan Press, 1992.

[355] Slemrod J. , Yitzhaki S. . The costs of taxation and the marginal efficiency cost of funds [J]. Staff Papers-International Monetary Fund, 1996: 172 – 198.

[356] Slemrod J. , Blumenthal M. , Christian C. . Taxpayer response to an increased probability of audit: evidence from a controlled experiment in Minnesota [J]. Journal of public economics, 2001, 79 (3): 455 – 483.

[357] Slemrod J. . Cheating ourselves: The economics of tax evasion [J]. The journal of economic perspectives, 2007: 25 – 48.

[358] Smith K. W. , Kinsey K. A. . Understanding taxpaying behavior: A conceptual framework with implications for research [J]. Law and Society Review, 1987: 639 – 663.

[359] Song Y. , Yarbrough T. E. . Tax ethics and taxpayer attitudes: A survey [J]. Public Administration Review, 1978: 442 – 452.

[360] Spicer M. W. , Hero R. E. . Tax evasion and heuristics: A research

note [J]. Journal of Public Economics, 1985, 26 (2): 263 – 267.

[361] Srinivasan T. N.. Tax evasion: A model [J]. Journal of Public Economics, 1973, 2 (4): 339 – 346.

[362] Steinberg R.. Taxes and giving: New findings [J]. Voluntas: International Journal of Voluntary and Nonprofit Organizations, 1990, 1 (2): 61 – 79.

[363] Sussman A. B., Olivola C. Y.. Axe the tax: Taxes are disliked more than equivalent costs [J]. Journal of Marketing Research, 2011, 48 (SPL): S91 – S101.

[364] Szabó A., Gulyás L., Tóth I. J.. Sensitivity analysis of a tax evasion model applying automated design of experiments [M] //Progress in Artificial Intelligence. Springer Berlin Heidelberg, 2009: 572 – 583.

[365] Tan L. M.. Taxpayers' preference for type of advice from tax practitioner: A preliminary examination [J]. Journal of Economic Psychology, 1999, 20 (4): 431 – 447.

[366] Tan L. M., Veal J.. Tax knowledge for undergraduate accounting majors: Conceptual v. Technical [J]. Journal of Tax Research, 2005, 3 (1): 28 – 44.

[367] Tanzi V.. The underground economy in the united states: Annual estimates, 1930 – 80 (L'économie clandestine aux Etats-Unis: estimations annuelles, 1930 – 80) [J]. Staff Papers-International Monetary Fund, 1983: 283 – 305.

[368] Tanzi V.. Uses and abuses of estimates of the underground economy [J]. The economic journal, 1999, 109 (456): 338 – 347.

[369] Tempalski J.. Revenue effects of major tax bills [J]. Office of Tax Analysis Working Paper, 2006: 81.

[370] Tenbrunsel A. E.. Misrepresentation and expectations of misrepresentation in an ethical dilemma: The role of incentives and temptation [J]. Academy of Management Journal, 1998, 41 (3): 330 – 339.

[371] Tittle C. R.. Sanctions and social deviance: The question of deterrence [M]. New York: Praeger, 1980

[372] Toates F.. Application of a multilevel model of behavioural control to understanding emotion [J]. Behavioural Processes, 2002, 60 (2): 99 – 114.

[373] Torgler B., Schneider F.. Does Culture Influence Tax Morale?: Ev-

idence from Different European Countries [M]. Wirtschaftswissenschaftliches Zentrum (WWZ) der Universität Basel, 2002.

[374] Torgler B.. Tax morale, rule-governed behaviour and trust [J]. Constitutional Political Economy, 2003, 14 (2): 119 – 140.

[375] Torgler B.. Beyond punishment: A tax compliance experiment with taxpayers in Costa Rica [J]. Revista de Análisis Económico, 2003, 18 (1).

[376] Torgler B.. Tax morale in transition countries [J]. Post-communist economies, 2003, 15 (3): 357 – 381.

[377] Torgler B., Murphy K.. Tax morale in Australia: What shapes it and has it changed over time [J]. J. Austl. Tax'n, 2004 (7): 298.

[378] Torgler B.. Cross-culture comparison of tax morale and tax compliance: evidence from Costa Rica and Switzerland [J]. International Journal of Comparative Sociology, 2004, 45 (1 – 2): 17 – 43.

[379] Torgler B.. Moral suasion: An alternative tax policy strategy? Evidence from a controlled field experiment in Switzerland [J]. Economics of Governance, 2004, 5 (3): 235 – 253.

[380] Torgler B., Schaffner M., Macintyre A.. Tax compliance, tax morale, and governance quality [J]. International Studies Program Working Paper, Andrew Young School of Policy Studies, Georgia State University, 2007.

[381] Torgler B.. Tax Compliance and Tax Morale: A Theoretical and Empirical Analysis [M]. Edward Elgar Publishing, 2007.

[382] Torgler B., Schneider F.. What shapes attitudes toward paying taxes? Evidence from multicultural european countries [J]. Social Science Quarterly, 2007, 88 (2): 443 – 470.

[383] Torgler B., Schneider F., Schaltegger C. A.. Local autonomy, tax morale, and the shadow economy [J]. Public Choice, 2010, 144 (1 – 2): 293 – 321.

[384] Trandel G. A.. Interstate commodity tax differentials and the distribution of residents [J]. Journal of Public Economics, 1994, 53 (3): 435 – 457.

[385] Traxler C.. Social norms and conditional cooperative taxpayers [J]. European Journal of Political Economy, 2010, 26 (1): 89 – 103.

[386] Trivedi V. U., Shehata M., Lynn B.. Impact of personal and situa-

tional factors on taxpayer compliance: An experimental analysis [J]. Journal of Business Ethics, 2003, 47 (3): 175 – 197.

[387] Trivedi V. U. , Shehata M, Mestelman S.. Attitudes, Incentives, and Tax Compliance [M]. Department of Economics, McMaster University, 2004.

[388] Truett D. B. , Truett L. J.. The demand for life insurance in Mexico and the United States: A comparative study [J]. Journal of Risk and Insurance, 1990: 321 – 328.

[389] Uslaner E. M.. Tax evasion, corruption, and the social contract in transition [J]. Developing alternative frameworks for explaining tax compliance, 2010 (59): 174.

[390] Van Raaij W. F.. Economic psychology [J]. Journal of Economic Psychology, 1981, 1 (1): 1 – 24.

[391] Virmani A.. Indirect tax evasion and production efficiency [J]. Journal of Public Economics, 1989, 39 (2): 223 – 237.

[392] Vyakarnam S. , Bailey A. , Myers A. , et al.. Towards an understanding of ethical behaviour in small firms [J]. Journal of Business Ethics, 1997, 16 (15): 1625 – 1636.

[393] Wahlund R.. Tax changes and economic behavior: The case of tax evasion [J]. Journal of Economic Psychology, 1992, 13 (4): 657 – 677.

[394] Wakker P. P.. The data of Levy and Levy (2002) "Prospect theory: Much ado about nothing?" actually support prospect theory [J]. Management Science, 2003, 49 (7): 979 – 981

[395] Wallschutzky I. G.. Possible causes of tax evasion [J]. Journal of Economic Psychology, 1984, 5 (4): 371 – 384.

[396] Wallschutzky I G.. The Effects of Tax Reform on Tax Evasion [M]. Australian Tax Research Foundation, 1988.

[397] Ward B. T. , Sipior J. C.. To tax or not to tax e-commerce: A United States perspective [J]. Journal of Electronic Commerce Research, 2004, 5 (3): 172 – 80.

[398] Wärneryd K E. , Walerud B.. Taxes and economic behavior: Some interview data on tax evasion in Sweden [J]. Journal of Economic Psychology, 1982, 2 (3): 187 – 211.

[399] Warren N. , Harding A. , Lloyd R. . GST and the changing incidence of Australian taxes: 1994 − 95 to 2001 − 02 [J]. eJournal of Tax Research, 2005, 3 (1): 114 − 145.

[400] Watrin C. , Struffert R. , Ullmann R. . Benford's Law: an instrument for selecting tax audit targets? [J]. Review of Managerial Science, 2008, 2 (3): 219 − 237.

[401] Watrin C. , Ullmann R. . Comparing direct and indirect taxation: The influence of framing on tax compliance [J]. The European Journal of Comparative Economics, 2008, 5 (1): 33 − 56.

[402] Watson H. . Tax evasion and labor markets [J]. Journal of Public Economics, 1985, 27 (2): 231 − 246.

[403] Webley P. , Halstead S. . Tax evasion on the micro: Significant simulations or expedient experiments? [J]. Journal of Interdisciplinary Economics, 1986, 1 (2): 87 − 100.

[404] Webley P. , Lea S. E. G. . Towards a more realistic psychology of economic socialization [J]. Journal of Economic Psychology, 1993, 14 (3): 461 − 472.

[405] Webley P. , Cole M. , Eidjar O. P. . The prediction of self-reported and hypothetical tax-evasion: Evidence from England, France and Norway [J]. Journal of Economic Psychology, 2001, 22 (2): 141 − 155.

[406] Webley P. , Adams C. , Elffers H. . Value added tax compliance [J]. Behavioral public finance, 2006: 175.

[407] Weigel R. H. , Hessing D. J. , Elffers H. . Tax evasion research: A critical appraisal and theoretical model [J]. Journal of economic psychology, 1987, 8 (2): 215 − 235.

[408] Wenzel M. . The impact of outcome orientation and justice concerns on tax compliance: The role of taxpayers' identity [M]. Centre for Tax System Integrity, 2001.

[409] Wenzel M. . The social side of sanctions: personal and social norms as moderators of deterrence [J]. Law and Human Behavior, 2004, 28 (5): 547.

[410] Wenzel M. . An analysis of norm processes in tax compliance [J]. Journal of Economic Psychology, 2004, 25 (2): 213 − 228.

[411] Whait R. B. . Developing risk management strategies in tax administra-

tion: the evolution of the Australian taxation office's compliance model [J]. eJournal of Tax Research, 2012, 10 (2).

[412] Wintrobe R.. Tax evasion and trust [R]. Research Report, Department of Economics, University of Western Ontario, 2001.

[413] Witte A. D. , Woodbury D. F.. The effect of tax laws and tax administration on tax compliance: The case of the US individual income tax [J]. National Tax Journal, 1985: 1 – 13.

[414] Wysocki P.. Earnings management, tax compliance, and institutional factors: A discussion of haw et al. [J]. Journal of Accounting Research, 2004 (42): 463.

[415] Yaniv G.. Tax evasion and the income tax rate: a theoretical reexamination [J]. Public Finance = Finances publiques, 1994, 49 (1): 107 – 120.

[416] Yaniv G.. Tax compliance and advance tax payments: A prospect theory analysis [J]. National Tax Journal, 1999: 753 – 764.

[417] Yaniv G.. Revenge, tax informing, and the optimal bounty [J]. Journal of Public Economic Theory, 2001, 3 (2): 225 – 233.

[418] Yaniv G.. Auditing ghosts by prosperity signals [J]. Economics Bulletin, 2003, 8 (9): 1 – 10.

[419] Yitzhaki S.. Income tax evasion: A theoretical analysis [J]. Journal of public economics, 1974, 3'(2): 201 – 202.

[420] Yitzhaki S.. On the excess burden of tax evasion [J]. Public Finance Review, 1987, 15 (2): 123 – 137.

[421] Yitzhaki S. , & Vakneen, Y.. On the shadow price of a tax inspector [J]. Public Finace/Finace Publiques, 1989, 44 (3): 492 – 505.

[422] Zeelenberg M. , Van Dijk E.. A reverse sunk cost effect in risky decision making: Sometimes we have too much invested to gamble [J]. Journal of Economic Psychology, 1997, 18 (6): 677 – 691.

后　记

　　呈现在读者面前的这本书是 2014 年度国家社会科学基金项目"行为经济学视角下的中国个人所得税改革研究"的研究成果之一，也是"天津市高等学校创新团队培养计划"支持的结果。税收遵从问题是我国财税工作乃至经济工作中非常重要的，但似乎又是不成问题的问题。如何正视并且较好地解决这一难题，是我国税收工作的任务和职责。笔者对此进行了探索。

　　本书在普通经济学、财政学研究的基础上，引入行为经济学、社会心理学的经典理论和研究成果，较为深入系统地分析了导致税收不遵从的深层次原因，力图突破经济人假设条件下形成的窄性税收遵从理论在税收征管实践中的局限，为推动此类研究抛砖引玉。这是本书的学术价值和实践意义之所在。

　　作为一名实务部门的工作人员，能够参与这一颇有挑战性的研究项目，是我莫大的幸运。因此，我特别感谢本项目的主持人、我的恩师天津经济发展研究院院长黄凤羽教授。本书凝聚了黄老师的心血。从选题方向到框架搭建，从资料收集到调查实验，从撰写修改到最终成稿，黄老师无不严格要求、尽心指导、耳提面命。恩师注重挖掘我的长处，照顾我的兴趣，重点培养锻炼我分析问题、解决问题的能力，这都让我感触颇深。黄老师严谨求实的治学态度、精益求精的工作作风和宽容豁达的行事风格，也一直深深地感染、熏陶、勉励着我。

　　行为经济学涉及经济学、心理学、社会学、人类学等多个学科，这个领域对于当初的我来说是完全陌生的，却也一直是我的兴趣所在。税收遵从行为的经济心理分析需要对税收制度、道德文化、遵从动机以及税务机关与纳税人相互作用等多个方面进行考察研究，选择这个题目作为研究方向，挑战极大。

　　为此我付出了努力。从心理学、行为经济学的基本理论入手，收集并阅读了600多篇科研文章和书籍，对其中近百篇进行了较为认真的精读。在条件允许的情况下尽可能多地进行了一些调查和实验，这是做好行为经济学研究最为重要的方式。同时，我尽量将自己的工作内容融合在本书的研究中。

即使这样，遗憾仍然多过得意。由于驾驭难度较大，本书对最新理论涉足还不够，一些可能预示未来理论拓展方向的文献，学习借鉴不够；心理实验还不专业，缺乏基础条件，实验过程较为简单；研究视野还不宽，税收遵从影响因素涉及很多，民族、城乡等差异也是重要原因，限于篇幅和精力，研究还没有涉及这些领域，这是我后续研究的方向。

感谢天津财经大学的武彦民教授、李炜光教授、焦建国教授、陈旭东教授、张平教授，感谢为本书提出过修改意见的张馨教授、张志超教授、寇铁军教授、李齐云教授、马蔡琛教授、孙开教授、张晋武教授，各位专家学者的真知灼见让我受益匪浅。

感谢项目组刘维彬、黄晶、刘畅等各位成员，我们一起完成了很多有挑战性的任务，他们对本书写作给予了无私的支持帮助，在学习研究中我们互相勉励、互相帮助、互相学习，结下了深厚的友谊，对此我甚为珍惜。感谢笔者工作单位领导的理解和支持，感谢为本书校对的宋婕、志刚、海燕，他们的帮助让我非常感动。

最后必须坦白的是，由于笔者水平有限，加之时间仓促，本书的粗糙与不足之处难免，这全部是我的责任，恳请各位读者指正和谅解。在本书的完成过程中，笔者曾经参阅了很多同行的研究成果，我已尽量列举，但难免有遗漏之处，在此郑重致谢并致歉。

赵　磊

2018年6月于天津曲阜道4号